乡村振兴研究文库

河南财经政法大学华贸金融研究院
“新阶段农村金融创新服务乡村振兴的作用机理与运行机制研究”项目成果

以产业融合促进乡村振兴的途径及策略

Ways and Strategies to Promote Rural Revitalization Through Industrial Integration

王建英◎著

中国经济出版社
CHINA ECONOMIC PUBLISHING HOUSE
·北京·

图书在版编目（CIP）数据

以产业融合促进乡村振兴的途径及策略 / 王建英著．北京：中国经济出版社，2025．8．-- ISBN 978-7-5136-8281-7

Ⅰ．F320．3

中国国家版本馆 CIP 数据核字第 20257FS159 号

责任编辑　焦晓云
责任印制　李　伟
封面设计　任燕飞

出版发行　中国经济出版社
印 刷 者　河北宝昌佳彩印刷有限公司
经 销 者　各地新华书店
开　　本　710mm×1000mm　1/16
印　　张　13．25
字　　数　210 千字
版　　次　2025 年 8 月第 1 版
印　　次　2025 年 8 月第 1 次
定　　价　88．00 元
广告经营许可证　京西工商广字第 8179 号

中国经济出版社　**网址** http://epc．sinopec．com/epc/　**社址** 北京市东城区安定门外大街 58 号　**邮编** 100011
本版图书如存在印装质量问题，请与本社销售中心联系调换（联系电话：010-57512564）

前 言

PREFACE

乡村振兴战略既是繁荣乡村经济的重要途径，也是缩小城乡差距、推进城乡一体化、实现共同富裕的有力举措，是新时代做好“三农”工作的总抓手。党的十九大报告提出了实施乡村振兴战略的总要求，并首次将其写入党章，预示着我国已开启全面建设社会主义现代化国家新征程，“三农”工作转入全面推进乡村振兴、加快农业农村现代化新阶段。党的十九届五中全会审议通过的《中共中央关于制定国民经济和社会发展第十四个五年规划和二〇三五年远景目标的建议》，对新发展阶段优先发展农业农村，从而有效推进乡村全面振兴作出了总体部署。2021 年，国务院印发《“十四五”推进农业农村现代化规划》，提出“到 2025 年，农业基础更加稳固，乡村振兴战略全面推进，农业农村现代化取得重要进展”，“展望 2035 年，乡村全面振兴取得决定性进展，农业农村现代化基本实现”的发展目标。2024 年，党的二十届三中全会提出，“坚持农业农村优先发展，完善乡村振兴投入机制”，“培育乡村新产业新业态”。在乡村振兴战略“二十字”总要求中，产业兴旺是基础，也是政策实施要点，而产业融合发展是产业兴旺的重要载体。本书基于产业融合视角研究我国乡村振兴问题，以期为促进乡村振兴和产业融合发展提供参考。

在乡村振兴的内涵分析中，产业兴旺既是乡村振兴的经济基础，也是乡村振兴的重点，生态宜居是实现乡村可持续发展的基本前提，乡风文明是促进乡村振兴的重要推动力，治理有效是乡村振兴的组织保障，生活富裕是乡村振兴的根本目标。本书通过理论分析和实证检验，得出以下结论：①我国乡村振兴水平逐年提高，2014 年以后发展速度增快。从地域分布来看，不同地区发展水平存在差异，但总体上呈现出“东高西低”的分布格局。从年均增长率来看，浙江的增长率最高，甘肃和青海的增长率最低。②我国产业融合水平不断提高。从地域分布来看，东北地区的产业融合度最高，基本呈现“东北和中部较高、西部次之、东部偏低”的特点。从产业融合的增速来看，基本呈现“西部和东部较高，中部次之，东北偏低”的特点。各地区发展不平衡现象较为明显。另外，产业融合结构区域差异较大。③我国乡村振兴与产业融合耦合度处于高水平阶段，耦合度最高的地区为新疆、黑龙江、宁夏和青海，耦合度最低的地区为北京和上海，处于磨合耦合阶段。协调度最高的地区是山东和江苏，协调度最低的地区是青海和山西，处于濒临失调阶段。

我国在以产业融合促进乡村振兴的过程中存在以下问题：①农村产业融合总体水平不高；②农村产业融合主体缺乏，各地发展不平衡；③政府支持力度不够，外部政策环境亟待改善；④融合方式简单，同质化严重，模式有待创新。

我国以产业融合促进乡村振兴的制约因素主要体现在以下四个方面：①科技创新与应用不足影响了产业融合的动力；②金融支持力度不够影响了融合主体的成长；③要素供给不足影响了产业融合的质量；④利益联结机制不规范影响了产业融合的速度。

要想提升产业融合度，促进乡村振兴，应借鉴其他国家经验，并结合我国实际，做好以下六个方面工作：①深入挖掘资源，谋划产业融合发展远景；②加快改善外部环境，为农村产业融合提供保障；③培育农村专业性经营主体，建立并完善利益联结机制；④借助乡村振兴战略，充分挖掘地区农业潜在的多功能性；⑤加强复合型、技术型人才培养，健全农业科技创新机制；⑥以特色小镇为引领，创新农村产业融合模式。

目录

CONTENTS

第一章

Chapter 1

乡村振兴的理论基础与科学内涵

第一节　乡村振兴的理论基础

我们要研究以产业融合促进乡村振兴，首先应明确乡村振兴的基本内涵是什么，以及乡村振兴的理论基础是什么。

一、乡村振兴的概念界定

在探讨乡村振兴时，应首先明确乡村的概念和范围。乡村有广义和狭义之分。狭义的乡村是指农村。美国学者 R. D. 罗德非德（1947）认为，“乡村是人口稀少、比较隔绝、以农业生产为主要经济基础、人们生活基本相似，而与社会其他部分，特别是城市有所不同的地方”。根据该定义，从范围上说，乡村是指居民以农业为基本经济活动的一类聚落的总称。从场所和地域角度来看，乡村是指除了城市地区以外的一切地域；从更加严格的角度来看，乡村是城市建成区以外的地区。从土地利用的类型来讲，G. P. Wibberley（1990）认为，乡村是指那些有被粗放利用所支配的土地的地区。从生态结构上看，乡村不仅指那些居民人数少的地方，也包括与人口相对较多的地方接触较少的隔离区域，如英国诺福克郡规划局就以与 2 万人口城镇相距 8.045 千米和与 10 万人口城镇相距 16.09 千米为标准确定乡村[①]。从行政含义来看，乡村可分为自然村和行政村。自然村是指具体的村落实体，即由村民

---

① 张小林．乡村概念辨析［J］．地理学报，1998（7）：365-371.

经过长时间聚居而形成的村落，在管理上不存在村委会；而行政村是指乡政府管理的村级行政单位，是我国基层群众性自治单位，通常由一个或者几个小的自然村组成，当自然村过大时，也可以划分为几个行政村，受村委会或村党支部管理和领导。广义的乡村是指乡镇。严格来说，乡是国家设立的农业区域的地方基层行政区域，农业经济和农业人口占比均较高；而镇是具有一定工商业基础和文化教育条件，以非农业经济活动为主的地方基层行政区域，相对于乡，其非农业人口和非农业经济占比均较高，在地理位置上，比乡离城市更近。我国从 1958 年起对行政区进行了多次改革，目前的镇是县和县级市以下的行政区，与乡同级，都属于乡科级。乡镇是我国目前最基层的行政机构，一头连着城市，一头连着农村，在我国整个国民经济发展中发挥着基础性作用（徐腊梅，2019）。本书采用广义乡村的内涵。

城市与乡村是相互依存、相互融合、互促共荣的生命共同体，城市的发展和繁荣绝不能建立在乡村衰败的基础上。过去，中国采取工业化和城镇化（urbanization，国外常称“城市化”）优先发展的倾斜发展战略，逐渐形成了城乡二元发展体制，即农村支持城市、农村支持工业（翟昕、刘振霞，2024）。在这种制度安排下，人口、资金等主要生产要素呈现出由农村向城市单向流动的趋势。在城镇化进程中，世界各国的城镇化水平普遍呈现增长趋势，欧洲和亚洲地区这一趋势尤为显著。相比之下，中国的城镇化虽然起步较晚，但增速较快，发展势头强劲。城镇化程度一直以来都被认为是衡量国家和地区经济实力与现代化水平的重要指标（高爽等，2024），并且随着中国经济的飞速发展，城镇化过程又伴随着扩大生产与建设，随之而来的是城镇与乡村之间差距的不断拉大。当前，农村经济凋零，农村青年流向城镇的现象越发突出，乡村人口老龄化以及留守儿童问题日益突出，如何避免乡村衰败、实现城乡共荣成为各地区共同面临的难题。在全面建成小康社会与打赢脱贫攻坚战之后，我国“三农”工作重心历史性地转向全面推进乡村振兴，以“农业强、农村美、农民富”为目标，不断前进。农业、农村和农民问题是关系我国国计民生的根本性问题。中国是一个农业大国，拥有广袤的农村地区和众多农业人口，“农强、村美、民富”的发展水平在一定程度上关系着中国式现代化的进程。近年来，我国城镇化和工业化迅猛推进，城乡经济差距呈日益扩大态势，城乡不均衡问题越发尖锐。乡村振兴是农业发展追赶工业发展的重要方式，有助于缩小城乡差距，促进城乡融合发展，巩固拓展脱贫攻坚成果。乡村振兴是促使乡村产生内生动力的“稳定器”，是未来我国农业发展的核心，也是破解农村发展不平衡、不充分难题的关键，还是拓宽农民增收渠道、提高农民收入并使农民迈向美好生活的必由之路。

二、农业现代化理论

乡村振兴要以农业现代化为基础，而农业现代化是乡村振兴的目标之一。美国著名经济学家舒尔茨（1964）在其著作《改造传统农业》中，阐明了农业和农民在整个经济发展中的重要地位与积极作用。他认为，传统农业是一个经济概念，并把“完全以农民世代使用的各种要素为基础”的农业称为“传统农业”，其基本特征包括农业技术状况大致保持不变、生产要素长时间不发生改变、对增加传统使用的生产要素缺乏动力，以及生产要素的供给和需求长期处于均衡状态（张红宇，2024）。他认为，引进先进的、新的现代农业生产要素是改造传统农业的关键，这些要素可以使农业收入流价格下降，从而促使乡村农业成为经济增长的源泉，并强调了对农村农民的人力资本投资的重要性。他还指出，对农村各种生产要素的投资不仅包括物，还应包括作为劳动力的人。发展中国家经济增长的基石在于农业实现了快速且稳定的增长，而传统农业难以承载这一重任，其增长潜力受限且不稳定。鉴于此，应对传统农业进行根本性的升级，将其改造为现代农业，即实现农业现代化。实现中国现代化的先决条件就是实现农业现代化，其在我国具有战略性及基础性地位（郭提超、刘儒，2024）。习近平总书记指出：“没有农业现代化，没有农村繁荣富强，没有农民安居乐业，国家现代化是不完整、不全面、不牢固的。”一个国家农业生产率的提高和产出的迅速增长，取决于通过各种途径进行有效选择的能力，如果不能选择一条可以有效消除资源禀赋制约的途径，就会抑制农业的发展。农业技术变革和创新是提高农业生产率、农业质量效益与竞争力非常有效的途径。习近平总书记多次强调科技创新在乡村振兴中的作用，提出“要依靠科技和改革双轮驱动加快建设农业强国”，“农业现代化，关键是农业科技现代化”，这样才可以消除无弹性的土地供给对农业的制约。科技创新可以通过三种途径实现：一是私营部门的创新。私营部门可以把资金用于发展一种促进较便宜要素替代日益昂贵要素的技术，并对现代农业的基础数据进行整合，构建包含农业机械、研发、生产等基础信息的数据库。二是公共部门的创新。市场价格信号是引导技术变革的主要途径。在价格变动的情况下，农民会去寻找节约生产要素的方法，并搜集节约生产要素的数据信息，以合作共享的方式进行技术数据分享，从而促进公共部门开发新技术、降低生产成本、提高资源利用效率，进而提高农村经济效益。三是制度创新。制度创新可以促进要素禀赋、产品需求和技术变革预期潜在利益的实现，并推动农村第一、第二、第三产业积极融合，吸引更多的人才因“制度”而回归农村。在我国经济社会发展过程中，由于要素和产品价格的波动，人们对不同要素和产品的价格偏好不同，从而诱发对新制度的需求，这在客观上能够推动制度创新。舒尔茨（1964）认为，农业技术具有较强的地区性，这主要是因为各个国家和地区在气候与资源禀赋等方面的差异，以及引进先进农业技术可能需要较高的经济投入，如农民的技术培训、购买设备等。在大多数情况下，先进国家开发的技术不能直接转移到欠发达国家。一国在选择推动农业经济增长的技术进步路径时，深受该国资源禀赋情况的影响。例如，第一次工业革命以后，在1900年左右，蒸汽拖拉机的出现、杂交种子的问世等极大地提高了农业生产效率，这背后最直接的动力就是技术创新。舒尔茨指出，在传统农业中，农民对农业资源的配置是理性和效率的，他们贫困的原因在于缺乏获取经济和技术方面信息的机会，而解决这一问题的关键在于投资——投资可以使农民获得现代高收益的投入品，在支持农村创业的同时，继续实施高素质农民培养计划，提高农民自我长足发展的动力，进而提高农业劳动生产率。

乡村振兴的主要衡量标准是生产力的发展，而评估生产力的关键指标是农业现代化的程度，即农业现代化的程度能够反映农村生产力的发展程度。党的二十大报告明确提出，到2035年基本实现农业现代化。随着我国经济发展和生产力水平的提高，农业现代化水平的内涵和外延也在不断丰富与拓展，对实现农业现代化的目标追求应一以贯之（彭建仿等，2023）。实施乡村振兴战略，旨在促进农村社会的全面健康发展，进而推动农业生产力水平迈向新高度，这也是政策制定者的根本目的。

农业现代化的过程复杂而漫长。加快农业现代化，应从以下四个方面着手：

第一，提升粮食和重要农产品供给保障能力。虽然我国粮食生产自进入21世纪以来，已经实现“二十连丰”，但是在未来，我国其他地方对粮食的需求还在持续增长。我国作为一个拥有14亿多人口的大国，粮食的重要性和重要农产品的稳生产仍然面临巨大挑战（穆娜娜、孔祥智，2024）。

第二，要在农业科技与物质装备方面加大投入、强化支撑。具体而言，可以通过引入现代设施、高端装备及先进技术，对传统农业进行全面改造和升级，从农业生产环节到农业生产链条，从生产技术现代化到生产组织现代化，乃至生产经营者现代化，提高农业在良种培育、机械化作业、科技创新应用、信息化管理和标准化生产等方面的水平。

第三，为推动乡村经济多元化和高质量发展，应积极构建现代乡村产业体系，充分利用乡村独特的资源禀赋和优势条件，整合农业生产、加工制造、仓储保鲜及冷链物流等环节，形成完整且高效的农业全产业链条，以激发产业的乘数效应，促进农村经济多元化发展，提高农业质量效益。此外，应推进农业绿色发展，借助多个平台进行绿色环保理念的宣传，提升公众的环保意识，积极宣传并倡导绿色消费，鼓励民众践行绿色生活方式，减轻自然资源和生态环境压力，在实现农业现代化的同时，促进生态环境持续改善。

第四，应加快构建现代农业经营体系。经过数年的发展，我国的农业经济体系建设取得了显著成效，主体队伍不断扩大。截至2023年底，我国的农民合作社、家庭农场分别超过222万个和400万个，农业社会化服务组织超过107万个。进入21世纪以来，我国青壮年以及高知识水平的劳动青年（以男性劳动力为主）从农村向城镇持续流入，使农村低文化水平、劳动力老龄化的现象越发突出。为了缓解当前难题，我们需要着力提升农业生产的集约化、专业化、组织化和社会化水平。具体而言，应聚焦家庭农场和农民合作社这两大核心经营主体，积极鼓励并推动它们发展多种形式的适度规模经营；同时，支持市场主体构建区域性的农业全产业链综合服务中心，以整合资源、优化服务，促进农业产业链协同发展。深化供销合作社综合改革，提升农业技术效率、经济效率和产业链各环节的协调能力，开展生产、供销、信用“三位一体”综合合作试点，是推进现代农业经营体系建设、实现乡村振兴、促进农业农村现代化的有效途径。此外，应健全服务农民生产生活综合平台，培育高素质农民，吸引城市各方面人才到农村创业创新，参与乡村振兴和现代农业建设。

三、多功能农业及多功能乡村理论

多功能农业理论认为，农业的功能具有多样性，多功能农业对于实现农业整体效益最大化及农业现代化具有重要意义。多功能农业，是指农业通过提供农副产品能够实现社会稳定发展、政治稳定，调节国民经济及自然生态环境，传承我国历史文化等功能（韩光鹤、周启超，2024）。农业的多功能主要体现在经济、生态、社会、文化四个方面。深度挖掘农业的多功能，可以显著提升农业资源的内在价值，进而最大化利用农村的自然优势。

该理论与产业融合机制完美契合。产业融合可以分为延伸型融合、渗透型融合、交叉型融合和循环型融合四类。延伸型融合可以利用多功能性的纵向链接打造上下游产业链，增加产业链价值，提高农业生产效率，降低农民在经营农业过程中的风险，为农业产值增加赋能，提升农民就业规模与农民收入。产业融合中产业链延伸的侧重点在于种养业向中下游拓展，因此会产生大量非农岗位。一般而言，第一、第二产业大多由生产、加工、售卖三个环节组成，这三个环节会受到技术、资金、设备三种因素的制约。农产品受到这三种因素的影响，会出现质量不过关、销售渠道单一等问题，与现代网络直播带货等现代销售方式不匹配。因此，深挖农产品的品牌特点，探索新的销售方式，引进资金、技术和设备，细化发展方向，有助于更好地促使产业融合的延伸。渗透型融合主要是指在我国高质量发展的整体形势下，在保证粮食食品安全的前提下，将高效产粮技术、育种技术、养殖技术融于现代农业生产之中，使其在农业各个生产部门的各个环节起到润滑剂的作用（国家发展改革委宏观院和农经司课题组，2016）。在当今数字化转型和农业文化价值引领的大背景下，将数字化技术融于产业，可带来农业生产变革。渗透型融合主要是使农业经济功能在更大程度上回嵌于社会，降低成本，提高效率，拓展农民利益空间。交叉型融合是指通过多个农业功能的融合建立新业态，创造更多价值，从而推动农业发展，在农村地区的不同行业、领域或业态之间，通过技术和商业模式的创新提高农村产出水平与经济增长。例如，农业和科技、旅游、文化、教育以及健康产业的融合。交叉型融合是农业现代化发展的重要方向，有助于推动农业的高质量发展（刘建生等，2024）。循环型融合以体现生态性为主，通过最大限度地发挥生态功能形成闭环的模式推动农村产业永续绿色发展。总体来说，可以通过充分挖掘农业资源的潜力，积极培育和发展第二、第三产业，实现农业与人们生活需求紧密结合，从而打造新型特色农业。这一转变不仅在传统农业的基础上拓宽了生产范围，还通过创新经营模式和扩大经营规模推动了农业产业结构的调整，不仅为农民创造了更多的就业机会，还有效提升了农业的综合经济效益，进而改善了农村的整体生活质量。

多功能乡村是多功能农业的深化，顺应了乡村政策由部门向地域的转型。发挥农业和乡村的多功能，有助于在新时代的新产业形态下促进新生态建设。多功能乡村理论认为，乡村是一个错综复杂却和谐共生的系统，涵盖经济的蓬勃发展、社会的多元化发展和自然环境的和谐发展，是人类不可或缺的生活和工作空间。与工业化城市的喧嚣和密集相比，乡村空间以其独特的方式被人类占据和利用，呈现出一种既有区别又有联系的状态。从人地关系地域系统的视角进行深入剖析，乡村承载着三大核心功能：第一，它超越了单纯作为传统农业生产空间的角色，通过农业生产的多功能转型，实现了资源品的持续、充足供给；第二，乡村地域的生态空间为那些自我调节能力较弱的城市生态系统输送宝贵的“环境负熵流”，能够有效缓解城市环境压力，维护区域生态的平衡与稳定；第三，乡村通过独特的聚落空间（体系），引导区域内城乡人口的流动，不仅为城乡居民提供了多样化的理想栖居环境，还促进了人口分布的合理化与城乡的协调发展。乡村空间及其承载的农业功能在多数情况下并非纯粹的公共物品，而是类似于“公共池塘资源”，这类资源既具有低排他性（很难有效阻止或排除其他使用者进入），又具有高竞争性（同一个使用者会直接影响其他人可利用的资源量）。例如，比较常见的“公共池塘资源”，我国大多数农户为了追求高产量、高质量的农产品，会选择性使用大量化肥、农药等，这些化肥、农药虽然能在短时间内达到人们对农产品的预期，但是从长期来看，会导致生态环境恶化，造成土地板结化、沙漠化等问题，进而给未来农村的农产品生产和人类健康带来严重影响。在乡村振兴的时代背景下，人们越来越重视“三农”问题。John Holmes（2006）深入阐释了多功能乡村转型理论。该理论的核心在于揭示了社会发展进程中人类需求多元化对乡村地域生产、消费和生态产生的深远影响。该理论指出，全球化的发展导致农业生产具有国际化和市场化倾向，对一个国家农村地区传统农业的功能提出了挑战。乡村不仅是农业生产的场所，也逐渐拥有多样化的功能，包括生态保护、文化传承和休闲旅游等。在转型过程中，应注重农村环境的可持续性发展，以确保农村资源的可长期利用。John Holmes 的多功能乡村转型理论为农村地区的发展提供了一个全新的发展框架，强调了乡村的多功能性在经济、社会、文化和生态等方面的重要性，以及转型过程中的可持续发展问题。随着社会经济的发展，传统农业生产与乡村发展形成紧密相依的关系，在越来越多的地区，农业的产值贡献逐渐减小、就业比重逐渐降低，不再占据主导地位。与此同时，乡村发展日益深刻地融入多层次、多维度的全球化网络。因此，我们更需要让不同产业与部门实现融合发展，以进一步推动产业结构向更加合理的方向发展，探索新的经济增长模式，把握更多发展机遇。例如，农业和旅游业相结合，加强农村生态环境的建设，让乡村独特的美学魅力和消费潜力凸显，与乡村原有的生产功能并驾齐驱，构成乡村多元价值体系的核心，从而将对乡村的保护提升至与推动乡村经济增长同等重要的高度（Mendola，2008）。

在人口密集、经济活跃的欧盟、日本及韩国等地，多功能乡村已经蓬勃发展起来。中国乡村在资源条件、社会需求、市场接近度、劳动力资源及基础设施完善程度等方面具有显著差异，因而在持续的变迁与转型进程中，自然而然地分化出了各具特色的地域功能类型。《乡村振兴战略规划（2018—2022 年）》指出，应顺应城乡居民消费拓展升级趋势，结合各地资源禀赋，深入挖掘农业农村的生态涵养、休闲观光、文化体验、健康养老等多种功能和多重价值。党的二十大报告描绘了中华民族伟大复兴的宏伟蓝图，提出最艰巨最繁重的任务仍然在农村。我们应做好当前和今后一个时期的“三农”工作，对党的二十大精神进行全面贯彻落实，坚持农业农村优先发展与城乡融合发展，扎实推进乡村发展、乡村建设和乡村治理等国家重点工作。实现中国式现代化，“三农”问题逃不掉也避不开，要立足国情农情，遵循市场规律，建设供给保障，在强农富农的一系列举措中体现中国特色，推动乡村资源全域化整合、多元化增值，加强土地耕地基础设施建设，尤其是补齐土壤改良、农村灌排设施等短板。同时，应增强地方特色产品的时代感，提升其竞争力，促进新的消费热点的形成。除此之外，还需加强农村，尤其是处在森林区域的农村，在防灾减灾方面的基础设施建设，提升森林草原火灾综合防控水平，为乡村美学和消费功能奠定坚实基础。总之，多功能乡村对中国的乡村发展具有重要意义。

四、城乡均衡发展理论

城乡关系一直是西方经济学研究的重点，有关研究大致经历了非均衡发展、均衡发展、城乡一体化三个阶段。中国在不断的实践中，结合马克思主义城乡融合发展理论，形成了独具中国特色的城乡融合理论体系。2002 年党的十六大报告中提出“城乡二元结构”式的发展。在数十年里，我国经济发展的不平衡性逐渐显现。从 2002 年到 2012 年党的十八大召开前，我国实施“城乡统筹”战略，以工业反哺农业，消除了先前的城乡二元结构。2012—2017 年，我国实施“城乡一体化”战略，城市和乡村一体化成为发展目标。2017 年，我们所熟悉的“城乡融合战略”被提出，之后城乡融合体制不断完善。深挖城乡融合发展潜力，推动城乡经济、文化、社会和生态协同发展，可为我国农村现代化打下坚实的经济基础。

城乡非均衡发展理论的核心在于揭示了城乡经济结构的二元性特征，这种二元性主要体现在城市与乡村在经济形态上的根本差异。具体而言，城市经济以社会化大生产为鲜明标志，依托高效的工业体系、发达的服务业和紧密的市场联系，展现出了高度的集约化和现代化；而农村经济则相对保留了较多的小生产特征，以家庭为单位进行农业生产，现代化进程相对滞后。在新中国成立初期，大力发展工业的战略使城乡之间的经济差距逐渐拉大。2002 年，党的十六大报告正式提出“城乡统筹”战略，城乡关系逐步改善。最早对城乡二元结构进行研究的是刘易斯，1954 年，他在论文《劳动力无限供给下的经济发展》中提出相关概念和模型。刘易斯的理论揭示了传统农业部门与现代工业部门的内在联系，提出“工业主导论”。20 世纪 50 年代，法国经济学家佩鲁提出著名的增长极理论。他认为，经济增长并非在某一领域的每一个点上同步展开，而是呈现出显著的地区间、部门间或产业间的差异。刘易斯的观点揭示了区域经济发展的非均衡性，主张资源分配应该优先集中于那些能够带来显著投资回报、对经济增长具有强大拉动作用的少数关键部门或领域，同周围区域经济形成势差。因此，刘易斯将城市视为经济增长与发展的主要引擎，强调通过城市的快速发展引领和推动农村地区经济进步。1958 年，德国经济学家赫希曼提出不平衡增长理论。他认为，经济增长是一种不平衡的连锁演变过程，并提出“极化-涓滴效应”，即当一个国家实现经济增长时，首先会从某个区域开始，某区域经济的增长必定会对其他区域产生影响。极化-涓滴效应起源于美国作家威尔·罗杰斯。他曾在美国大萧条时期提出“希望之前给上层富人的钱，现在一滴一滴地流回穷人手里”。赫希曼形象地把富人比喻成“北方”，把穷人比喻成“南方”。他的“极化-涓滴效应”明确指出，随着城乡区域经济的发展，涓滴效应的影响程度最终会高于极化效应的影响程度。出现城乡差距的主要原因是城市的高工资和高利润会吸引更多的农村资本及人才。涓滴效应阐述了城乡间动态的相互依存关系。具体而言，城市的增长促进了对农村地区农产品和其他资源的需求，这种需求直接刺激了农村的生产活动，提升了农村经济的活力，间接提高了农村地区的边际劳动生产率和人均消费水平，为缩小城乡差距提供了内在动力。因此，他认为城市和乡村在经济发展过程中是相互促进、相互影响、相互制约的关系。对发展中国家来说，可以集中有限的资本和资源，优先发展一部分产业，其他部门可以通过这些产业产生的外部经济效应逐步发展起来（郭宁、吴振磊，2012）。

改革开放以来，我国经济发展水平不断攀升，人民生活水平也大幅度提高，然而出现了一个重大问题，就是城乡居民的收入差距在不断扩大。城镇和乡村是不可分割的有机整体，目前我国经济发展已经进入城乡融合的关键时期。改革开放的经验告诉我们，可以通过市场机制协调供需关系，更多的积极因素也会被调动起来。以长江经济带为例，第三产业的比重在不断提高，城市第三产业的发展也会为城镇带来更多的就业机会（王松茂等，2023）。随着城镇化建设水平的不断提高，城乡收入差距日益成为一个热点话题。城乡均衡发展和城乡一体化主要是通过城乡融合实现的。城乡融合发展是一种综合性的发展战略，倡导将城市与农村地区视为一个紧密相连、相互依存的系统，该系统强调经济活动的深度互动、社会文化的广泛交流和空间布局的无缝衔接，以打破传统城乡分割的壁垒，促进资源要素的自由流动和优化配置。具体而言，城乡融合发展追求的是“双向赋能、协同共进”。一方面，通过城市的辐射带动作用，为农村地区引入先进的生产要素、管理理念和市场机制，激发农村经济发展的内生动力，提升其自我发展能力；另一方面，农村地区以其独特的资源禀赋、生态环境和文化传统为城市提供支撑与补充，促进城市的可持续发展和多元化。发挥城市的集聚效应和规模效应，保护农村的生态环境、传承乡土文化、保留田园风光，才能最终实现城乡之间在经济、社会、文化、生态等多方面的融合与协调发展。不同学者对于城镇化进程对城乡收入差距的影响有不同看法。张强等（2020）认为，城乡融合是指城镇与乡村要素资源能够自由流通。城乡一体化发展是强调各种资源双向融合的一种创新。有学者认为，城镇化可以缩小城乡收入差距；也有学者认为，当今市场化进程中的城镇化需要大量的劳动力，而这些劳动力多数来自农村，导致农村具有劳动能力的年轻人口向城镇流动，从而进一步拉大城乡收入差距。城乡融合发展战略作为新时代我国致力于缩小城乡鸿沟、促进均衡发展的重大抉择，深刻体现了马克思、恩格斯关于城乡关系理论的现代实践探索，旨在实现人的全面自由发展这一崇高目标。其核心精髓，在于构建一个基于融合共生的城乡命运共同体，这一共同体强调共建、共享、共荣的原则，旨在通过创新性的融合发展路径，逐步消弭城乡之间的界限与差异。“城乡融合”概念的提出，不仅是对过往“统筹城乡”和“城乡一体化”发展思路的深化与拓展，更是对新时代背景下社会经济发展新趋势、新要求的积极响应。它超越了简单的资源调配与空间布局优化，深入经济、社会、文化、生态等多个维度，推动城乡之间形成深度互动、优势互补、利益共享的发展新格局。在这一进程中，城乡融合不仅意味着物质条件的均衡，更强调城乡居民在生活质量、教育机会、医疗服务、文化享受等方面的全面平等与共同进步。我们要在实践中不断探索和创新，以更加开放和包容的心态促进城乡要素的自由流动与高效配置，激发城乡发展的内在活力与潜力，迈向更加和谐、繁荣、可持续的未来。尽管“城乡融合”与“统筹城乡”“城乡一体化”等概念一脉相承，并且始终贯穿中国发展史，但我国统筹城市和乡村发展的资源投入力度仍然不够。

21 世纪初，我国提出城乡统筹发展的策略，以期缩小城乡差距，开创“城”“乡”双赢局面。从提出的时代特征和阶段要求来看，城乡融合发展具有自身独有的内涵。城乡融合至少包括要素、产业、制度、治理和空间五个方面的深度融合。

（一）要素融合

城乡要素融合的精髓在于促进劳动、资本等关键性生产要素在城乡间无障碍地自由流动与优化配置，让同类要素在统一的城乡市场中享有平等的竞争机会与收益权，从而有效激发各类要素的活力与创新力，推动城乡经济社会的协同发展。学界普遍认为，在当今数字化时代，数字经济能够通过提高生产要素的配置效率，为产业结构赋能，完善乡村基本公共服务等，促进城乡融合发展和城乡要素融合。推动城乡融合发展的首要任务是构建一体化的要素市场体系。这一体系的核心在于以先进的数字化技术作为引擎，打破城乡之间要素流通壁垒及制度桎梏，同时精心设计并实施一系列具有创新性的制度，形成强大的吸引力，引导农村稀缺而对发展至关重要的人才、资本等要素由城市向农村逆向流动，协调数字经济、生态保护和城乡融合三者之间的关系，做到经济驱动、政府调控和市场自我调节相协调。

（二）产业融合

所谓产业融合，就是第一、第二、第三产业的融合，也称“三产融合”。城乡产业融合强调城市与农村两个不同空间的产业互动，包含两个层面：一是三大产业的融合，主要是农村第一产业和城市第二、第三产业的互动与联合。以长三角经济带为例，规模效应在城镇地区的不断集聚会产生虹吸效应，导致城乡收入差距进一步拉大（樊杰等，2022）。改革开放以来，中国城乡收入差距越来越大，收入水平的迅速提高和市场化进程的加快是这一事实被忽视的原因之一。原因之二是深层次的产业内部融合，即聚焦产业内部各要素、各环节的紧密交织和协同创新。在这一过程中，农村与城市经济互相渗透、相互作用，构建了一个紧密相连、利益共享的产业生态体系。

（三）制度融合

1961 年，古斯塔夫·拉尼斯和费景汉对刘易斯的模型进行了改进，构建了费景汉-拉尼斯模型。他们的研究表明，随着二元经济结构的不断优化，城乡收入差距会在一定程度上缩小。城乡二元体制的长期存在，是中国城乡发展不均衡、呈现显著分割状态的根源所在。

我国城市化进程相较于工业化进程有落后的倾向。早在 1993 年，国家计委经济研究所课题组就提出这样的观点：二元经济结构会导致农村劳动力流失，造成城乡居民收入差距加大。当年轻劳动力流向城镇时，处在农村的农民会出现就业不充分的情况，从而造成农村经济增长困难。城乡融合能够有效缓解该问题。城乡融合的全面实现体现在要素流通、产业升级、社会治理等多个关键维度，要求城市与农村之间建立起一种深度融合、协同发展的新型关系。如果不突破当前城乡二元经济结构的限制，这种“有机整体”的构建就无从谈起，城乡融合发展的宏伟蓝图也将难以实现。在二元经济结构下，农村区域的大量劳动力是造成城乡收入差距的主要原因（曾卓然，2019）。虽然学术界有对应农村剩余劳动力流动的模型，但是我国的城乡户籍制度使这些未能参与劳动的劳动力不能按照刘易斯的模型所分析的那样进行有序的转移与流动。实现城乡制度融合，关键在于消除以户籍制度为核心的一系列制度壁垒——这些壁垒长期以来在教育、医疗、就业等关键领域造成了城乡居民之间的不平等。为此，我们必须致力于构建一个更加公平、包容的制度环境，确保农村居民能够享有与城市居民同等的权益和机会。这意味着要提升农村居民在地区发展决策中的参与度与话语权，使他们能够更直接地参与关乎自身利益的规划与政策制定；同时，要通过优化政策设计，促进城乡间生产要素的自由流动，打破地域限制，实现资源的优化配置；在公共资源配置上，要努力实现均衡化，确保农村地区在教育、医疗、文化等公共服务方面享受与城市相当的待遇。此外，推动城乡社会分层走向平等也是城乡制度融合的重要目标之一。我们要通过制度创新和政策调整，逐步消除城乡之间的社会差距和阶层隔阂，促进城乡居民之间相互理解，构建和谐、公正的社会环境。只有这样，城乡制度融合才能真正落到实处。

（四）治理融合

在从传统的“乡土中国”向现代“城乡中国”转型的过程中，国家治理的重心逐渐由乡村向城市偏移，这在城乡二元经济结构框架下尤为显著。在这一变迁过程中，城乡治理体系未能形成有效的联动机制，反而呈现出一种割裂状态，乡村治理在某种程度上被边缘化，成为城市发展的附属品。这种局面直接导致了农村地区长期面临基础设施陈旧、公共服务供给不足、发展动力不足等严峻挑战。当前，中国城乡治理面临的核心难题是如何在维持经济稳定增长的同时，确保资源在城乡之间实现更加均衡、公正的分配。这要求我们在治理策略上寻求创新与突破，既要考虑效率，也要兼顾公平与正义，以形成城乡共生、互补共荣的新型治理格局。具体而言，就是要通过深化制度改革、优化政策设计、强化资源统筹等措施，打破城乡之间的制度壁垒和资源配置障碍，促进城乡要素自由流动与优化配置，让广大农村地区也能充分享受到国家发展的红利，实现城乡共同繁荣与进步。

根据党的十九届四中全会关于“推进国家治理体系和治理能力现代化”的精神实质和实践要求，只有把现代化理论和我国实际相结合，才能形成契合我国自身发展的中国式现代化道路。在推进城乡治理融合的伟大进程中，我们必须坚定树立“协同构建、联合治理、成果共享”的社会治理核心理念。这一理念强调，无论是城市居民还是农村居民，都应当成为社会建设的积极参与者，肩负起构建美好家园的责任。城乡治理不应是孤立或割裂的，而应成为一种基于相互尊重、合作共赢的共治模式。在享受社会发展带来的丰硕成果时，我们必须确保每一位城乡居民无论身处何地，都能享有同等的权利与机会。这意味着，城乡治理的成果将不再被单一群体独占，而是由全体城乡居民共同分享，真正实现城乡之间的均衡发展与社会和谐。

（五）空间融合

城乡空间融合并非追求城市与农村在空间形态上的简单趋同或平均分布，而是强调在尊重并保留各自特色的基础上，实现功能的相互拓展、分工的精细化以及资源的互补利用。随着城乡建设的推进，土地使用量也在不断上升。从空间角度来看，城乡之间的地理与空间界限逐渐模糊。城镇与乡村在各自发展的过程中，逐渐耦合成一体的城乡融合区域（徐雪、王永瑜，2023）。

城乡空间融合至少包含两层含义。一是基础设施的全面融合与协同发展。这要求我们不仅在地理空间上将城市的优质基础设施资源，如公共交通网络、现代化通信系统、完善的供水供气设施以及高效的污水处理系统等，向农村地区进行有序拓展与精心布局，更要实现这些基础设施在城乡之间的无缝对接与高效协同，构建一个既符合城乡发展需求又兼顾环境友好的基础设施网络体系，形成政府主导参与、各个部门协调管理的发展格局。空间上的城镇化是空间融合的有效载体，是村民有序治理的必要条件。乡村的空间布局相较于城镇有些混乱，其特有的功能优势不便发挥，可以通过引导乡村在治理方式上向城镇学习，在进行空间融合的同时，吸引人才，聚集乡村建设。二是生态融合。城乡生态融合实质上是一种基于生态功能互补与协同的共生关系的体现。在这一融合过程中，农村地区为城市提供了宝贵的生态资源与服务，有效缓解了城市因快速发展而面临的生态环境压力。城市与乡村通过共同构建生态价值链，达到互补共生的状态，城乡的生态边界融合之后，任何一方的生态遭到破坏都会使另一方的经济利益受到损失。此外，提升乡村对生态环境变化的韧性以及生态修复能力，有助于在面对生态系统的破坏时，高效恢复到之前的状态。促进城乡生态融合的关键是健全生态补偿机制，这也是乡村振兴的重要任务和关键发力点，能够有效带动乡村的生态优势和资源禀赋发挥作用。例如，西藏和青海地区的生态补偿在农民全年纯收入中占50%。借助生态补偿机制，我们能够确保农村地区因其独特的生态资源与服务获得经济激励，从而激发其加强生态保护、提升生态产品供给质量的内在动力。

第二节　乡村振兴的科学内涵

乡村振兴战略与以往的“三农”问题、城镇化、新农村建设等一脉相承，但有区别。新农村建设和乡村振兴都是为了解决我国长期存在的“三农”问题而提出的，但相对于新农村建设，乡村振兴战略是在新时代背景下提出的，聚焦乡村的内涵式发展，是对新农村建设的承接、延续和升华，是“三农”问题发展到新阶段的必然产物，站得更高，看得更远，内涵更丰富，要求也更高。因此，在实施乡村振兴战略前，首先要厘清其本质与内涵，找准方向，再寻找突破口。

一、振兴的主体是农业、农村、农民

与新农村建设的主体是农村不同，乡村振兴的主体更加多元化，既包括农村，也包括农业和农民。多年来，“三农”问题一直是国家关心的重点问题。

从我国重大会议以及历届五年规划来看，我国对“三农”问题的重视程

度逐渐加深，相关政策陆续出台。在中央一号文件中，相关表述由“工业帮扶农业”发展到“农业农村优先发展”。21 世纪初，我国逐渐形成“三农”政策的雏形。党的二十大报告明确提出，乡村振兴能够充分挖掘我国中低收入人群的市场规模优势，释放该人群的潜力和对经济的驱动力。2016 年，我国正式提出“农业农村优先发展，全面实施乡村振兴战略”。

我们可以从以下三个方面来理解乡村振兴战略。

第一，首次将农业、农村、农民看作一个整体，指出只有农业兴旺，农村才能繁荣，农民才能富裕。从整体来看，我国乡村的基础设施建设不够完善。“九五”规划之后，我国开始重视乡村地区的基础设施建设，不断修缮增建基础设施，提高农民幸福感。国家不再局限于农业现代化或农村发展的单一范畴，而是站在建设现代化强国的历史新高度，强调乡村的全面振兴，没有乡村的全面振兴、没有美丽乡村建设，就没有我国农村的现代化，也就没有中国式现代化。

第二，真正将农业、农村发展摆在首位。乡村振兴战略强调，农业农村的发展优先于工业、城市的发展。由此可见，农业和农村地位发生了本质改变。

第三，提升了农民的主体地位，明确农民是乡村振兴的重心及主要受益者，他们将参与乡村振兴和农村产业融合的过程。2035—2050 年，我国乡村振兴战略的实施将会彻底改变人才和劳动力总是流向大型城镇地区的现象。

乡村振兴战略作为中国式现代化战略体系的重要组成部分，必须系统化建设完成农业农村现代化建设的“四梁八柱”。2020 年，习近平总书记强调，“三农”问题成为乡村振兴战略的出发点，要坚持用大历史观看待“三农”问题，加深我们党、国家和民族对“三农”问题的理解。追溯我国百年乡村实践，梳理乡村振兴战略发展历程，厘清“三农”问题如何化解，有助于为乡村振兴战略的实施提供多重视角、扫清障碍。

二、乡村振兴是一项系统工程

党的十九大报告对乡村振兴的总要求是“产业兴旺、生态宜居、乡风文明、治理有效、生活富裕”。乡村振兴的理论框架如图 1-1 所示。

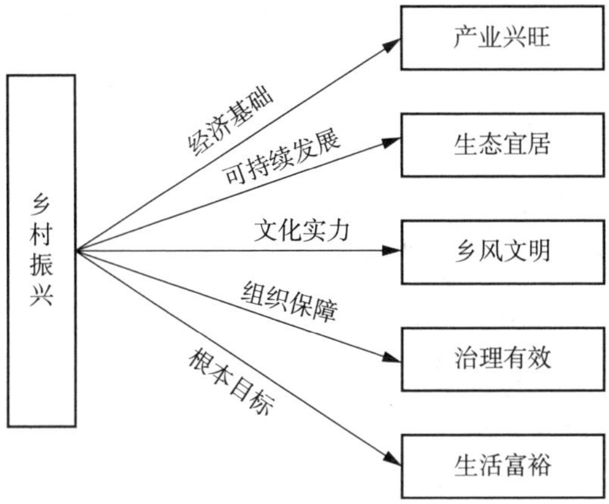

图 1-1　乡村振兴的理论框架

第一，经济建设必然要求产业兴旺（贾晋等，2018）。在党的十八大报告中，产业振兴被放在乡村振兴战略的首要位置。产业兴旺不仅是乡村振兴的经济基础，也是乡村振兴的重点[①]。当前，乡村是我国经济发展落后的地方，也是我国产业发展矛盾较为突出的地方，研究社会经济形势的发展与农村经济的关系具有重要意义。当前，我国农村出现的人才流失、空心化等问题，都是由乡村产业发展落后引起的，因此，应加快产业振兴的步伐，设定阶段性目标。新农村提出的“生产发展”，主要是为了解决供给不足的问题，即通过提高粮食产量，满足人民的生活需求和国家粮食安全保障，围绕“人、地、钱”三要素，为农业农村供给提供保障，进一步推进城乡融合发展。农村基础设施建设与城市互联互通，有助于最大化推进城乡收入与服务一体化进程。习近平总书记强调：“乡村振兴是一盘大棋，要把这盘大棋走好。”农业的发展不仅是一个经济问题，还和社会稳定息息相关。粮食安全问题涉及百姓是否有最低线的安稳。现代化的新农村生产发展方式是解决这些问题的根基。我国“三农”问题主要是农业增产、农民增收和农村转型的问题。从我国粮食安全角度来看，不但要守住耕地红线，还要提高粮食生产效率和土地生产效率，进一步促使农民增收。严守耕地红线，实现对粮食的精准化管理（黄

① 中共中央，国务院．乡村振兴战略规划（2018—2022）[M]．北京：人民出版社，2018.

金玮等，2023），有助于把粮食生产功能区落实到具体地块，从而实现对耕地质量的保护。要解决农民增收问题，需要提高农民劳动生产效率，推进我国农业与机械化生产的融合，提高农村信息服务化水平，做好与城镇信息服务平台的融合，进一步提高产业融合程度。乡村振兴战略中的“产业兴旺”站在农村产业发展的角度，要求在保障产量的同时，注重农业的高质量发展，不仅强调农村产业的第一产业功能，还注重数字与农业的融合，并将农村产业视为复合产业，希望通过三大产业的融合形成复合新兴产业，充分调动农村资源，建设高标准农田，形成独具特色的可持续发展的产业体系。

第二，生态建设的要求是生态宜居。从历年政策的变化来看，我国乡村生态环境的发展方向由“保护环境，节约资源”转向“可持续发展”。在高质量战略发展的背景下，推动乡村生态振兴是重要课题。宜居的生态环境是乡村振兴的硬性要求。在具体实施中，不仅要注重对乡村的具体环境实施不同方法，还要注重软硬环境“双管齐下”。对县城、中心镇以及行政村的基础设施建设与公共服务设施建设，要因村施策，因地制宜。“宜居”，尤其体现在公共卫生方面，需补齐公共卫生短板，推进农村产业高质量发展。宜居的生态环境能够更好地吸引并留住乡村劳动力，是实现乡村可持续发展的基本前提。新农村建设时期，更多的发展放在了量的提升上，带来的结果是生态环境恶化——问题主要出在农村产业结构、定位和发展不明确、不清晰、不凝聚上。这些问题不仅导致我国广大农村地区土地资源的浪费，还让我国新农村建设的步伐受阻。新农村建设面临的困难与问题主要是土地利用不充分、土地规模不合理。乡村在环境污染、资源浪费等方面的问题越来越需要关注，而此时只提出了“村容整洁”这一基本要求。站在新的起点上，乡村振兴战略中的“生态宜居”基于可持续发展的视角，强调对生态环境的修复和保护，以及人与自然和谐共处共生。以“生态”作为评判标准体现了对自然环境的重视，是农村生态和人居环境质量的新提升。2021 年，国家七部委联合印发《关于推动农村人居环境标准体系建设的指导意见》，提出对农村人民居住环境的现实要求，如对农村厕所的改造、生活垃圾的处理等。只有生态宜居的乡村，才能更好地留住优质劳动力，更好地吸引人才流入，促进农村发展。

第三，文明建设的要求是乡风文明。这不仅是乡村社会进步的重要表现，而且是促进乡村振兴的重要推动力，还是乡村振兴的文化软实力。端正的乡风和习俗能够营造和谐的乡村社会环境。传承、保护当地的传统特色和风土人情，结合我国乡村建设目标和人民群众的实际需求，禁止“一刀切”式的改革，有助于打造具有中国特色的“富春山居图”。在提高物质生活的同时，既要注重传统文化的传承和发扬，尤其是农耕文化的保护、继承和创新应用，也要着力提高人的文明素质。应在农村教育体系中加入农耕文化相关内容，帮助学生了解农耕文化的价值。此外，可以鼓励村内有经验的农民和农耕专家向年轻人进行文化宣传，支持乡村旅游业的发展。

第四，政治建设的要求是治理有效。以“有效”为目标评价政治建设，将德治、法治与自治相结合，强调治理方法的多元化和灵活性、治理体系的现代化。2021 年，《中共中央　国务院关于加强基层治理体系和治理能力现代化建设的意见》发布，指出力争用 5 年左右时间，健全德治、法治与自治的基层治理体系，健全网格化管理，精准治理，细化服务，把党的领导这一要义始终渗透于基层自治的全过程。“治理有效”体现了乡村治理目标的新导向，也是国家治理的重要基石，为乡村各项任务的推进提供了基础保障。有效的乡村治理会降低农民的生产成本，并促使更多的外来资本投入乡村，从而促进乡村产业发展。

第五，社会建设的最终要求是生活富裕。乡村振兴的最终目的是提升农村居民收入水平和生活质量，这也是乡村振兴的立足点和出发点，是乡村振兴程度的最终评价标准。“十四五”时期，我国圆满达成全面建成小康社会这一历史性成就，正式迈入全面建设社会主义现代化国家这一崭新且充满挑战的发展阶段。在乡村振兴战略背景下，农民更多地参与或共享了现代化发展的成果，增强了乡村生活的获得感。这种获得感既包括农民增收、农居环境改善、农村社会保障水平提高、公共服务改善等物质上的获得感，也包括文化生活更丰富、社会活动参与感更强以及自身价值更好实现等精神上的获得感（王建英，2019）。

三、乡村振兴的根本目标是实现农业、农村、农民的现代化

2024 年中央一号文件明确提出，推动农产品产业链优化升级，促进我国乡村第一、第二、第三产业融合发展，提高农村产业发展水平。乡村振兴是我国提出的一种新的乡村发展模式，是农村产业与生活的融合，是农村“靠

山吃山”的相对优势与海纳百川的学习相结合的新的乡村发展模式。建设农业强国，全面推进乡村振兴是根本保证。中国式现代化发展下的农村，要坚持以党建为引领，以农村绿色发展为底色。这意味着乡村发展要在基础设施、宜居环境、公共服务等方面跟上城镇的步伐，促使更多的农村居民愿意留在农村。改革开放以来，我国城乡经济发展水平差距越来越大，当前我国农村的绿色发展依然存在很多现实困境。绿色发展有利于缩减城乡之间的经济差距。例如，农村可以结合自身地域特点和资源禀赋发展具有特色的乡村旅游，帮助农民增收；吸引外地务农人员返乡就业，把更多劳动力留在农村，为农村的可持续发展提供“养料”。

生态宜居的乡村建设，需要建立在生态安全的基础之上，需要不断优化农村产业结构。具体可从以下几个方面着手：第一，加强对绿色生态环境建设的宣传，对其理念和未来的影响进行深刻解读。乡村主要干部作为乡村建设的领导者，应因地制宜提出切实可行的乡村政策，助力乡村振兴战略的实施。第二，对乡村高能耗产业进行转型升级，对传统产业进行提“质”，推进农业、加工业和服务业融合发展，宣传乡村绿色金融理念，使服务业融于农业之中，满足乡村振兴战略的深层次要求，提升乡村经济发展质量。例如，2017 年，四川省获批了一笔来自乐山市银行的 40 亿元绿色金融债券，实现了四川省绿色债券从无到有的突破。同年，四川省成立了绿化基金会，进一步推动了绿色产业的发展。又如，在绿色保险方面，《四川省绿色金融发展规划》提出了环境污染的强制管理办法，推动保险业与环境治理共同发展。四川省将绿色金融服务与乡村振兴相结合，如巴中农商银行基于农村特色资源，创新设计了十余种绿色信贷产品，累计产生绿色信贷的额度为 11.2 亿元。2019 年，人民银行、银保监会、证监会、财政部、农业农村部五部门联合发布《关于金融服务乡村振兴的指导意见》，指出健全乡村振兴金融服务体系，坚持改革发展的正确方向，加大金融资源向乡村振兴重点领域的倾斜力度，营造良好金融生态环境和金融承载能力，增强当地农村居民的金融获得感，为实现中国式现代化打下坚实基础。乡村振兴战略明确了当前和今后一段时期，我们要像重视农业一样重视农村的发展，把农业、农村和农民作为一个整体来看待，坚持农业发展和农村发展齐头并进。

第二章

Chapter 2

我国乡村振兴战略的政策演变及实施重点

第一节　我国实施乡村振兴的驱动力

乡村振兴作为城市化与工业化达到一定程度的自然产物，是人类社会演进历程中不可逆转的潮流。各国在资源条件、历史机遇等方面存在较大差异，因而其乡村振兴之路也呈现出多元化、特色化的鲜明特征，形成了各具风采的发展模式。西方发达国家在完成工业化和城市化后，也面临着乡村衰败问题，城乡出现了明显的“二元”特征。西方国家在二战后实施宏观调控政策，导致城乡差距拉大。美国地理学家波恩于 1976 年提出“逆城市化”的概念，我国称“逆城镇化”。他指出，逆城市化是指在西方国家的城市发展到一定程度时，大量人口和资金流向郊区或者农村的过程。从 20 世纪 30 年代初起，各国开始探索适合各自乡村振兴的模式。尽管“逆城市化”概念的提出和实践来自西方发达国家，并且它们在实践中经历了不同的过程，但大多数国家是在工业化以后才开始实施工业反哺农业、以工促农的城乡融合发展策略的，总结其发展规律，主要有以下几点。

一、乡村振兴是城市经济发展到一定阶段的必然产物

（一）诺瑟姆曲线

1979 年，美国著名城市地理学者诺瑟姆（Ray M. Northam）在深入研究

英国、美国等西方国家工业化历程中城市化率的变化趋势后，提出了描述城市化发展进程的“S”形曲线，即“诺瑟姆曲线”（如图 2-1 所示）。诺瑟姆将城市化进程分为三个阶段，并指出了其中两个关键的转折点，即“拐点”。在第一阶段，城市化率尚未达到 30%的门槛，标志着城市化进程正处于萌芽与起步阶段。此时，国家经济以农业为根基，社会形态鲜明地呈现出农业社会的特征。城市化在这一阶段的发展显得尤为缓慢而稳健，主要受制于农业经济的传统框架与惯性。与此同时，工业化进程也正处于初期阶段，轻纺工业逐步成为主导产业。在第二阶段，城市化率跨越 30%的门槛并持续攀升至 70%，标志着国家正式驶入工业社会的快速发展轨道。这一时期，经济以前所未有的速度向前冲刺。在主导产业方面，钢铁、化工、机械等重工业蓬勃发展，成为推动经济增长的关键引擎。随着工业化的深入，城市不再仅仅是生活的栖息地，更是经济发展的核心动力源。城市数量激增，规模不断扩张，人口和产业如同潮水般向城市汇聚，带来了前所未有的繁荣景象。然而，也是在这一阶段，“城市病”逐渐显现。城市劳动力市场出现了劳动力过剩的现象，住房问题日益凸显，居住成本不断提高；交通网络虽然日益发达，但拥堵成为常态；环境问题日益严峻，工业排放和人口密集导致的污染问题亟待解决。因此，第二阶段既是城市化加速发展的黄金时期，也是面临诸多挑战和考验的关键时期。如何在享受城市化带来的繁荣与便利的同时，有效应对“城市病”的挑战，实现城市的可持续发展，成为这一时期亟待解决的重要课题。在第三阶段，城市化率突破 70%，标志着国家迈入后工业社会的新纪元。在这一阶段，经济从高速增长逐渐过渡到平稳发展。第二产业比重在达到约 40%的峰值后，开始缓慢而有序地下降，为新兴产业的崛起腾出空间。与此同时，第三产业逐渐成为经济发展的主导力量，推动经济结构的持续优化升级。面对第二阶段城市化进程中积聚的“城市病”，社会开始寻求更加均衡和可持续的发展路径。随着交通网络的日益完善和通勤成本的降低，企业和个人在权衡经营成本与生活品质后，纷纷选择向郊区乃至更远的农村地区迁移，寻求更加宜居和低成本的生活环境。这一趋势导致大城市中心区的居住人口有所减少，而郊区及农村地区逐渐呈现出城镇化的新面貌。在这一阶段，城市化的增长速度明显放慢，甚至在某些地区出现了“逆城市化”现象。这并非城市化的倒退，而是城市化进程中的一种自然调整和优化，反映了人们对于更高质量生活环境的追求以及城乡均衡发展的需求。

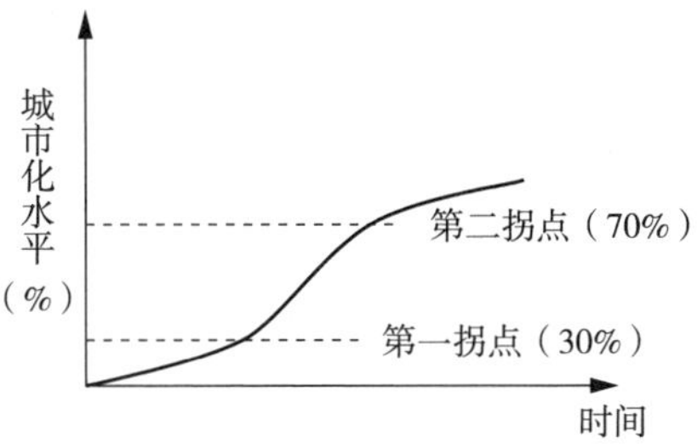

图 2-1　诺瑟姆曲线

资料来源：RAY M NORTHAM. Urban geography [M]. New York：John Wiley & Sons，Inc.，1979.

（二）刘易斯的二元经济结构理论

发展经济学中的人口迁移理论，核心在于揭示经济发展过程中人口流动的动力机制与影响，其代表为刘易斯的“二元经济结构理论”和托达罗的“托达罗模型”。美国经济学家刘易斯（1953）描绘了发展中国家经济结构的双重特性，这一理论被称为“二元经济结构理论”或“两部门经济发展模型”。该理论的核心观点是，发展中国家并存着两个截然不同的经济部门：一是代表国家经济中先进生产力的现代工业部门，该部门通常具有较高的劳动生产率、技术水平和资本密集度；二是代表较为落后的生产力水平的传统农业部门，该部门往往依赖自然资源、手工劳动和传统生产方式，劳动生产率较低，且受自然条件和季节变化影响较大。刘易斯认为，在农业部门，一部分劳动力的边际生产率实际上接近于零，这些劳动力被视为“剩余劳动力”，因为他们的增加并不能显著提升农业总产出。相比之下，工业部门以较高的边际生产率和工资水平展现出了对劳动力的强大吸引力。工业部门有能力以相对较低的劳动报酬吸引农业部门的剩余劳动力。这种吸引力不仅源于工业部门更高的工资水平，还因为农业部门中的剩余劳动力在原有岗位上难以获得更多收入。

刘易斯的二元经济结构理论深刻指出，驱动劳动力从农村向城市迁移的核心动力是显著的城乡收入差异。该理论视这一差异为劳动力流动的唯一决定性因素，即当城市工业部门的平均工资水平显著高于乡村农业部门的平均收入水平，并且这种差距达到一个足以吸引劳动者的临界点时，农民便会考虑放弃传统的农业生计，选择进入城市寻找新的工作机会。换句话说，城乡之间的收入鸿沟是劳动力迁移的“磁力场”，吸引着追求更高生活水平的农民群体向城市会聚。这一过程不仅反映了劳动力对经济利益最大化的理性追求，也揭示了经济发展过程中资源重新配置和产业结构优化的内在逻辑。因此，缩小城乡收入差距，促进城乡经济协调发展，对于缓解劳动力迁移压力、实现经济社会可持续发展具有重要意义。刘易斯的理论强调了劳动力转移在促进经济结构转型和经济发展中的重要作用，为发展中国家制定经济政策提供了重要的理论依据。该理论的假设前提是“充分就业，且市场可以无限提供劳动力”。

刘易斯在其1972年出版的重要著作《对无限劳动力的反思》中，对二元经济结构理论进行了深化与修正，特别是通过引入“刘易斯拐点”的概念，将二元经济的演变过程划分为两个鲜明的阶段。第一阶段，即劳动力无限供给阶段，农村存在着大量剩余劳动力，这些劳动力的边际生产率极低，甚至为零，因此他们愿意以相对较低的工资接受城市工业部门的工作机会。这些劳动力源源不断地从农村涌向城市，为城市的工业化进程提供了丰富的、成本较低的劳动力资源。这一过程不仅推动了城市工业部门的快速扩张，也促进了农村剩余劳动力的有效转移，是刘易斯理论中的第一个关键转折点，即“刘易斯第一个拐点”。在这一阶段，城市工业部门能够以相对较低的成本吸纳大量劳动力，而无须担心劳动力供给的枯竭。然而，随着劳动力的持续转移，农村剩余劳动力的数量逐渐减少，劳动力市场的供需关系开始发生变化，这预示着经济即将进入一个新的发展阶段。第二阶段是经济发展中的一个重要转折点，标志着劳动力市场从过剩转向短缺。在这一阶段，随着农业技术的进步和农业生产效率的提升，原本被束缚在土地上的大量劳动力得以解放，农村剩余劳动力不再是无限供给的状态。与此同时，现代工业部门持续扩张，其增长速度超过了人口的自然增长速度，对劳动力的需求急剧增加。当这一需求增加超过农村剩余劳动力的供给能力时，工业部门就不得不通过提高工资吸引更多的劳动力。这一过程不仅推动了工业部门工资水平的提高，还促使传统农业部门的生产效率进一步提高，因为部分高素质的劳动力可能选择留在农村，采用新技术和新设备提高农业生产率。随着工业部门和农业部门边际产品价值的逐渐趋同，城乡一体化的劳动力市场开始形成。这意味着劳动力不再单纯地从农村流向城市，而是根据市场信号在城乡之间自由流动，即劳动力会寻求最优的就业机会和收入水平。这一过程意味着二元经济结构逐渐减弱，向一元经济结构转变，即实现了城乡经济的深度融合和协调发展。此时，我们将其称为"刘易斯的第二个拐点"，它标志着经济发展进入一个新的阶段，劳动力市场的供求关系更加平衡，资源配置更加高效。

（三）我国的城镇化进程

我国一般用城镇化率来表示城市发展状况。我国学者把诺瑟姆曲线当作研究我国城镇化问题的一种普遍的范本图形，但根据我国的实际情况，它是一条被挤压的"S"形曲线。在市场经济条件下，我国城乡发展一体化分为三个阶段。第一阶段（1996 年之前），城镇化率一直低于 30%，属于城镇化的缓慢增长阶段，此阶段可以分为三个进程：一是 1949—1957 年，属于城镇化的起步时期；二是 1958—1978 年，属于城镇化的调整巩固时期；三是 1979—1996 年，属于城镇化的稳步提升时期。第二阶段（1996 年至今），城镇化的快速提升阶段。1996 年我国城镇化率突破 30%，2023 年达到 66.16%（如图 2-2所示）。按照诺瑟姆的理论，我国已经突破第一个拐点，目前处于城镇化的第二阶段，这一阶段，各种"城市病"开始出现。按照诺瑟姆的划分，第三阶段是指城镇化率高于 70%的城镇化后期阶段，该阶段城镇化率增长缓慢。虽然目前我国仍没有突破第二个拐点，即城镇化率仍未突破 70%的拐点，但第二产业占国内生产总值（GDP）的比重基本呈现逐年下降态势，从 2016 年开始已经低于 40%，2023 年达到 38.3%（如图 2-3 所示），从该下降趋势和比重来看，已经达到了第三阶段的要求，出现"逆城镇化"迹象，即人口开始出现由城镇向农村流动的迹象。根据刘易斯的理论，2010 年之前，我国农村富余劳动力较多，长期处于城镇化发展的第一阶段，从 2010 年开始，我国劳动力由过剩转向短缺，农村劳动力向城市流动突破"刘易斯拐点"，人口红利逐渐消失，即进入逆城镇化阶段。而根据美国、英国等发达国家的经验，当城镇化水平达到 40%左右，人均 GDP 达到 5000 美元时，经济中心就会开始向郊区转移①。2003 年，我国城镇化率突破 40%；2011 年，我国人均 GDP 突破 3.5 万元；2023 年，我国人均 GDP 达到 8.9 万元。可见，经济中心由城市向农村转移是必然趋势。

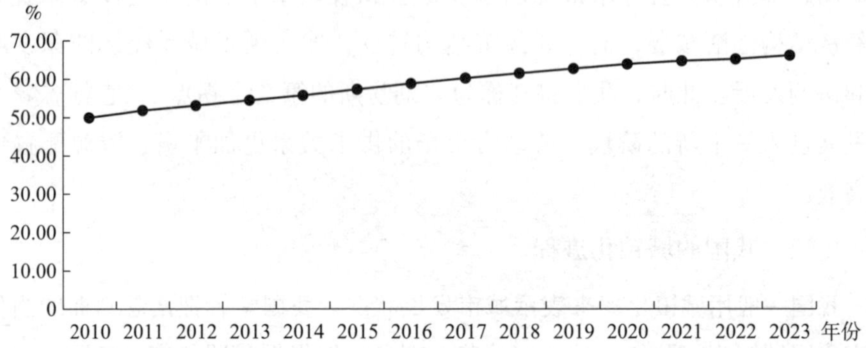

图 2-2　2010—2023 年我国常住人口城镇化率

资料来源：中经网。

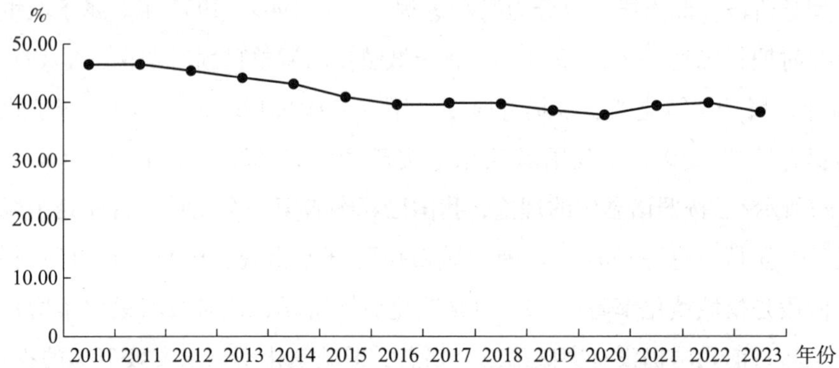

图 2-3　2010—2023 年我国第二产业增加值占 GDP 比重

资料来源：中经网。

二、乡村振兴是工业化发展到一定阶段的必然产物

美国经济学家托达罗（1969）将就业概率引入人口流动模型，创立了

① 姚小飞．城乡一体化发展的一般规律与中国特殊国情［J］．技术经济与管理研究，2016（3）：124-128.

“托达罗模型”。在该模型中，人口的迁移过程是对城乡预期收入差异作出的反应。只有当劳动力估计城市预期收益高于农村收入时，人口才会迁移；否则，劳动力将继续留在农村。城市的预期收入水平为实际收入乘以就业概率，它是决定劳动力流动的关键。托达罗模型的核心观点是：人口迁移并非仅仅基于当前的城乡实际收入差异，而是对城乡间预期收入差异的理性反应。托达罗模型不仅揭示了人口迁移的经济动因对迁移决策的影响，也提醒我们，在制定相关政策以促进劳动力流动和经济发展时，必须充分考虑劳动力市场的实际情况和劳动力的理性预期。从各国城乡发展的历程来看，随着农业现代化步伐的加快，农业生产效率会显著提升，农村会出现大量剩余劳动力，从而加剧人地之间的分离趋势，为农村人口向其他地区转移奠定坚实的“人”的基础。与此同时，城市基础设施建设和公共服务的不断完善，对寻求更好生活条件的农村人口产生了强大的“拉力”。在此过程中，人力资本的持续积累，以及农民工群体社会融入能力的显著增强，使他们能够在城市中更好地立足，降低了迁移过程中的不确定性和风险。这些积极因素相互作用，共同推动农村人口向城市及其他地区转移。对城镇而言，这股来自农村的劳动力洪流不仅为其提供了源源不断且成本相对较低的劳动力资源，还在一定程度上成为推动城镇工业迅速崛起的强大动力。可以说，没有农村剩余劳动力，城市化就不可能发展。由此可见，城市化的发展不仅有利于农业劳动生产率的提高，也有利于农民生活水平的提高。人口迁移现象的核心驱动力是城乡之间显著的收入差距。这种差距促使个体及家庭为追求更高的经济收益和生活品质而作出迁移决策。在刘易斯拐点理论框架下，这一迁移过程与“人口红利”紧密相连，体现为两个关键阶段。在第一阶段，即刘易斯第一个拐点之前，存在显著的“人口红利”效应。这一时期，农村富余劳动力丰富，为城市工业部门提供了庞大的、成本相对较低的劳动力资源。这些廉价劳动力的供给，不仅降低了企业的生产成本，还促进了工业生产规模的扩大和效率的提升，从而推动了城市经济的快速增长。然而，随着时间的推移，当经济发展进入刘易斯第二个拐点时，“人口红利”逐渐消失。此时，市场上的劳动力开始短缺。为了吸引和留住劳动力，企业不得不提高工资，导致劳动力成本上升。城市环境的不断恶化阻碍了工业化的发展。纵观各国的发展历程，在工业化和城市化发展到一定阶段时，必然会支持与带动农业和农村的发展，即以工业化促进农业现代化，以及农业生产方式向规模化、集约化转变，从而提高农民收入。农民收入的提高，以及农民与城市居民收入差距的缩小，必然导致人口的反向流动，而人口的反向流动必然会带动乡村的发展。

我国也呈现出以上特征。如图 2-4 所示，从绝对差距来看，2000 年，我国城镇居民人均可支配收入为 6255.66 元，农村居民人均可支配收入为 2282.12 元；到了 2023 年，这两个指标值分别达到 51821.00 元和 21691.00 元。由此可见，我国城乡居民人均可支配收入每年都在增长，人民生活在逐步改善。但是，我国城乡收入差距的绝对值也在增加。2000 年，城乡收入差距的绝对值为 3973.54 元，2023 年则增加到了 30130.00 元，这说明我国城乡收入绝对差距仍在加大，农村劳动力向城市转移的人数仍在增加，但是收入差距的变动趋势在 2007 年达到顶峰后逐渐缩小。2000 年，城镇居民人均可支配收入与农村居民人均可支配收入比为 2.74，之后逐年上升，2007 年达到 3.14，之后开始下降，2023 年降到 2.39。城乡收入绝对差距的缩小导致近年来外出农民工的比重呈现逐年下降的趋势（如图 2-5 所示）。该差距缩小的主要原因在于政策支持、经济增长、区域协调发展以及农民受教育程度和技能的提升。根据国家统计局的统计数据，在脱贫攻坚战全面胜利与乡村振兴战略深入实施的背景下，我国县域及农村地区人均可支配收入的增速超过了城镇地区。2010—2023 年，农村居民年均收入增速比城镇居民高 26 个百分点。2023 年，城镇居民年收入稳定增长，居民人均可支配收入增长 6.1%。疫情之后，经济增长持续恢复，服务业开始较快增长，这在一定程度上保障了城镇和乡村居民可支配收入的增长，与我国经济增长的步幅基本保持一致。为了加速我国农村及低收入地区的发展，我国加大了对农村与农业基础设施的投资力度，实施“工业反哺农业”战略，以工业发展的成果助力农业现代化，积极推动农村地区的城镇化步伐，同时高度重视农村地区的教育事业，增加教育投入，降低农民因技术问题导致生产效率低的概率，提高农村劳动力的人力资本。政府的一系列措施，不仅为农村的长远发展奠定了坚实的人才基础，也大大缩小了城镇居民与农村居民之间的收入差距。近几年，外出农民工的总量虽然在增加，但是增速在放缓，外出农民工在农民工总量中的比重在逐年下降。2010 年，我国农民工总量为 24223 万人，其中外出农民工为

15335 万人，外出农民工占农民工的比重为 63%；到了 2023 年，我国农民工总量为 29753 万人，其中外出农民工为 17658 万人，外出农民工占农民工的比重降至 59%。由此可见,我国正致力于积极培育与拓展农村市场，并通过农村经济的蓬勃发展，提升了农民的收入水平，使城乡收入差距越来越小，农村对劳动力的吸引力越来越大。

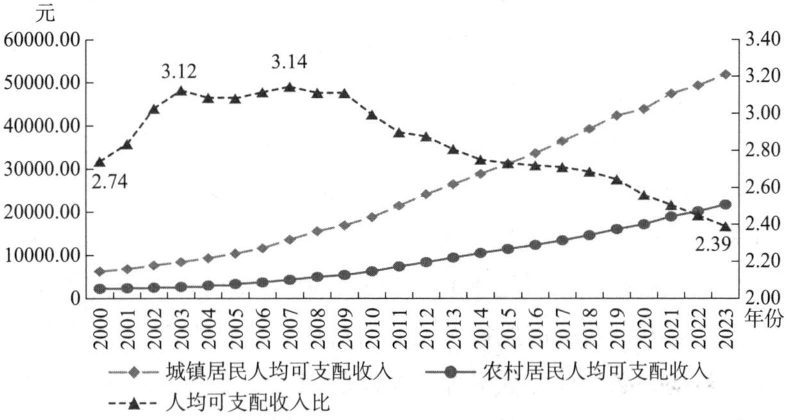

图 2-4　2000—2020 年全国城乡收入差距及其变化

资料来源：国家统计局。

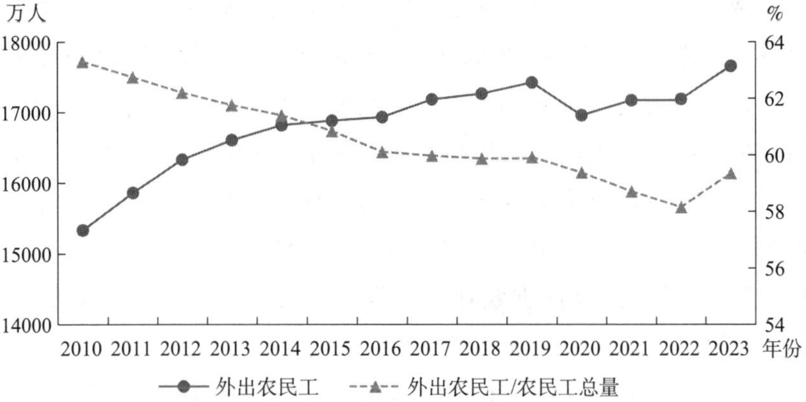

图 2-5　2010—2020 年我国农民工流动状况

资料来源：国家统计局。

三、乡村振兴是解决发展不平衡不充分问题的关键

党的十九大报告明确提出，“中国社会的主要矛盾已经转变为人民日益增长的美好生活需要和不平衡不充分的发展之间的矛盾”。这种不平衡主要体现在三个方面。

第一，人与自然的不平衡。这种不平衡是我国经济追求高速度增长模式带来的，我国经济快速粗放型的发展模式虽然带来了一些好处，但也使人与自然的关系日益紧张，出现了资源过度消耗、环境污染、产能过剩、效率低下等问题。改革开放以来，我国工业大规模发展与建设，忽视了技术创新和产业升级的问题，不仅给空气、水源和土壤带来了巨大伤害，而且极大地削弱了未来我国可持续发展的能力与潜力，还对我国产业的核心竞争力产生了严重影响。习近平总书记多次在重要场合强调高质量发展的重要性，提出要开创我国高质量发展的新局面，实现更有经济韧性的发展。要解决这一问题，必然要降低资源和能源的消耗，而目前我国的农业发展，污染问题和生态问题均较为严重。乡村振兴战略中的“生态宜居”，正是这一问题的解决途径。宜居的生态环境要求以顺应自然、保护自然为前提，因此习近平总书记提出了“绿水青山就是金山银山”的发展理念。农业农村污染治理攻坚战作为党中央确定的污染防治攻坚战的七大标志性战役之一，是深入推进农村人居环境整治、补齐农业农村生态环境保护突出短板的重要举措。为提高资源利用效率、提高农产品质量、增加农民收入，农业农村部提出了“一控两减三基本”的目标任务：到 2020 年实现农业用水总量控制，化肥、农药使用量减少，畜禽粪便、秸秆、地膜基本资源化利用。此外，农业农村部提出，要“加速构建系统的农业农村生态环境保护制度体系”。该体系涉及促进农业绿色发展、农业农村环境污染的有效防治，以及鼓励多元化环保投资等多个关键领域。

第二，人与人的不平衡。这一不平衡是由改革开放以后我国实施的非均衡发展战略引起的。改革开放以后，我国实施的“允许一部分人、一部分地区先富起来，先富帮后富，最终实现共同富裕”的政策拉开了人与人之间的经济差距。而优先发展东部和沿海城市的梯度推进战略也直接带来了区域间经济发展的不平衡，出现了以城乡差距为核心的二元经济特征。这种差距主

要体现在两个方面：一方面，体现在收入上。相对于城市，农村经济发展滞后，农民收入明显偏低。2023 年，我国城乡居民人均可支配收入比为 2.39。有些学者将实际计算的一些漏项考虑进去，则我国城乡收入差距高于世界的平均值。从收入差距的区域分布（如图 2-6 所示）来看，也呈现出明显的阶梯分布特征：东部地区居民人均可支配收入远远高于其他地区，而且有拉大的趋势；中西部地区收入差距较为稳定。另一方面，体现在城乡社会福利和公共品的供给不充分上。城乡不平衡、人与人之间的不平衡很大程度上与公共品供给的不充分有关。例如，在基础教育、公共卫生、医疗等方面，虽然近几年有所改善，但仍有很多农村地区没有条件很好的小学，医疗和卫生条件很差，导致教育资源不平衡、医疗资源分配不均，这两者对城乡之间收入差距的影响较为深远。农村公共品的供给不足在一定程度上影响了我国城乡的协调发展，也说明我国社会公平机制的构建尚处于不充分状态。此外，乡村分布和发展也很不平衡，如有些城市的郊区村庄规模较大、农民收入较高，而有些地区则发展较为落后，农民还很贫困，空心化问题严重。实施乡村振兴战略，特别是其中提出的“产业兴旺”和“生活富裕”的总要求，可以破解发展不平衡不充分的难题，为化解当前我国社会主要矛盾提供思路和途径。乡村振兴战略可以促进农业和农村的现代化。通过实现小农户和现代农业的有机衔接增加农民收入，也是脱贫的一条有效路径。

第三，人与自我的不平衡。人与自我的不平衡主要体现在没有建立稳定的内在秩序。这种秩序包括信仰、伦理和道德建设，这是乡村建设的基础。乡村相对于城市，法治环境和依法治理不充分，交通、供水、供电、通信等基础设施不完善，教育资源匮乏；就业机会也比城市少，多数是传统手工业者；人口老龄化严重，社会信任体系与伦理建设也不充分；文化的竞争力和感召力还没有被充分认知，文化软实力与城市差距较大。乡村振兴战略中的“乡风文明”和“治理有效”，正是针对该问题给出的指导方针。乡村是中国的基层行政组织，应依法办事，在增强公民安全感和归属感方面发挥积极作用。乡村文化建设既是社会共识不断形成的过程，也是社会凝聚力不断加强的过程。农村是我国传统文化的载体，文化的复兴必然会带动乡村的复兴。

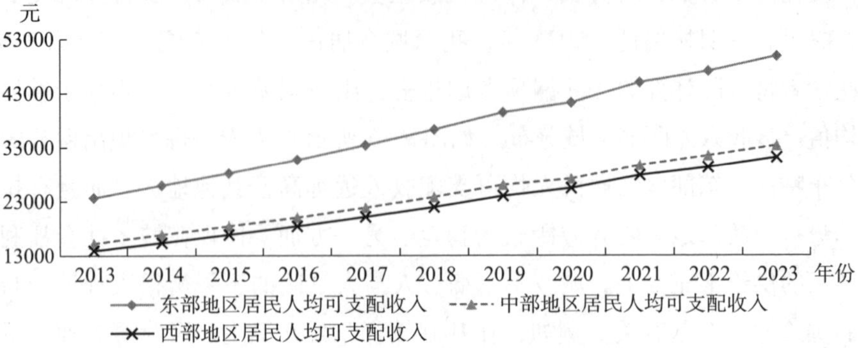

图 2-6　2013—2023 年我国区域收入差距

资料来源：国家统计局。

回顾我国乡村振兴的历程可以发现，它深刻地体现了乡村发展的内在规律，同时契合了我国独特的政治、经济与社会环境。展望 2035 年，乡村振兴将迈入一个关键性的阶段，取得里程碑式的决定性进展。进一步展望 2050 年，乡村将全面实现振兴的宏伟目标，构建起人与自然共生共荣的和谐生态，村民富裕与环境优美成为亮丽名片。此外，乡村社会将形成一套高效合理的治理体系，人与人能够和谐共处，乡村与城市的界限日益模糊，两者共享发展红利、共同谋求发展。

（一）乡村人与自然和谐共生

我国乡村将步入生态与人文深度融合的时期，构筑一幅幅生态宜居、和谐共荣的美丽画卷。在这一愿景下，农业产业结构将迎来深刻变革，传统农业将向绿色、高效、多元化转型，从而激发各产业的蓬勃活力，实现互补共生的繁荣景象。农民不仅能在家门口获得更多的就业机会，就业质量与收入水平也将显著提高。随着乡村经济的稳步增长，我们对农村生态环境的保护与治理也将得到有效改善。通过科学规划与综合治理，我们将确保乡村的自然风貌和生态环境得到最大限度的保留与恢复，让绿水青山成为乡村振兴的坚实支撑。在这一过程中，乡村建设与自然生态将实现和谐共融，形成农业强大、乡村美丽、农民富足的新时代乡村发展的局面。

（二）乡村人与社会和谐共处

我国乡村社会将步入和谐共融的新阶段，德治、法治与自治三者交织成一张紧密而有序的治理网络，构筑起乡村治理体系。在乡村文明的塑造上，乡村田园的宁静美好、农业文明的深厚底蕴以及世代相传的优秀传统习俗等文化元素不仅丰富了乡村的精神内核，更为乡村注入了活力，让乡风民情更加淳朴。乡村治理与乡村文明会形成一种相互促进、相得益彰的良性循环。乡村治理体系的完善为乡村文化的繁荣提供了有力保障，而文化的兴盛又会进一步促进乡村社会的和谐与稳定。两者相互交织，共同构建了一个充满活力、和谐有序的乡村新生态，让乡村成为人们向往的美好家园。

（三）乡村与城市和谐共荣

我国乡村与城市的融合发展将进入一个全新的局面，农村的外围发展环境将得到根本性优化，乡村内部潜力与活力也将被全面激发。在这一过程中，城乡之间的基本公共服务将实现无差别的均等共享，农村居民将享受到与城市居民同等的教育、医疗、文化等公共服务资源，从而进一步缩小城乡差距。此外，城乡基础设施网络将全面构建，形成互联互通、高效便捷的现代化网络体系，为城乡融合发展提供坚实的物质基础。更为重要的是，城乡产业将实现深度融合与协同发展，形成优势互补、互利共赢的布局。乡村的宁静与生态优势将和现代城镇的创新与活力融合，孕育出既保留乡村特色又具有现代气息的新型城乡发展形态。在这种形态下，工农互促、城乡互补的优势将更加凸显，推动形成全面融合、共同繁荣的新型工农城乡关系。

第二节　我国乡村振兴战略的政策演变

我国乡村振兴战略主要是在“三农”问题和“新农村建设”的基础上提出来的，从国内乡村改革发展历程来看，大致可分为三个阶段，即“三农”问题战略阶段、社会主义新农村建设战略阶段和乡村振兴战略阶段。

一、“三农”问题战略

中国有着悠久的农耕历史，长期以来，农业和农村问题一直是中央关注的重点。例如，1978 年，党的十一届三中全会召开，决定对农村实施家庭联产承包责任制，这一变革不仅是对传统农村产权制度的根本性调整，更是推动农村经济社会转型升级的关键举措。实行家庭联产承包为主、统分结合的双层经营体制，把土地的所有权和经营权分离，结束了“队为基础、三级所有”的人民公社制，确立了农户的市场主体地位，将农民的劳动成果和个人利益相关联，农民可以根据自己的主观需求决定生产计划、种植结构和经营方式，既保障了自身权益，又增强了抗风险的能力，很大程度上激活了农村各类生产要素的潜能，释放了农村发展的内在活力，为农村经济的持续健康发展和农民收入的稳定增长奠定了坚实的制度基础。20 世纪 90 年代，江泽民指出，“农业是国民经济的基础，农村稳定是整个社会稳定的基础，农民问题始终是我国革命、建设、改革的根本问题”，并在党的十四大报告中强调“农业是国民经济的基础，必须坚持把加强农业放在首位，全面振兴农村经济”。这从政策层面确保了国家粮食安全和农产品供给。党的十四大从社会主义市场经济新形势出发，对我国农村建设和改革提出了一系列新的思想，聚焦于那些以耕作为生或依托养殖业为生的农民群体的生存面貌转型、农业产业的蓬勃发展，以及这一区域社会整体的进步与飞跃。这些改革措施，使我国在 2000 年底基本解决了农村温饱问题。随着生产力的不断发展，城市与农村之间的发展轨迹呈现出明显的不平衡趋势。城市作为现代化进程的先锋，其第二、第三产业蓬勃发展，使城市居民物质生活日益丰富、生活质量不断提升。相比之下，农村地区在进步的步伐、产业的革新以及农民生活条件的改善方面，显得有些滞后。因此，在 2000 年 3 月，中国知名的“三农”领域民间研究者李昌平先生以书信形式直接向朱镕基总理汇报了当地农业、农村、农民（简称“三农”）所面临的严峻挑战与困境。这一举动不仅深刻触动了社会各界对“三农”问题的关注与反思，更标志着“三农”问题作为一个独立而重大的议题，首次被正式提上国家层面，开启了中国政府及社会各界对“三农”问题进行深入探索的新篇章。

21 世纪以来，新一届领导集体更加关注“三农”问题，首先在提法上对其有了全新的表述。“十五”期间，中央发了两个中央一号文件（2004 年中央一号文件和 2005 年中央一号文件），取消了农业税，并对粮食进行直接补贴、良种补贴和农机补贴，为实现城乡统筹发展、增加农民收入和调动农民生产积极性打下了坚实基础。农业基础地位得到加强，但城乡居民收入差距在改革开放初期为 1.7 倍，之后逐渐扩大，到 2003 年达到 3.23 倍。城乡收入差距的拉大导致农村地区出现种种问题，如农村经济凋敝、农民收入增长缓慢等，这些问题向国民经济发出了强烈的预警信号。如果农村经济持续滞后，农民无法富裕起来，那么整个经济也难以长久繁荣，这必将对我国经济发展产生负面影响。党的十六大报告中提出，要统筹城乡经济社会发展；2003 年的中央农村工作会议提出，“全面建设小康社会，重点和难点都在农村，要把‘三农’工作作为全党工作的重中之重”；在 2003 年中央关于农业农村的工作意见中，要求对农业实行“多予、少取、放活”的方针。在党的十六届四中全会上，中央立足全局，适时作出了“工业反哺农业，城市带动农村”的正确判断。2008 年，党的十七届三中全会通过的《中共中央关于推进农村改革发展若干重大问题的决定》中，对“三农”问题用三个“最需要”（农业基础仍然薄弱，最需要加强；农村发展仍然滞后，最需要扶持；农民增收仍然困难，最需要加快）进行了总结，明确了农村改革发展的指导理念、核心目标、任务清单及应遵循的基本原则。这些战略部署充分表明了“三农”问题在中国全面深化改革过程中的核心地位与关键作用，也凸显了解决“三农”问题对推动国家整体经济社会发展的重要性。“三农”问题是农业文明向工业文明过渡的必然产物。

二、社会主义新农村建设战略

社会主义新农村建设早在党的十五届三中全会上就已提出，围绕经济、政治和文化展开改革建设，即经济上解放和发展生产力，政治上坚持党的领导，文化上强化精神文明建设。2005 年 10 月 11 日，党的十六届五中全会通过了《中共中央关于制定国民经济和社会发展第十一个五年规划的建议》，提出要按照“生产发展、生活宽裕、乡风文明、村容整洁、管理民主”的要求，扎实推进社会主义新农村建设。这与我们目前推出的乡村振兴最为接近。党的十六届五中全会不仅重申了建设社会主义新农村的宏伟蓝图，还进一步细化了这一战略目标的实施路径与具体指标，为新农村建设的每一步都设定了更为明确、可量化的标准。新农村建设标志着我国总体上进入以工促农、以城带乡的发展新阶段，是构建和谐社会的必经阶段，涉及经济建设、政治建设、文化建设和社会建设等领域。2005 年，《中共中央　国务院关于推进社会主义新农村建设的若干意见》明确提出，始终把“三农”工作放在重中之重，切实把建设社会主义新农村的各项任务落到实处，加快农村全面小康和现代化建设步伐。该意见还提出以下几项内容：统筹城乡经济社会发展，扎实推进社会主义新农村建设；推进农业现代化，强化社会主义新农村建设的产业支撑；促进农民持续增收，夯实社会主义新农村建设的经济基础；加强农村基础设施建设，改善社会主义新农村建设的物质条件。2006 年，我国取消了农业税。2006—2017 年，每年的中央一号文件基本上都是围绕社会主义新农村建设和“三农”问题展开的。党的十七大提出“统筹城乡发展，推进社会主义新农村建设。解决好农业、农村、农民问题，事关全面建设小康社会大局，必须始终作为全党工作的重中之重”的宏伟目标；同时提出“坚持统筹城乡发展，建立以工促农、以城带乡长效机制，形成城乡经济社会发展一体化新格局”。习近平总书记指出，要“把解决好‘三农’问题作为全党工作重中之重，必须长期坚持、毫不动摇”，并提出“强农、惠农、富农”的政策：在农业方面，强调粮食安全；在农业发展方面，强调农业现代化和科技兴农；在农村建设方面，提出城乡一体化发展，建设美丽乡村和社会主义新农村。在整个“十三五”时期，我国都把统筹城镇化和新农村建设作为发展的着力点，重点放在加强农村基础设施建设，改善农村饮水、用能和居住条件上，以强化农村民生保障能力。

三、乡村振兴战略

近年来，农村成为我国发展最不平衡也最不充分的区域，农业仍然是我国经济发展中的短板，农民仍然是我国低收入群体的主要组成部分。造成这种情况的原因主要有以下几个：一是近年来我国城镇化建设速度加快，劳动力、资金、土地等资源大量流入城市，一方面导致农村产业单一、城市人口过密，城市病开始出现，另一方面造成农村“空心化”、经济发展严重“失血”“贫血”，发展活力不足，农村衰败问题严重，农业逐渐被边缘化。二是农业自身存在的问题，如结构性矛盾突出、农产品供求失衡、劳动效率较低、转型升级困难、劳动力短缺、产业链条短等。三是农民收入增长过缓。农村“空心化”问题严重、资源难以转换为资产、大量劳动力外出打工等因素导致农民农业收入增加缓慢，急需拓展增收途径。四是农村的基础设施和社会公共事业发展滞后。农村存在较为严重的公共品投入不足、资金保障不足、教育设施落后、通信不便、防灾减灾能力弱、资金投入机制不完善且无序等问题，严重制约了乡村的文明和进步。此外，乡村存在的问题一直没有得到很好的解决，又会不断出现新的矛盾和问题，要求有新的发展战略来应对。

关于“三农”问题，习近平总书记做了一系列重要论述，在继承和发扬已有农村建设思想的基础上提出了解决问题的新理念和新思想，逐渐形成了乡村振兴战略。

（一）乡村振兴的初步探索阶段

乡村振兴的发展脉络最早可追溯到 2017 年。习近平总书记在党的十九大报告中首次提出乡村振兴战略，并明确提出“产业兴旺、生态宜居、乡风文明、治理有效、生活富裕”的 20 字总要求。

按照乡村振兴战略的总要求，2018 年中央一号文件《中共中央　国务院关于实施乡村振兴战略的意见》发布，搭建了乡村振兴战略“四梁八柱”的顶层设计。“四梁八柱”可以概括为“八个有”，即有国家战略规划引领、有党内法规保障、有日益健全的法治保障、有领导责任制保障、有一系列重要战略重大行动重大工程作支撑、有对农民关心的关键小事的部署安排、有全方位的制度性供给、有对解决“钱从哪里来”问题的全面谋划（张寅、张君法，2021）。最基础的支撑有三个：一是制定国家乡村振兴战略规划，以规划指导各地各部门有序分类推进乡村振兴。2018 年 5 月 31 日，中共中央政治局召开会议，审议《乡村振兴战略规划（2018—2022 年）》，针对实施乡村振兴战略制定了详尽的阶段性谋划，明确了从 2018 年到 2022 年的五年行动计划。这五年，既是确保农村全面建成小康社会的关键时期，也为农业农村现代化奠定了坚实的基础。具体来说，2020 年，乡村振兴的制度框架和政策体系基本形成；到 2022 年，乡村振兴的制度架构与政策体系初步完善，为农村发展奠定了坚实的基础；到 2035 年，乡村振兴取得决定性进展，农业农村现代化基本实现；到 2050 年，乡村全面振兴，农业强、农村美、农民富全面实现。二是出台了《中国共产党农村工作条例》，进一步健全和完善了党对农村工作的领导体制和机制；以党政一把手为第一责任人，五级书记共同分工参与搞活乡村振兴，针对乡村振兴战略的推进，构建实际绩能考评机制。三是加速推进乡村振兴的立法研究工作，将那些经过实践验证、成效显著的乡村振兴政策措施通过法律形式固定下来，实现政策的法治化、长效化。2021年4月29日，为了全面实施乡村振兴战略，促进农业全面进步、农民全面发展，十三届全国人大常委会第二十八次会议表决通过《中华人民共和国乡村振兴促进法》。该法涉及农村的产业发展、人才支撑、文化繁荣、生态保护和组织建设，明确了乡村振兴的原则和目标，强调了中国共产党的新发展理念。2021年5月18日，司法部印发了《“乡村振兴　法治同行”活动方案》，使乡村振兴得到了法律上的保护。

（二）乡村振兴的奠基之举

2012年底，党中央迅速聚焦“全面小康”的宏伟目标，深刻指出，“小康不小康，关键看老乡，关键在贫困的老乡能不能脱贫”。在这一战略视野下，党庄严宣告“决不能落下一个贫困地区、一个贫困群众”，从而正式拉开了新时代脱贫攻坚的序幕。2013年，党中央前瞻性地提出精准扶贫的创新理念，对传统扶贫工作机制进行了深刻变革与优化，以更加精准有效的策略助力贫困群体迈向富裕之路。2015年11月，中共中央政治局审议通过了《关于打赢脱贫攻坚战的决定》，习近平总书记强调，要消除贫困、改善民生、逐步实现共同富裕。2017年10月，习近平总书记在党的十九大报告中首次提出“乡村振兴战略”。2018年，中央一号文件对乡村振兴战略的总体部署、主要目标、基本原则和核心任务作出战略安排。2019年3月，李克强总理在政府工作报告中提出，要打好精准脱贫攻坚战。10月，国家脱贫攻坚普查领导小组成立。党中央召开了扶贫工作会议，创造性地提出了“扶贫对象精准、措施到户精准、项目安排精准、资金使用精准、因村派人（第一书记）精准、脱贫成效精准”的“六个精准”扶贫战略，以确保扶贫工作的每个环节都紧密对接实际需求，实现资源的最优配置。会议还部署了“五个一批”的脱贫路径，旨在通过发展特色产业促进生产脱贫一批、实施易地搬迁安置脱贫一批、加大生态补偿力度脱贫一批、提升教育水平阻断贫困代际传递脱贫一批，以及完善社会保障体系兜底脱贫一批，全方位、多层次地推进脱贫攻坚工作，向全社会发出了坚决打赢脱贫攻坚战的总动员令。党的十九大把精准脱贫作为三大攻坚战之一进行全面部署，锚定全面建成小康社会目标，聚力攻克深度贫困堡垒，决战决胜脱贫攻坚。2020年5月，李克强总理在政府工作报告中提出，2020年要坚决打赢脱贫攻坚战，努力为实现全面建成小康社会目标而奋斗。同年7月，国务院扶贫领导小组开展脱贫攻坚督查工作。截至2020年底，我国已圆满达成既定目标，实现了现行标准下9899万农村贫困人口的全面脱贫壮举，832个贫困县成功摘掉了贫困的帽子，12.8万个贫困村全部退出贫困序列。这一历史性成就，不仅彰显了我国在消除区域性整体贫困方面的显著成效，还标志着我国彻底完成了消除绝对贫困这一艰巨而光荣的任务。农村贫困人口全部脱贫，为实现全面建成小康社会目标任务作出了关键性贡献；贫困地区发展速度显著提高，经济实力实现了质的飞跃。基础设施建设领域更是突飞猛进，为当地发展奠定了坚实基础。社会事业也取得了长足进步，一系列长期困扰贫困群众的难题，如交通不便、饮水困难、电力短缺、通信不畅、教育资源匮乏、医疗条件落后等，均得到了根本性解决。脱贫攻坚不仅取得了物质上的累累硕果，也取得了精神上的累累硕果。2021年，中央发布一号文件《中共中央 国务院关于全面推进乡村振兴加快农业农村现代化的意见》，强调：在向第二个百年奋斗目标迈进的历史关头，坚持把解决好“三农”问题作为全党工作重中之重，让广大农民过上现代化的美好生活；要实现巩固拓展脱贫攻坚成果同乡村振兴有效衔接。这激发了广大脱贫群众奋发向上的精气神，使社会主义核心价值观得到广泛传播，文明新风得到广泛弘扬，艰苦奋斗、苦干实干、用自己的双手创造幸福生活的精神在广大贫困地区蔚然成风。用世界银行设定的国际贫困标准来衡量，我国在全球减贫事业中贡献的减贫人口数量占同期全球减贫人口总量的70%以上。尤为值得一提的是，在全球贫困问题依然严峻复杂、部分国家面临贫富差距持续扩大的挑战之际，我国提前10年完成了《2030年可持续发展议程》中设定的减贫目标。①

“坚决打赢脱贫攻坚战”为实施乡村振兴战略提供了稳定的物质基础和有力的精神激励，同时为实施乡村振兴战略提供了坚强的组织保障。

（三）乡村振兴的全面推进阶段

乡村振兴战略的实施，是我们在实现中华民族伟大复兴的宏伟蓝图中，

① 习近平庄严宣告：我国脱贫攻坚战取得了全面胜利［EB/OL］.（2021-02-25）. www. xinhuanet. com/politics/leaders/2021-02/25/c-1127137845. htm.

针对农业农村领域存在的短板与弱项采取的关键举措，旨在促进城乡均衡与协调发展。这一战略不仅夯实了“三农”作为国家根基的重要地位，还成为我国积极应对全球变局、保持战略主动性的核心要素。在脱贫攻坚战取得全面胜利、小康社会全面建成这一历史性的交汇点上，党中央高瞻远瞩，作出了全面推进乡村振兴的重大战略部署。这不仅是对过往成就的巩固与深化，更是对未来发展的远见规划与布局。乡村振兴战略既是解决我国新时代城乡发展不平衡和农村发展不充分矛盾的必然选择，也是新时期我国“三农”工作战略目标提档升级的内在要求。

“十四五”规划明确提出，“坚持农业农村优先发展，全面推进乡村振兴”，“走中国特色社会主义乡村振兴道路，全面实施乡村振兴战略，强化以工补农、以城带乡，推动形成工农互促、城乡互补、协调发展、共同繁荣的新型工农城乡关系，加快农业农村现代化”。在新的发展阶段，我国将农业农村置于优先发展的战略位置，并对全面推进乡村振兴进行了详细而深入的总体规划，以确保国家粮食安全，防止规模性返贫，强化乡村治理和改善乡村建设。在推动城乡融合发展方面，应以人为核心建设新型城镇，促进城乡协调发展，强化大中小城市与小城镇之间的协调发展，提升县域综合服务能力，实现县乡村功能衔接互补，为做好当前和今后一个时期的“三农”工作指明了方向。“十四五”规划明确提出了“十四五”期间乡村振兴的总体要求，确定了目标任务。2021 年，农业供给侧结构性改革深入推进，粮食生产在稳定播种面积的基础上，实现了产量上的新突破，总产量稳稳迈过 1.3 万亿斤大关。生猪产业在这一年也保持了稳健的发展态势，有效维护了市场供应的稳定。同时，农产品质量与食品安全水平得到显著提升，农民收入的增长速度持续领先于城镇居民。这不仅是乡村振兴战略实施成效的直观体现，也是脱贫攻坚成果得以巩固的重要标志。随着农业农村现代化规划的正式启动与实施，我国稳步推动了脱贫攻坚政策体系和乡村振兴战略的深度融合与无缝对接。乡村建设行动已全面铺开，农村人居环境得到改善；同时，农村改革的关键任务正深入推进，农村社会保持着和谐稳定的良好局面。2025 年，我国农业农村现代化取得显著进展，农业基础设施实现质的飞跃，农村生活设施初步实现便利化，城乡间的基本公共服务均等化水平显著提升，农业基础更为坚实稳固，粮食和重要农产品的供应保障体系更加完善，农业生产结构显著优化，区域布局更加合理，农业的质量效益与竞争力也明显提升。现代乡村产业体系将基本构建完成，为农村经济发展注入新活力。条件具备的地区将率先实现农业现代化。在持续巩固与拓展脱贫攻坚成果的基础上，城乡居民之间的收入差距不断缩小。农村的生产生活方式正经历着积极的绿色转型，化肥、农药的使用量逐年递减，农村生态环境因此得到显著改善。乡村建设行动成效斐然，乡村面貌焕然一新，展现出勃勃生机。乡村文明程度也实现了新的提升，农村发展的安全保障体系更加健全，为农民安居乐业提供了坚强后盾。农民群众的获得感、幸福感和安全感显著增强。为实现巩固拓展脱贫攻坚成果与乡村振兴的有效衔接，我国制定并实施了一系列针对性强、操作性好的措施：①自脱贫之日起，设定了一个五年的过渡期，旨在持续强化并拓展脱贫攻坚的辉煌成果。在此期间，我们致力于建立健全一套高效的防止返贫动态监测与帮扶机制，确保对易陷入返贫或致贫困境的人口进行及时识别与援助，坚决守住不发生规模性返贫的底线。②积极推进脱贫地区的乡村振兴进程，通过发展特色种养业，激发当地产业活力，并广泛组织农产品产销对接活动，深化消费帮扶模式，拓宽农民增收渠道。③加强对农村低收入人口的常态化帮扶工作，实施动态监测机制，根据家庭实际情况进行分层分类的精准帮扶，确保他们共享发展成果，稳步迈向共同富裕。

“十四五”规划明确指出加速农业现代化进程的紧迫性与重要性，并详细规划了多个关键领域的发展路径。首先，提升粮食和重要农产品的供给保障能力，确保国家粮食安全与农业生产的稳定性。坚决打响种业翻身仗，加强种业科技创新，提升我国种业的国际竞争力。在耕地保护方面，我们坚守 18 亿亩耕地红线不动摇，采取有力措施保护耕地资源，为农业生产奠定了坚实的土地基础。其次，强化现代农业科技和物质装备的支撑作用，推动农业科技进步，提高农业生产效率和质量。构建现代乡村产业体系是农业现代化的重要内容之一，它将通过优化产业结构、培育新兴产业等方式，促进乡村产业多元化、特色化发展。推进农业绿色发展，加强农业生态环境保护，实现农业可持续发展。加快现代农业经营体系的建设步伐，培育新型农业经营主体，发展适度规模经营，提高农业组织化程度和市场竞争力，为农业现代化注入新的活力。此外，“十四五”规划全面铺开了乡村建设的宏伟蓝图，明确了八个核心领域的行动策略，分别为：注重科学制定村庄规划，确保乡村建设有序进行；强化乡村公共基础设施建设，提升农村生产生活条件；深化农村人居环境整治提升，打造宜居宜业的美丽乡村；提升农村基本公共服务水平，缩小城乡差距；构建完善的农村物流及消费体系，激发农村市场活力，促进消费升级；推动县域内城乡融合发展，促进城乡要素自由流动；坚持农业农村优先发展的原则，加大投入保障力度；深化农村产权制度和要素市场化配置改革，释放农村发展潜力，激发农民创业创新的热情。最后，该规划强调从强化五级书记抓乡村振兴的工作机制、加强党委农村工作领导小组和工作机构建设、加强党的农村基层组织建设和乡村治理、加强新时代农村精神文明建设、健全乡村振兴考核落实机制等方面加强党对乡村振兴的全面领导。

2021 年 1 月 4 日，中央一号文件《中共中央　国务院关于全面推进乡村振兴加快农业农村现代化的意见》发布。这是 21 世纪以来第 18 个指导“三农”工作的中央一号文件。该文件指出，民族要复兴，乡村必振兴。我们要坚定不移地将“三农”问题置于全党工作的核心位置，全党上下要集中力量加速推进农业农村现代化进程，提升农民的生活质量。

2022 年 1 月 4 日，中央一号文件《中共中央　国务院关于做好 2022 年全面推进乡村振兴重点工作的意见》发布，指出要牢牢守住保障国家粮食安全和不发生规模性返贫两条底线，突出年度性任务、针对性举措、实效性导向，充分发挥农村基层党组织领导作用，扎实有序做好乡村发展、乡村建设、乡村治理重点工作，推动乡村振兴取得新进展、农业农村现代化迈出新步伐。2022 年 5 月 23 日，中共中央办公厅、国务院办公厅印发了《乡村建设行动实施方案》，清晰勾勒出乡村建设行动的宏伟蓝图和行动路线，确保至 2025 年，乡村建设领域实现显著且有实质性的飞跃，农村人居环境全面改善，农村公共基础设施建设深入村落，惠及每一户家庭，农村基本公共服务水平稳步上升，为农民提供更加便捷、高效的服务，农村精神文明建设显著增强，乡村社会文明程度整体提升。

2023 年 1 月 2 日，《中共中央　国务院关于做好二〇二三年全面推进乡村振兴重点工作的意见》发布，提出“全面贯彻落实党的二十大精神，深入贯彻落实习近平总书记关于‘三农’工作的重要论述，坚持和加强党对‘三农’工作的全面领导，坚持农业农村优先发展，坚持城乡融合发展，强化科技创新和制度创新，坚决守牢确保粮食安全、防止规模性返贫等底线，扎实推进乡村发展、乡村建设、乡村治理等重点工作，加快建设农业强国，建设宜居宜业和美乡村，为全面建设社会主义现代化国家开好局起好步打下坚实基础”。

第三节　我国乡村振兴战略的实施重点

2024 年 7 月，党的二十届三中全会审议通过了《中共中央关于进一步全面深化改革、推进中国式现代化的决定》，提出关于乡村振兴的关键词，即我国乡村振兴战略的实施重点：粮食安全、土地制度改革、新型城镇化、农民增收、就业政策和绿色生态。

一、粮食安全

如今我国种粮成本持续上升，农民种粮积极性减退，种植面积也不断减少，加上极端天气、国际粮食贸易摩擦、供需结构矛盾等的影响，我国粮食安全问题越发严重。我国需要建立多样化的食品供应体系，加速完善农民收入的保障措施，促进粮食及其他关键农产品价格稳定在合理范围，全面规划并实施跨省的粮食产销利益补偿体系，确保粮食主要生产区域得到实质性的利益保障。同时，推动粮食采购、销售及储备管理体系的改革，创新监管体系，以形成更为有效的管理机制。此外，应采取长期有效的粮食及食品节约措施，以确保资源的可持续利用和减少浪费。这些措施包括但不限于优化供应链管理，提高粮食加工和消费的效率，以及提升节粮意识、宣传节粮行为等。这些措施旨在实现粮食安全与农民利益的双赢，促进农业可持续发展。

二、土地制度改革

百年来，我国土地制度经历了四次重大变革，这是一个复杂的过程，涉及经济、社会、法律等多方面因素。因此，需要综合考虑国家发展战略，改进并优化耕地补偿平衡政策，实现对耕地的集中统一管理；加强耕地补充的质量审核流程，保障补偿耕地满足既定的质量要求；强化高标准农田的建设、检查和维护流程，确保耕地资源有效用于主要农作物的种植。农户被授权通过租赁、股份合作或其他形式，充分利用其合法住宅。逐步实施农村集体经营性建设用地进入市场的政策，并完善土地价值增长的收益共享体系。

三、新型城镇化

虽然户籍制度的改革有一定成效，但仍有1.7亿进城农民工及其随迁家属未在城镇落户。我国新型城镇化建设中出现了以下问题：尚未全面落实户籍制度改革及其配套政策，超大型城市对周边的辐射带动作用发挥不够，城乡融合发展任务重，城乡要素自由流动、公共资源平等交换机制需进一步推进。完善新型城镇化建设体系和运作方式，建立一套积极的循环系统，包括产业的现代化、人口的有效集中和城镇的健康发展。实施基于常住地区的户籍登记制度，确保提供基本的公共服务。激励那些符合条件的农业转移人口享有与迁入地居民相同的社会保险、住房保障和随迁子女的义务教育权利，以加速这些人口的市民化进程。

四、农民增收

持续将农业和农村发展放在优先位置，完善乡村振兴的资金投入体系，扩展县域内能够带动民众富裕的产业，打造多样化的食品供应系统，培养乡村新兴产业和商业模式，改善农业补助政策框架，推进多级农业保险的发展。建立并实施一项持续的、覆盖农村居民的预防贫困和新致贫的机制，为农村低收入群体和不发达区域设立分层次、分类别的支持体系。

五、就业政策

县域内非农产业的就业创造能力提升缓慢，农村劳动力老龄化程度提高，劳动力的技术水平没有显著提升，导致就业所需人员具备的能力与现实情况不匹配现象更加突出。针对此类问题，应建立高效的就业促进体系，确保实现高水平就业，同时提高农民作业技术水平，完善公共就业服务体系，集中力量解决就业的结构性问题。除此之外，还需加强对大学毕业生、农民工和退役军人等关键群体的就业援助，建立一套全面的终身职业培训体系。统一规划城乡就业政策，协调推进户籍制度、人力资源管理和档案服务等方面的改革，将鼓励创业作为提升就业机会的关键措施。

六、绿色生态

目前，我国农村污染问题严重。农业源化学需氧量占我国总排放量的69%，氮和磷的排放量分别占我国排放总量的55%和80%。由此可见，农业面临的问题依旧很突出。我国约有19%的耕地受到重金属的污染，耕地污染问题严峻。为应对此问题，我国实施了严格的生态保护红线政策，包括：山、水、林、田、湖、草、沙的统一保护与系统化治理体系，以及多样化的生态修复资金投入体系；执行水资源使用的强制性约束政策，全面实行水资源税费改革，加强生物多样性保护的协调工作；完善海洋资源的保护与开发政策，建立生态产品价值实现机制，推进自然资源有偿使用制度的深入改革。

乡村振兴的难点在于产业可持续发展的支撑不足、数字化人才培养和文化品牌建设效果不显著、生态建设技术不到位以及治理冲突等。乡村的第二、第三产业发展相对滞后，导致农业产业链短，农产品的转化能力不足。乡村产业存在对传统生产要素的投入依赖程度高、产业集中度低、乡村振兴所需人才供给不足等问题，导致农村产业可持续发展的支撑力度不够。数字化人才培养和文化品牌建设效果不显著的主要原因是，乡村地区在发展资源、公共服务、生活条件等方面与城镇有较大差距，对人才的吸引力不够。实施乡村振兴战略，是我国建立中国式现代化经济体系的重大历史任务，是做好新时代“三农”工作的总抓手。就乡村可持续发展而言，乡村创新是“第一动力”，乡村绿色生态是“必要条件”，要让数字技术介入乡村高质量发展，通过发展新的产业驱动力推进乡村振兴工作，激发乡村产业的内生动力。

第三章
Chapter 3

我国乡村振兴的测度与评价

第一节　我国乡村发展现状

一、我国乡村行政区域划分现状

从行政区域划分来看，2022 年，我国乡数量为 7959 个，建制镇数量为 19245 个，行政村数量为 477874 个（见表 3-1），而我国的城市数量为 695 个，村镇的数量远远高于城市的数量。从我国行政村的规模来看，1000 人以上的行政村占 65. 30%，500 人以下的行政村仅占 12. 48%。

从面积来看，2022 年，我国市区面积为 2371373 平方千米，城区面积为 191216. 77 平方千米，而乡建成区面积为 568547. 2 公顷，仅占市区面积的 0. 24%，建制镇的建成区面积为 4422970. 51 公顷，仅占市区面积的 1. 87%。

从人口分布来看，2022 年，我国常住人口城镇化率达到 65. 22%，我国市区人口为 84820 万人，其中暂住人口为 13319 万人，城区人口为 47001. 93 万人，其中暂住人口为 9486. 24 万人。按照自然村来看，我国村庄户籍人口为 77221. 79 万人，目前市区人口数量略高于村庄户籍人口。

表 3-1　2022 年我国乡村规划现状

乡基本状况	乡数量（个）	建成区面积（公顷）	建成区户籍人口（万人）
	7959	568547. 2	2124. 25
建制镇状况	建制镇数量（个）	建成区面积（公顷）	建成区户籍人口（万人）
	19245	4422970. 51	16629. 05

续表

<table>
<tr><td rowspan="3">行政村状况</td><td colspan="3">行政村数量（个）</td><td>村庄用地面积（公顷）</td></tr>
<tr><td>500 人以下</td><td>500~1000 人</td><td>1000 人以上</td><td rowspan="2">12490687.91</td></tr>
<tr><td>59643</td><td>106198</td><td>312033</td></tr>
<tr><td rowspan="2">自然村状况</td><td colspan="3">自然村数量（个）</td><td>村庄户籍人口（万人）</td></tr>
<tr><td colspan="3">2332112</td><td>77221.79</td></tr>
</table>

资料来源：《中国城乡建设统计年鉴》（2023）。

二、我国人口分布现状

遵循国际通行的标准，当一个国家或地区内，60 岁及以上的老年人口比例超过总人口的 10%，或者 65 岁及以上的老年人口占比达到或超过总人口的 7%时，便会被视为步入老龄化阶段。这一界定标准被广泛应用于衡量和描述人口老龄化的程度与状态。根据以上标准，我国已经步入老龄化阶段（见表 3-2）。与城市相比，我国乡村人口老龄化现象更为突出，乡村 65 岁及以上的老年人占到乡村人口总数的 19.30%，比城市高了 7.27 个百分点。

表 3-2　2022 年我国城乡人口结构

<table>
<tr><td rowspan="2">类型</td><td rowspan="2">人口总数（人）</td><td colspan="2">0~14 岁</td><td colspan="2">15~64 岁</td><td colspan="2">65 岁及以上</td></tr>
<tr><td>人口数（人）</td><td>比重（%）</td><td>人口数（人）</td><td>比重（%）</td><td>人口数（人）</td><td>比重（%）</td></tr>
<tr><td>城市</td><td>580988</td><td>87785</td><td>15.11</td><td>423305</td><td>72.86</td><td>69898</td><td>12.03</td></tr>
<tr><td>建制镇</td><td>360042</td><td>64990</td><td>18.05</td><td>247167</td><td>68.65</td><td>47885</td><td>13.30</td></tr>
<tr><td>乡村</td><td>502967</td><td>92111</td><td>18.31</td><td>313763</td><td>62.38</td><td>97093</td><td>19.30</td></tr>
</table>

资料来源：《中国人口和就业统计年鉴》（2023）。

三、我国乡村农产品的质量和效益得到很大提升

国家农业强不强，归根结底要靠质量来衡量。农产品质量的优劣，不仅直接关系着农业能否健康发展，更与广大民众的身体健康状况息息相关。我国“十四五”规划中提出，要深化农业结构调整，坚定不移地推进优质粮食工程，以品质为核心，提升粮食生产的整体水平和市场竞争力，积极推动农业绿色转型，探索提升农产品质量、保障公众健康、推动农业高质量发展的路径。

绿色是农业的本色，推动农业绿色发展是提升农产品质量的必由之路，

而绿色的生产方式更是实现农产品高质量发展的重要环节。绿色生产理念的引导与现代科技的应用在一定程度上减少了农业生产中化肥和农药的施用量。如图 3-1 所示，我国农村化肥施用量在经历了 2015 年的峰值 6022.6 万吨之后呈现逐年递减态势；如图 3-2 所示，我国农业生产中的农药施用量也呈现逐年下降态势，2022 年农药施用量为 119 万吨。化肥和农药二者施用量的下降在一定程度上体现了人们在进行农业生产时不仅重视农业规模，更注重绿色发展。

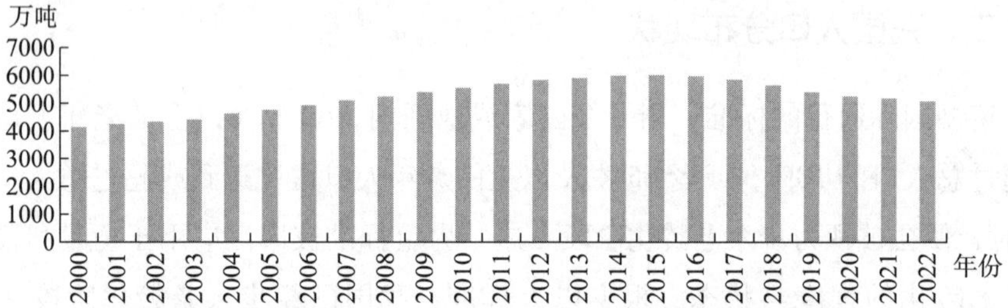

图 3-1　2000—2022 年我国农业生产中的化肥施用量（折纯）

资料来源：国家统计局。

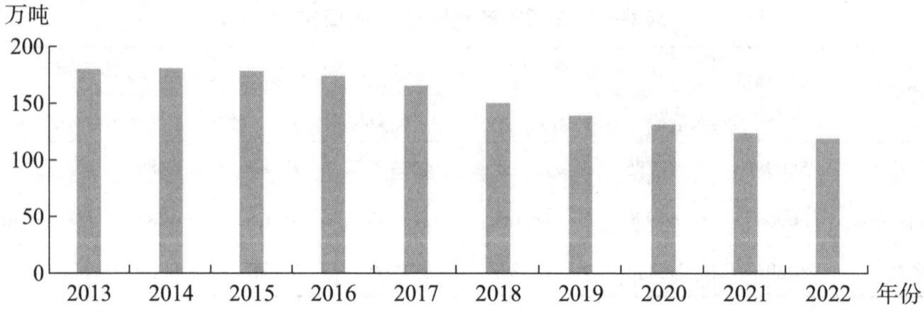

图 3-2　2013—2022 年我国农业生产中的农药施用量

资料来源：国家统计局。

农业生产的机械化程度对农产品的质量和效益至关重要。农机作业水平的提升，不仅有助于提高农业生产效率，还能确保农产品的质量和效益。我国农业农村部农业机械化管理司发布的全国农机作业水平年度变化（图 3-3）显示，我国农业机耕率、机播率、机收率和全国农作物耕种收综合机械化率都呈现逐年递增态势。其中，机耕率最高，在 2022 年达到 86.42%，机播率最低，2022 年为 61.91%。

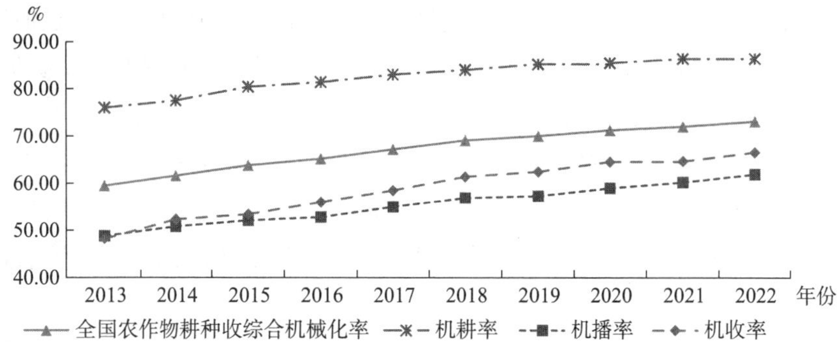

图 3-3　2013—2022 年我国农机作业水平年度变化

资料来源：中国农林数据库。

从农机作业水平对农产品质量的影响来看，农机作业水平的提升有助于实现精准播种，从而优化播种的密度和深度；机械化的收取方式有助于降低对农作物的损伤，保证农产品的质量。从农机作业水平对农产品效益的影响来看，农机作业水平的提升不仅能大幅度提高生产效率，缩短农事活动时间，节省人力成本，还能通过规模化作业降低单位面积成本。

科学技术在农业发展中的作用不可小觑。采用新技术、新品种、新方法等能够提高农作物的产量和质量，降低生产成本，增加农民收入。2012—2022 年我国农业科技进步贡献率变化如图 3-4 所示。农业科技进步贡献率能够反映科技进步在提高农业生产力方面的作用。从图 3-4 中可以看出，我国在农业科技领域取得了良好的成果，科技进步已经成为推动我国农业发展的重要抓手。

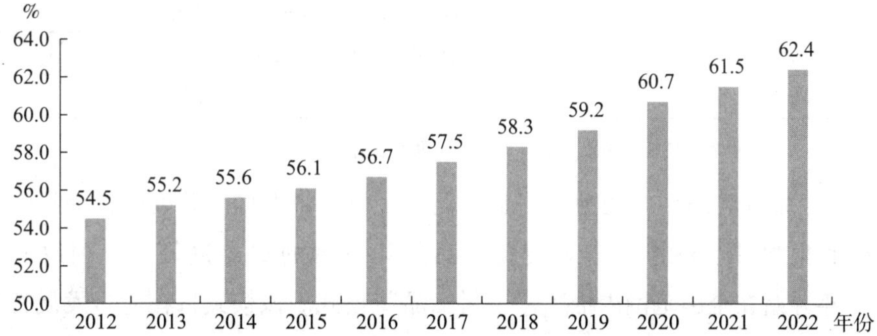

图 3-4　2012—2022 年我国农业科技进步贡献率变化

资料来源：《中国科技统计年鉴》（2023）。

品牌强农不仅是推进农业供给侧结构性改革的现实路径，而且是加快农业农村现代化的重要抓手，也是我国乡村农产品质量和效益提升的重要体现。自 2017 年起，我国农业农村部高度重视并着力加强农业品牌的顶层战略规划，并将这一年定为“农业品牌推进年”。随后，一系列精心制定的指导意见、实施方案等政策性文件相继出台，不仅为农业品牌建设提供了明确的路径和指引，更在全国范围内引领了一股农业品牌发展的潮流，使我国农业品牌建设沿着正确的方向稳步前行。

推广绿色、有机、地理标志及达标合格农产品（“三品一标”）策略，是提升农产品质量的关键路径，也是强化农业市场竞争力的核心支撑。这一举措标志着农产品质量安全管理模式的创新升级，有助于提升农产品的质量安全治理效能，推动农业产业向更高质量、更可持续的方向迈进。近年来，各级农业部门围绕“三品一标”，开展了一系列行动，包括研发新农业品种、推广新农业技术、加强品牌建设等。“三品一标”认证体系不仅提升了农产品的质量和安全性，也为消费者提供了更多选择，并促进了农业的可持续发展。截至 2022 年 8 月底，我国拥有绿色有机地理标志的农产品数量超过 6.3 万个。我国部分省份拥有的绿色、有机、地理标志农产品见表 3-3。

表 3-3　我国部分省份拥有的绿色、有机、地理标志农产品

省份	拥有绿色、有机、地理标志的农产品
河南	唐河绿米、桐柏朱砂红桃、虞城苹果
山东	博山核桃、枣庄石榴、滕州马铃薯
安徽	黄山毛峰、颍上大米、淮南麻黄鸡
湖北	木鱼绿茶、秭归脐橙、葫芦潭贡米
河北	玉田包尖白菜、富岗苹果、西下营板栗
山西	吕梁红枣、五台山茶叶、沁州黄小米
湖南	岳阳王鸽、安化黄精、樟树港辣椒

资料来源：中华人民共和国农业农村部、各省农业农村厅。

为了发挥各地乡村的独特优势，促进乡村经济发展，并以此作为推动乡村产业集聚化、标准化、规模化和品牌化发展的重要途径，我国政府从 2011 年开始在全国范围内推广“一村一品”模式。该模式旨在通过发展特色农产品或产业，提升当地经济的整体实力。我国农业农村部发布的全国“一村一品”示范名单见表 3-4，由于篇幅所限，各省只选取一个进行列示。

表 3-4　全国“一村一品”示范村镇名单

全国“一村一品”示范村镇基地名称	品种	地区
北京市顺义区木林镇贾山村	水云天西红柿	北京
天津市武清区东马圈镇西马房村	西马房打瓜	天津
河北省隆尧县固城镇小孟村	小孟甜瓜	河北
山西省洪洞县曲亭镇东张村	洪洞莲藕	山西
内蒙古自治区化德县朝阳镇民乐村	化德大白菜	内蒙古
辽宁省宽甸县长甸镇河口村	燕红桃	辽宁
吉林省双辽市东明镇前太平村	有机大米	吉林
黑龙江省勃利县青山乡奋斗村	黑甜甜葡萄	黑龙江
上海市奉贤区庄行镇潘垫村	奉叶蜜梨	上海
江苏省溧阳市社渚镇	溧阳青虾	江苏
浙江省三门县蛇蟠乡	三门青蟹	浙江
安徽省蒙城县乐土镇双龙社区	谷婆婆西葫芦	安徽
福建省上杭县临城镇九洲村	九翠洲蜜雪梨	福建
江西省分宜县凤阳镇	凤扬西瓜	江西
山东省寿光市稻田镇桂河三村	桂河芹菜	山东
河南省济源市承留镇玉阳村	玉阳山核桃	河南
湖北省松滋市万家乡邓家铺村	松滋柑橘	湖北
湖南省湘阴县樟树镇文谊新村	樟树港辣椒	湖南
广东省陆丰市博美镇赤坑村	萝卜	广东
广西壮族自治区荔浦市修仁镇	砂糖橘	广西
海南省文昌市会文镇边海村	石斑鱼	海南
重庆市北碚区静观镇中华村	中华糯小米	重庆
四川省资中县遛马镇三柏村	资中血橙	四川
贵州省普定县猫洞乡猫洞村	朵贝茶	贵州
云南省丽江市华坪县荣将镇龙头村	芒香源芒果	云南
西藏自治区日喀则市仲巴县霍尔巴乡玉来村	霍尔巴绵羊	西藏
陕西省西安市阎良区关山镇北冯村	阎良甜瓜	陕西
甘肃省天水市秦州区四十铺村	花牛苹果	甘肃
青海省湟源县申中乡立达村	三红胡萝卜	青海
宁夏回族自治区盐池县王乐井乡牛记圈村	盐池滩羊肉	宁夏
新疆维吾尔自治区阿克苏地区沙雅县塔里木乡仓塔木村	塔河珍珠甜瓜	新疆

资料来源：中华人民共和国农业农村部。

农产品抽检合格率能够反映农产品的质量安全水平。通过抽检合格率能够清楚地了解我国农产品质量大致处于什么水平。2013—2024 年我国农产品抽检合格率如图 3-5 所示：农产品抽检合格率总体维持在 97.5%左右，说明我国农产品质量较好；不同农产品的抽检合格率存在差异，其中，畜禽产品的合格率普遍较高，水果的合格率波动幅度比其他农产品都要大，水产品的合格率相对较低。

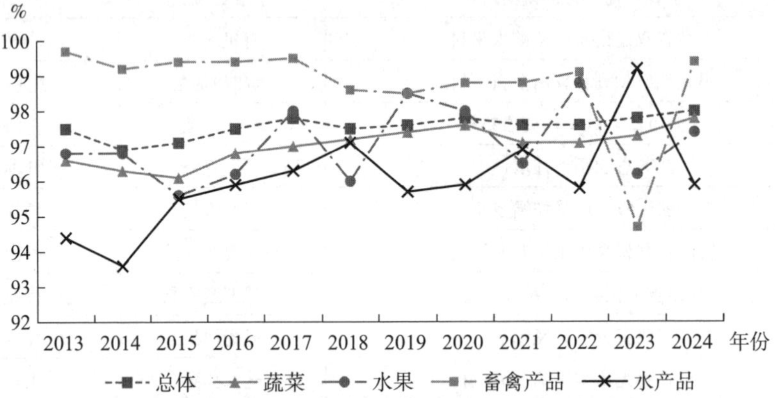

图 3-5　2013—2024 年我国农产品抽检合格率

资料来源：国家统计局。

第二节　我国乡村振兴的测度

一、乡村振兴评价体系构建

近年来，有关乡村振兴的研究越来越多，相关指标构建也成为热点。关于乡村振兴体系构建，不同学者从不同角度进行了分析。郑兴明（2019）基于福建省的实际情况构建了乡村发展潜力评价指标体系。张挺等（2018）、闫周府等（2019）从宏观层面出发，聚集产业兴旺和生态宜居，将生态文明纳入评价体系。贾晋等（2018）基于“五位一体”视角，构建了乡村振兴的 35 个细化指标。李松睿和曹迎（2019）从生态宜居与经济发展的关系角度出发，构建了 16 个指标对川西地区进行实证分析。陈培彬等（2020）基于福建省实际，构建了测度乡村振兴的23个细化指标。孟维福等（2023）在探索数字经济赋能乡村振兴方面，构建了衡量乡村振兴水平的15个指标。伏广彬等（2024）基于甘肃省实际，构建了测度乡村振兴的15个指标。

上述指标的构建对乡村振兴指标体系构建起到了很好的借鉴作用。按照党的十九大报告中提出的乡村振兴“产业兴旺、生态宜居、乡风文明、治理有效、生活富裕”的20字总要求，本书基于乡村振兴的科学内涵，综合考虑数据的可获得性，分别从外延和内涵角度构建评价指标体系，见表3-5。

在乡村振兴的20字总要求中，“产业兴旺”是经济基础和核心驱动力，唯有将产业发展作为乡村振兴的战略核心，才能吸引优质资源自发流向乡村。这不仅有助于促进农村经济结构优化升级，还能为实现乡村全面振兴注入源源不断的内生动力。产业兴旺主要通过农产品的供给能力、农业生产率、农业产业链延伸水平体现。在产业兴旺方面，农村的核心——农业发挥着至关重要的作用。产业兴旺首先体现为农业的蓬勃发展，这不仅要求农业自身实现繁荣，还要求农产品质量和农业劳动生产率显著提升。此外，产业兴旺更体现在三产融合的深入推进中，这一过程能够极大地拓宽农业产业链的边界，提高其深度与广度，从而全面提升农村的全要素生产率。在构建衡量产业兴旺的指标体系时，粮食单产作为一项关键指标，能够直观地反映农业粮食供给能力。我国粮食以谷物为主，因此本书选取谷物单位面积产量来衡量粮食单产水平。农业劳动生产率能反映农业生产效率，在农业生产中，人均粮食产量能在很大程度上反映农业劳动生产率。成本利润率能反映产业效益、市场竞争力和可持续发展能力，因此可选取成本利润率来反映我国产业竞争力。在实际中，猪粮安天下。现代种养业是乡村产业振兴的重点领域。猪肉是中国人最重要的肉食，我国又是生猪养殖大国，可以通过大规模生猪成本利润率来反映现代种养业的发展水平。

生态宜居主要通过乡村交通设施、生活宜居、环境宜居和保障水平衡量。乡村交通状况作为经济发展的动脉，其重要性不言而喻。人均村庄道路面积作为衡量交通便捷度与通达性的直观指标，不仅能反映乡村基础设施建设的完善程度，更是促进经济流通、激活乡村活力的关键要素。生态宜居的乡村环境追求的是多维度的和谐共生，包括生活空间的舒适便捷、自然生态的和谐保护和社会保障体系的健全完善。此外，生活垃圾无害化处理率、农村燃气供给率能反映乡村人居环境的好坏，农村绿化覆盖率能反映乡村生态环境的宜居程度，每万人农村医疗卫生人员数能反映乡村居民宜居环境的保障程度。

乡风文明是乡村社会进步与文明程度的体现，深刻蕴含于乡村文化教育、文化发展及其与农民生活的融合程度之中。具体而言，农村居民平均受教育年限这一指标能反映乡村教育普及与提升的程度，是衡量乡村人口知识水平和综合素质的重要标尺。农村家庭文教娱乐人均支出能直接反映乡村居民对精神文化生活的追求与投入，是乡村文化消费活力与文化氛围的生动体现。乡村人均公共文化设施面积和乡镇文化站组织文艺活动次数能反映乡村文化发展程度及乡村文化与农民的融合程度。

作为衡量乡村基层建设与村民自治成效的关键指标，治理有效的核心在于构建一套民主、法治与德治并重的治理体系，这三个方面相辅相成，共同构成了乡村治理的基石。而这一切的有效实施，离不开高效、专业的治理机构——村镇建设管理机构是引领乡村振兴、确保各项政策落地的中坚力量。我们可以用每万人村镇建设专职人员数这一指标直观地反映乡村治理的民主与法治水平，它体现了乡村治理团队的专业化程度与人员配置效率，是民主治理与基层法治工作顺利推进的重要保障。同时，设有村镇建设管理机构占比能直接反映乡村治理体系的完善程度与覆盖面，是衡量基层治理体系健全与否的关键指标。在德治方面，虽然其内涵丰富且难以直接量化，但离婚率作为社会风气与家庭稳定程度的一个侧面反映，可以成为我们观察乡村德治成效的窗口，它能在一定程度上揭示乡村社会治理中某些值得关注的方面。交通事故造成的直接财产损失能在一定程度上映射乡村治理的综合效果。一个治理有效的乡村，往往能够有效地预防交通事故的发生，从而减少由此带来的经济损失与社会负担。这一指标虽非直接针对治理效果，但能从侧面反映乡村公共安全管理与居民生活质量的整体水平。

生活富裕不仅是乡村振兴战略的出发点和落脚点，也是衡量乡村振兴成效的重要标尺。这一目标的实现，标志着农村居民不仅物质条件得到了根本改善，而且生活水平迈上了新的台阶。生活富裕主要通过农村居民收入、生活水平及贫富差距衡量。具体来说，可以用农村居民人均可支配收入衡量农村居民生活的绝对水平，用农村居民恩格尔系数衡量农村居民生活的相对水平，用农村居民家庭人均蛋类及其制品消费量、农村居民家庭人均拥有住房面积衡量农村居民生活富裕程度，以及农村居民的生活质量。

表 3-5 乡村振兴评价指标体系

目标层	准则层	指标层	指标类型
乡村振兴	产业兴旺	粮食单产（公斤/公顷）X_1	正向指标
		农业劳动生产率（千克/人）X_2	正向指标
		农产品成本利润率（%）X_3	正向指标
		第二、第三产业收入占农民收入比重（%）X_4	正向指标
	生态宜居	人均村庄道路面积（平方米/人）X_5	正向指标
		生活垃圾无害化处理率（%）X_6	正向指标
		农村燃气供给率（%）X_7	正向指标
		农村绿化覆盖率（%）X_8	正向指标
		每万人农村医疗卫生人员数（人/万人）X_9	正向指标
	乡风文明	农村居民平均受教育年限（年）X_{10}	正向指标
		农村家庭文教娱乐人均支出（元/人）X_{11}	正向指标
		乡村人均公共文化设施面积（平方米/人）X_{12}	正向指标
		乡镇文化站组织文艺活动次数（次）X_{13}	正向指标
	治理有效	每万人村镇建设专职人员数（人/万人）X_{14}	正向指标
		设有村镇建设管理机构占比（%）X_{15}	正向指标
		离婚率（%）X_{16}	负向指标
		交通事故造成的直接财产损失（万元）X_{17}	负向指标
	生活富裕	农村居民人均可支配收入（元/人）X_{18}	正向指标
		农村居民恩格尔系数 X_{19}	负向指标
		农村居民家庭人均蛋类及其制品消费量（千克/人）X_{20}	正向指标
		农村居民家庭人均拥有住房面积（平方米/人）X_{21}	正向指标

二、我国乡村振兴总体发展状况的实证研究

本书以我国 30 个省份（不含西藏及港澳台地区）作为研究对象，依据表 3-5构建的指标体系，收集了 2010—2022 年共 13 年的数据。这些数据主要来源于《中国统计年鉴》《中国城乡建设统计年鉴》《中国区域统计年鉴》。此外，部分数据来源于中经网和各省份的统计公报及政府工作报告，每万人农村医疗卫生人员数、每万人村镇建设专职人员数、设有村镇建设管理机

构占比等指标数据经过简单计算得出，部分缺失数据采用5年移动平均数据。

本书使用Stata17.0软件，采用因子分析法，参照马德功和王建英（2016）、王建英（2021）的做法，对原先设定的21个指标进行了降维处理。通过计算各指标的特征值确定它们在整体信息结构中的重要性。特征值的大小直接反映对应主成分所承载的信息量，有助于识别那些能够最大限度代表原始数据集变异性的关键维度。随后，计算每个省份在各自主成分上的得分，这些得分是各省份在特定维度上表现的量化。最后，通过加权求和的方式，得出我国30个省份乡村振兴的综合得分。通过降维技术的巧妙应用，将复杂的21个指标简化为少数几个关键指标，不仅简化了分析流程，确保了评估结果的全面性和准确性，还能为乡村振兴战略的深入实施提供有力的数据支持和决策参考。

（一）主成分的提取

经过计算，*KMO* 值为0.75，大于0.5，而21个变量的 *SMC* 值均大于0.5，表明我们选取的变量间有很强的相关性，适合做因子分析。

从表3-6中可以看出，前6个主成分的特征值均大于1，而且累计贡献率为72.77%，表明前6个主成分包含原始的21个指标72.77%的数据信息量，能够很好地拟合21个原始变量，充分解释所构建的21个指标所包含的信息。因此，我们提取这6个主成分来代替原来的21个指标，分别记为F_1、F_2、F_3、F_4、F_5、F_6，它们的贡献率分别为28.34%、14.37%、11.82%、7.03%、6.25%、4.96%，表明它们分别解释了原始变量相应比例的信息。

表3-6 解释的总方差

成分	特征值	贡献率（%）	累计贡献率（%）
1	5.95	28.34	28.34
2	3.02	14.37	42.71
3	2.48	11.82	54.53
4	1.48	7.03	61.56
5	1.31	6.25	67.81
6	1.04	4.96	72.77

续表

成分	特征值	贡献率（%）	累计贡献率（%）
7	0.99	4.70	77.47
8	0.88	4.19	81.66
9	0.64	3.06	84.72
10	0.49	2.34	87.06
11	0.48	2.31	89.37
12	0.39	1.88	91.25
13	0.33	1.59	92.84
14	0.32	1.53	94.37
15	0.25	1.20	95.57
16	0.23	1.10	96.67
17	0.19	0.91	97.58
18	0.17	0.79	98.37
19	0.16	0.78	99.15
20	0.10	0.50	99.65
21	0.07	0.35	100.00

从表3-7中可以看出，主成分 F_1 在 X_{11}、X_{14}和 X_{18}指标上载荷的绝对值均超过0.3，表明第一主成分与这些指标相关性很高，能够充分反映农村家庭文教娱乐人均支出所代表的乡风文明水平、每万人村镇建设专职人员数所代表的治理有效水平、农村居民人均可支配收入所代表的生活富裕水平。主成分 F_2 在 X_2 和 X_{19}指标上载荷的绝对值较大，能够充分反映农业劳动生产率所代表的产业兴旺水平和农村居民恩格尔系数所代表的生活富裕水平。主成分 F_3 在 X_2、X_{10}、X_{12}、X_{13}、X_{16}和 X_{17}指标上载荷的绝对值较大，能够充分反映农业劳动生产率所代表的产业兴旺水平，农村居民平均受教育年限、乡村人均公共文化设施面积、乡镇文化站组织文艺活动次数所代表的乡风文明水平，离婚率和交通事故造成的直接财产损失所代表的治理有效水平。主成分 F_4 在 X_4、X_9 和 X_{19}指标上载荷的绝对值较大，能够充分反映第二、第三产业收入占农民收入比重所代表的产业兴旺水平，每万人农村医疗卫生人员数所代表的生态宜居水平和农村居民恩格尔系数所代表的生活富裕水平。主成分 F_5 在

X_1、X_5、X_6、X_{11}和X_{15}上载荷的绝对值较大，能够充分反映粮食单产所代表的产业兴旺水平，人均村庄道路面积和生活垃圾无害化处理率所代表的生态宜居水平，农村家庭文教娱乐人均支出所代表的乡风文明水平，以及设有村镇建设管理机构占比所代表的治理有效水平。主成分F_6在X_7、X_{15}、X_{16}和X_{21}指标上载荷的绝对值较大，能够充分反映农村燃气供给率所代表的生态宜居水平，设有村镇建设管理机构占比和离婚率所代表的治理有效水平，以及农村居民家庭人均拥有住房面积所代表的生活富裕水平。

表 3-7 主成分的载荷矩阵

指标	F_1	F_2	F_3	F_4	F_5	F_6
X_1	0. 2682	0. 0971	−0. 1471	−0. 2977	0. 3522	−0. 1989
X_2	−0. 0714	0. 3541	−0. 3234	−0. 2507	0. 1655	0. 0659
X_3	0. 0677	0. 1592	−0. 0010	−0. 1118	−0. 1340	−0. 2204
X_4	0. 2275	−0. 1189	0. 1080	0. 4512	0. 2152	−0. 2853
X_5	0. 2245	0. 0713	−0. 2502	−0. 2389	−0. 3606	0. 0677
X_6	0. 2727	0. 0945	−0. 0111	0. 1903	−0. 3282	0. 1164
X_7	0. 2434	−0. 2370	0. 1333	−0. 1483	0. 0709	0. 3685
X_8	0. 2444	−0. 2750	0. 0510	0. 0332	0. 1212	0. 2046
X_9	−0. 1589	0. 2704	0. 1052	0. 4326	0. 1803	0. 2304
X_{10}	0. 2176	0. 2127	0. 3617	−0. 0748	0. 2613	0. 1364
X_{11}	0. 3053	0. 1856	−0. 1136	0. 0346	−0. 3422	0. 1348
X_{12}	−0. 0724	0. 2871	0. 4087	−0. 2132	−0. 0040	−0. 2026
X_{13}	0. 2001	0. 1821	0. 3003	−0. 1718	−0. 1625	−0. 1501
X_{14}	−0. 3485	−0. 1233	0. 0905	−0. 1503	0. 2632	−0. 1772
X_{15}	0. 2331	−0. 0304	−0. 2342	−0. 0828	0. 3430	0. 3528
X_{16}	−0. 0533	−0. 2637	0. 3076	−0. 0210	−0. 2501	0. 3681
X_{17}	−0. 1328	−0. 2391	−0. 3319	0. 1638	−0. 1107	−0. 1757
X_{18}	0. 3720	−0. 0325	−0. 0708	0. 0271	−0. 1539	−0. 1094
X_{19}	0. 1572	0. 3178	−0. 1750	0. 4049	−0. 0767	0. 0069

续表

指标	F_1	F_2	F_3	F_4	F_5	F_6
X_{20}	0. 2887	0. 1742	−0. 0230	0. 1851	0. 1899	0. 0380
X_{21}	0. 2433	−0. 1734	0. 2366	0. 0770	−0. 0436	−0. 3216

（二）计算各主成分得分及综合得分

用表 3-7 中各成分的载荷向量除以表 3-6 中 6 个主成分中每个主成分特征值的算数平方根，可计算出各指标的相关系数，然后用各指标标准化后的数据计算各省份 6 个主成分的得分，公式为

$$Y_{in} = \sum_{i=1}^{n} \partial_{nj} \cdot X'_{ij} \tag{3-1}$$

其中，Y_{in}为第 i 个省份第 n 个主成分的得分；∂_{nj}为第 n 个主成分和第 j 个指标的相关系数；X'_{ij}为第 i 个省份第 j 个指标标准化后的值；$i=1$，2，…，30；$n=1$，2，…，6；$j=1$，2，…，21。

将主成分的方差贡献率作为权重，可计算出我国各省份乡村振兴的综合得分，公式为

$$Y_i = \sum_{n=1}^{6} a_n Y_{in} \tag{3-2}$$

其中，Y_i 为第 i 个省份的综合得分，a_n 为第 n 个主成分的方差贡献率。

表 3-8　2010—2022 年我国各省份乡村振兴的综合得分

省份	2010 年	2011 年	2012 年	2013 年	2014 年	2015 年	2016 年	2017 年	2018 年	2019 年	2020 年	2021 年	2022 年
北京	0. 46	0. 59	0. 63	1. 02	0. 95	0. 80	1. 12	1. 20	1. 41	1. 66	1. 66	1. 87	1. 56
天津	−0. 65	−0. 31	0. 02	0. 28	0. 47	0. 76	0. 86	0. 81	0. 79	1. 13	1. 01	1. 13	0. 95
河北	−0. 94	−0. 67	−0. 43	−0. 22	0. 10	0. 34	0. 65	0. 83	1. 00	1. 27	1. 22	1. 52	1. 60
上海	0. 11	0	0. 13	0. 52	0. 54	0. 67	0. 78	0. 50	0. 76	0. 88	0. 75	0. 82	0. 65
江苏	0. 53	0. 80	1. 01	1. 20	1. 36	1. 56	1. 68	1. 79	1. 92	2. 20	2. 25	2. 42	2. 62
浙江	0. 20	0. 23	0. 31	0. 47	0. 61	0. 79	0. 96	1. 07	1. 25	1. 58	1. 65	2. 13	2. 85
福建	−0. 70	−0. 52	−0. 42	−0. 11	0. 12	0. 18	0. 27	0. 40	0. 50	0. 68	0. 62	0. 96	0. 85
山东	0. 20	0. 55	0. 74	0. 91	1. 18	1. 45	1. 71	1. 85	1. 82	2. 05	2. 15	2. 45	2. 59
广东	−0. 69	−0. 45	−0. 48	−0. 08	0. 17	0. 35	0. 61	0. 72	0. 91	1. 19	1. 17	1. 18	1. 27
海南	−2. 75	−2. 25	−1. 91	−1. 60	−1. 32	−1. 22	−1. 20	−1. 11	−0. 94	−0. 86	−0. 96	−0. 64	−0. 75

续表

省份	2010年	2011年	2012年	2013年	2014年	2015年	2016年	2017年	2018年	2019年	2020年	2021年	2022年
山西	-1.22	-0.98	-0.73	-0.53	-0.38	-0.18	0.02	0.06	0.22	0.51	0.70	0.58	0.58
安徽	-1.28	-0.83	-0.22	-0.16	0.04	0.25	0.46	0.54	0.62	0.87	0.91	1.08	1.05
江西	-1.16	-0.89	-0.83	-0.55	-0.23	0.03	0.10	0.26	0.46	0.73	0.81	1.07	1.02
河南	-0.23	-0.13	0.07	0.23	0.47	0.75	0.95	1.07	1.59	1.91	1.96	2.36	2.52
湖北	-0.95	-0.67	-0.49	-0.29	0.07	0.33	0.68	0.88	1.24	1.47	1.37	1.63	1.77
湖南	-1.31	-0.95	-0.65	-0.22	0.22	0.48	0.63	0.64	0.76	0.84	1.03	1.65	1.88
内蒙古	-1.52	-1.32	-1.03	-0.83	-0.60	-0.41	-0.31	-0.20	-0.05	0.09	0.11	0.17	0.11
广西	-1.93	-1.63	-1.36	-1.02	-0.81	-0.54	-0.49	-0.34	0.04	0.35	0.31	0.36	0.43
重庆	-0.93	-0.78	-0.67	-0.42	-0.26	-0.07	0.09	0.17	0.30	0.43	0.46	0.76	0.82
四川	-1.05	-0.61	-0.46	-0.16	0.09	0.36	0.41	0.49	0.79	0.99	0.72	0.88	0.87
贵州	-2.22	-2.22	-1.97	-1.70	-1.28	-1.04	-0.34	-0.06	-0.11	0.11	0.18	0.16	-0.02
云南	-2	-1.82	-1.58	-1.40	-1.05	-0.89	-0.76	-0.62	-0.42	-0.19	-0.32	-0.37	-0.27
陕西	-1.25	-1.06	-0.80	-0.70	-0.55	-0.38	-0.26	-0.07	0.07	0.23	0.28	0.22	0.36
甘肃	-2.54	-2.15	-1.96	-1.59	-1.39	-1.17	-1.12	-0.94	-0.83	-0.75	-0.69	-0.66	-0.65
青海	-2.96	-2.66	-2.49	-2.04	-1.80	-1.50	-1.41	-1.28	-1.26	-1.13	-1.06	-1.07	-1.24
宁夏	-2.05	-1.75	-1.67	-1.55	-1.34	-1.03	-0.74	-0.67	-0.72	-0.58	-0.56	-0.59	-0.59
新疆	-2.19	-1.80	-1.69	-1.41	-1.19	-1.02	-0.87	-0.82	-0.65	-0.33	-0.30	-0.13	0.01
辽宁	-0.76	-0.54	-0.51	-0.26	-0.22	-0.02	0.28	0.35	0.25	0.40	0.43	0.61	0.59
吉林	-1.30	-0.78	-0.79	-0.55	-0.44	-0.26	-0.03	0.11	0.05	0.09	0.23	0.39	0.12
黑龙江	-1.22	-1.13	-1.14	-0.90	-0.74	-0.64	-0.47	-0.34	-0.23	-0.06	-0.15	0.01	-0.08

第三节　我国乡村振兴的总体评价

一、总体特征

我国乡村振兴水平在逐年提高，尤其是2014年以后，发展速度增快。2010—2022年，我国乡村振兴水平均值从-1.15增长到0.75。从地域分布来看，不同地区发展水平存在差异，但总体上呈现出“东高西低”的分布格局，东部地区明显高于其他地区，中部地区和东北地区均高于全国平均水平，相对来说，西部地区的发展要慢些，一直低于全国平均水平，见表3-9。从年均增长率来看，浙江的增长率最高，年均保持在20%以上的水平，其次是江苏、山东和河南，甘肃和青海的增长率最低。近年来，我国乡村振兴的区域差异在逐渐缩小。从河南省的情况来看，郑州对周边区域的辐射作用较大，工业化和城镇化发展较快，推动了当地农业和农村的发展，因此其乡村发展水平较高。从未来的发展方向来看，应继续发挥城镇化建设对乡村发展的推动作用，并注重通过提升发展质量及发展效率实现创新型发展。对于较偏远的地区，应以量为先，加强农业供给侧结构性改革，提高农业综合效益和市场竞争力，同时构建现代农业新产业和新业态，培育新型农业经营主体，并加强工业对农业的反哺。

表3-9　2010—2022年我国各地区乡村振兴状况

年份	全国	东部地区	中部地区	西部地区	东北地区
2010	-1.19	-0.42	-1.27	-1.88	-1.09
2011	-0.93	-0.2	-0.96	-1.62	-0.82
2012	-0.75	-0.04	-0.69	-1.43	-0.81
2013	-0.5	0.24	-0.48	-1.17	-0.57
2014	-0.29	0.42	-0.23	-0.93	-0.47
2015	-0.1	0.57	-0.01	-0.7	-0.31
2016	0.08	0.74	0.17	-0.53	-0.07
2017	0.18	0.81	0.28	-0.39	0.04
2018	0.33	0.94	0.53	-0.26	0.02
2019	0.54	1.18	0.77	-0.07	0.14
2020	0.53	1.15	0.8	-0.08	0.17
2021	0.69	1.38	1.01	-0.02	0.34
2022	0.69	1.42	1.03	-0.02	0.21

二、区域特征

2010—2022年，从乡村发展的存量视角来看，浙江、江苏与山东3省持续引领全国乡村发展潮流，稳居高位，展现出强劲的发展势头。相对而言，宁夏、甘肃、青海等西部地区则面临发展步伐较为滞缓的问题，其乡村发展水平长期未能达到全国平均水平，凸显了区域间的不平衡。进一步观察各省份得分情况不难发现，东部沿海地区的乡村发展成果显著，且这种优势不仅限于自身，还通过辐射效应对周边乃至更广泛的地区产生了积极影响，促进了区域间的协同发展。这种辐射作用，不仅加强了区域经济的内在联系，也为推动全国范围内的乡村振兴战略实施提供了宝贵的经验和动力源泉。按照2022年乡村振兴的发展水平，本书将30个省份划分为四类。

第一类：乡村振兴发展水平最高的地区——浙江、江苏、山东、河南。

从表3-10中可以看出，2022年，这4个省份的乡村振兴水平得分均在2.5以上，明显高于其他省份，是我国乡村振兴发展最好的地区。其中，浙江、江苏和山东是除北京和上海以外我国仅有的3个13年乡村振兴水平均保持为正的省份。从总量来看，这4个省份中，江苏和浙江的发展质量一直在提高，江苏从2010年的0.53增长到2022年的2.62，浙江从2010年的0.20增长到2022年的2.85。从增速来看，浙江最快，年均增速为24.6%，其次是山东，年均增速为23.7%，江苏最慢，年均增速为14.8%。

表3-10　2010—2022年4省份乡村振兴状况

年份	浙江	江苏	山东	河南
2010	0.20	0.53	0.20	-0.23
2011	0.23	0.80	0.55	-0.13
2012	0.31	1.01	0.74	0.07
2013	0.47	1.20	0.91	0.23
2014	0.61	1.36	1.18	0.47
2015	0.79	1.56	1.45	0.75
2016	0.96	1.68	1.71	0.95
2017	1.07	1.79	1.85	1.07
2018	1.25	1.92	1.82	1.59
2019	1.58	2.20	2.05	1.91

续表

年份	浙江	江苏	山东	河南
2020	1.65	2.25	2.15	1.96
2021	2.13	2.42	2.45	2.36
2022	2.85	2.62	2.59	2.52

具体来说，在产业兴旺方面，这4个省份的粮食单产都比较高。其中，江苏的粮食单产是除上海以外最高的省份，2022年，达到7160.24公斤/公顷。江苏和浙江的第二、第三产业产值占GDP的比重是除北京、天津和上海以外的27个省份中最高的。在生态宜居方面，这4个省份的生活垃圾无害化处理率都非常高，江苏的农村燃气供给率和绿化覆盖率在30个省份中是最高的，河南的每万人农村医疗卫生人员数比较高。在乡风文明方面，江苏和河南的农村居民平均受教育年限、浙江的农村家庭文教娱乐人均支出都非常高。在治理有效方面，江苏的设有村镇建设管理机构占比是全国最高的，而浙江、山东和河南的这一比重在全国也是比较高的。在离婚率方面，浙江的离婚率逐年下降，2022年仅为1.6%，在全国处于较低水平。在生活富裕方面，2022年，浙江农村居民人均可支配收入为37565元/人，是除了上海之外最高的省份。浙江的贫富差距在全国也是比较小的，其农村居民恩格尔系数仅为31%，低于全国大部分省份。2022年，浙江的农村居民家庭人均拥有住房面积为48.21平方米，是除陕西之外最高的省份。山东和河南的农村居民恩格尔系数在全国范围都是比较低的，其农村居民家庭人均蛋类及其制品消费量较高。

第二类：乡村振兴发展水平良好的地区——湖南、湖北、河北、北京、广东、安徽、江西。

2022年，这7个省份乡村振兴水平的值都为1~2，是我国乡村发展良好的地区。从表3-11中可以看出，这7个省份乡村振兴发展速度较快。2014年以后，除江西外，6个省份发展水平均大于0，表明从2014年开始，同一年份这些省份乡村振兴发展水平高于我国从2010年到2022年的平均水平。在这7个省份中，北京的乡村振兴发展水平一直较高，但2022年有所下降。2022年，湖南的乡村振兴发展水平最高，也是发展速度较快的。2012年，在生态宜居方面，湖南生活垃圾无害化处理率达到99.98%，居于全国高位；在乡风文明方面，湖南农村家庭文教娱乐人均支出达到2424.8元/人，为全国最高；在治理有效方面，湖南设有村镇建设管理机构占比也居于全国高位，其离婚率和农村居民恩格尔系数均较低。湖北的生活垃圾无害化处理率为全国高位，农村家庭文教娱乐人均支出在2022年也达到了2153.5元/人，居于全国高位，设有村镇建设管理机构占比也较高，其离婚率和农村居民恩格尔系数均较低。在生态宜居方面，河北生活垃圾无害化处理率、每万人农村医疗卫生人员数均居于全国高位；在治理有效方面，河北设有村镇建设管理机构占比较高，交通事故造成的直接财产损失较低；在生活富裕方面，河北农村居民恩格尔系数较低。在产业兴旺方面，北京第二、第三产业收入占农民收入比重居于全国高位；在生态宜居方面，北京生活垃圾无害化处理率是全国最高的；在治理有效方面，北京设有村镇建设管理机构占比为全国最高，交通事故造成的直接财产损失较低；在生活富裕方面，北京农村居民人均可支配收入为34753.8元/人，居于全国高位。北京不是一个农业城市，2022年，其人均粮食产量仅为20.74千克/人，为全国最低。2022年，广东第二、第三产业增加值占GDP比重为95.9%，居于全国高位，生活垃圾无害化处理率为100%，是全国最高的省份之一，设有村镇建设管理机构占比中等偏上，农村居民平均受教育年限居于全国高位，相对来说，广东的人均粮食单产水平较低，2022年仅为101.93千克/人，每万人农村医疗卫生人员数居于低位，农村居民家庭人均拥有住房面积为27.85平方米，居于全国低位。安徽的生活垃圾无害化处理率、设有村镇建设管理机构占比均居于全国高位，但其治理相对较差，离婚率居于全国高位，每万人村镇建设专职人员数较低。江西的生活垃圾无害化处理率、设有村镇建设管理机构占比均居于全国高位，但其乡镇文化站组织文艺活动次数和农村居民家庭人均蛋类及其制品消费量均居于全国低位。

表3-11　2010—2022年7省份乡村振兴状况

年份	湖南	湖北	河北	北京	广东	安徽	江西
2010	-1.31	-0.95	-0.94	0.46	-0.69	-1.28	-1.16
2011	-0.95	-0.67	-0.67	0.59	-0.45	-0.83	-0.89

续表

年份	湖南	湖北	河北	北京	广东	安徽	江西
2012	-0.65	-0.49	-0.43	0.63	-0.48	-0.22	-0.83
2013	-0.22	-0.29	-0.22	1.02	-0.08	-0.16	-0.55
2014	0.22	0.07	0.10	0.95	0.17	0.04	-0.23
2015	0.48	0.33	0.34	0.80	0.35	0.25	0.03
2016	0.63	0.68	0.65	1.12	0.61	0.46	0.10
2017	0.64	0.88	0.83	1.20	0.72	0.54	0.26
2018	0.76	1.24	1.00	1.41	0.91	0.62	0.46
2019	0.84	1.47	1.27	1.66	1.19	0.87	0.73
2020	1.03	1.37	1.22	1.66	1.17	0.91	0.81
2021	1.65	1.63	1.52	1.87	1.18	1.08	1.07
2022	1.88	1.77	1.60	1.56	1.27	1.05	1.02

第三类：乡村振兴发展水平一般的地区——天津、四川、福建、重庆、上海、辽宁、山西、广西、陕西、吉林、内蒙古、新疆。

从表3-12中可以看出，这12个省份2022年乡村振兴发展水平均为0~1，大部分省份的该指标值从2016年开始才大于0。在这12个省份中，天津是乡村振兴发展水平最高的地区。在治理有效方面，天津一直是比较好的，其设有村镇建设管理机构占比在2010—2022年为全国最高，2022年，其交通事故造成的直接财产损失为3639.06万元，居于全国低位。在生活富裕方面，天津的农村居民家庭人均蛋类及其制品消费量为19.7千克/人，居于全国高位。在乡风文明方面，2022年，天津仅有乡镇文化站128个，乡镇文化站组织文艺活动次数也较少。四川的生活垃圾无害化处理率、人均公共文化设施面积均居于全国中等偏上。福建的生活垃圾无害化处理率、设有村镇建设管理机构占比均居于全国中等偏上，离婚率、交通事故造成的直接财产损失均居于全国中等偏下，相对来说，其农业劳动生产率、乡镇文化站组织文艺活动次数居于全国低位。在产业兴旺方面，2022年，上海的谷物单位面积产量为7808.65公斤/公顷，居于全国高位；吉林的谷物单位面积产量为7399.25公斤/公顷，居于全国中等偏上。2022年，上海的第二、第三产业收入占农民收入比重达到99.8%，为全国最高，而福建、山西、重庆的第二、第三产业收入占农民收入比重居于全国中等偏上。在生态宜居方面，上海和重庆的生活垃圾无害化处理率为全国最高；上海的绿化覆盖率居于全国高位，2022 年达到 26. 27%；山西的每万人农村医疗卫生人员数在 2022 年为 23 人，居于全国中等偏上。在乡风文明方面，上海的人均公共文化设施面积是最小的，2022 年，仅拥有乡镇文化站 106 个，为全国最低。在治理有效方面，上海的设有村镇建设管理机构占比一直为全国最高，2010—2022 年所有村镇都设有建设管理机构，福建、广西、重庆、辽宁和吉林的该指标居于我国中等偏上，相对来说，在这 12 个省份里，新疆、山西、陕西的设有村镇建设管理机构占比较低。在生活富裕方面，2022 年，上海的农村居民人均可支配收入为 39729. 4 万元，为全国最高；从农村居民恩格尔系数来看，上海、福建和重庆偏高，分别为 38. 7%、34. 5%和 36. 5%，说明这些地区农村居民的生活水平较低。

表 3-12　2010—2022 年 12 省份乡村振兴状况

年份	天津	四川	福建	重庆	上海	辽宁	山西	广西	陕西	吉林	内蒙古	新疆
2010	-0. 65	-1. 05	-0. 70	-0. 93	0. 11	-0. 76	-1. 22	-1. 93	-1. 25	-1. 30	-1. 52	-2. 19
2011	-0. 31	-0. 61	-0. 52	-0. 78	0. 00	-0. 54	-0. 98	-1. 63	-1. 06	-0. 78	-1. 32	-1. 80
2012	0. 02	-0. 46	-0. 42	-0. 67	0. 13	-0. 51	-0. 73	-1. 36	-0. 80	-0. 79	-1. 03	-1. 69
2013	0. 28	-0. 16	-0. 11	-0. 42	0. 52	-0. 26	-0. 53	-1. 02	-0. 70	-0. 55	-0. 83	-1. 41
2014	0. 47	0. 09	0. 12	-0. 26	0. 54	-0. 22	-0. 38	-0. 81	-0. 55	-0. 44	-0. 60	-1. 19
2015	0. 76	0. 36	0. 18	-0. 07	0. 67	-0. 02	-0. 18	-0. 54	-0. 38	-0. 26	-0. 41	-1. 02
2016	0. 86	0. 41	0. 27	0. 09	0. 78	0. 28	0. 02	-0. 49	-0. 26	-0. 03	-0. 31	-0. 87
2017	0. 81	0. 49	0. 40	0. 17	0. 50	0. 35	0. 06	-0. 34	-0. 07	0. 11	-0. 20	-0. 82
2018	0. 79	0. 79	0. 50	0. 30	0. 76	0. 25	0. 22	0. 04	0. 07	0. 05	-0. 05	-0. 65
2019	1. 13	0. 99	0. 68	0. 43	0. 88	0. 40	0. 51	0. 35	0. 23	0. 09	0. 09	-0. 33
2020	1. 01	0. 72	0. 62	0. 46	0. 75	0. 43	0. 70	0. 31	0. 28	0. 23	0. 11	-0. 30
2021	1. 13	0. 88	0. 96	0. 76	0. 82	0. 61	0. 58	0. 36	0. 22	0. 39	0. 17	-0. 13
2022	0. 95	0. 87	0. 85	0. 82	0. 65	0. 59	0. 58	0. 43	0. 36	0. 12	0. 11	0. 01

第四类：乡村振兴发展水平最低的地区——贵州、黑龙江、云南、宁夏、

甘肃、海南、青海。

在本书选取的30个省份中，这7个省份是乡村振兴发展水平最低的地区，除了贵州个别年份的数值外，发展水平均低于0，见表3-13。贵州农村居民恩格尔系数在我国处于较低水平，2022年其谷物单位面积产量为5118.97公斤/公顷，人均粮食产量仅为289.22千克/人，居于全国低位，其第二、第三产业收入占农民收入比重，农村居民家庭人均蛋类及其制品消费量也居于全国低位。黑龙江的人均粮食产量、设有村镇建设管理机构占比都居于全国高位，其粮食单产居于我国中等偏上，相对来说，2022年，其第二、第三产业收入占农民收入比重仅为77%，为全国最低，其离婚率较高，达到了2.6%，而农村居民家庭人均拥有住房面积仅为24.33平方米，为全国最低。云南设有村镇建设管理机构占比高于我国大部分省份，交通事故造成的直接财产损失较低，农村燃气供给率、农村绿化覆盖率、农村居民家庭人均蛋类及其制品消费量均低于全国大部分省份。宁夏设有村镇建设管理机构占比居于全国高位，交通事故造成的直接财产损失和农村居民恩格尔系数均较低，农产品成本利润率2022年仅为-17.83%，为全国最低，乡镇文化站组织文艺活动次数低于我国绝大部分省份。甘肃的离婚率和交通事故造成的直接财产损失均低于我国绝大部分省份，说明其乡村治理较好；其农村居民恩格尔系数低于全国大部分省份，农村燃气供给率较低，2022年仅为10.6%，略高于黑龙江、青海和云南，低于其他省份。海南的生活垃圾无害化处理率、设有村镇建设管理机构占比均居于全国高位，但人均粮食产量较低，2022年仅为143.28千克/人；2022年，其第二、第三产业收入占农民收入比重为79.4%，低于全国大部分省份；其农村居民家庭人均蛋类及其制品消费量也低于全国大部分省份。青海的每万人农村医疗卫生人员数高于我国绝大部分省份；其交通事故造成的直接财产损失和农村居民恩格尔系数均较低；但其2022年的谷物单位面积产量仅为3440.34公斤/公顷、人均粮食产量仅为180.44千克/人，为全国最低；其农村燃气供给率是除了黑龙江之外我国最低的省份；其乡镇文化站组织文艺活动次数居于全国低位。在治理有效方面，青海的每万人村镇建设专职人员数、农村居民人均可支配收入均为全国最低。

表 3-13　2010—2022 年 7 省份乡村振兴状况

年份	贵州	黑龙江	云南	宁夏	甘肃	海南	青海
2010	-2.22	-1.22	-2.00	-2.05	-2.54	-2.75	-2.96
2011	-2.22	-1.13	-1.82	-1.75	-2.15	-2.25	-2.66
2012	-1.97	-1.14	-1.58	-1.67	-1.96	-1.91	-2.49
2013	-1.70	-0.90	-1.40	-1.55	-1.59	-1.60	-2.04
2014	-1.28	-0.74	-1.05	-1.34	-1.39	-1.32	-1.80
2015	-1.04	-0.64	-0.89	-1.03	-1.17	-1.22	-1.50
2016	-0.34	-0.47	-0.76	-0.74	-1.12	-1.20	-1.41
2017	-0.06	-0.34	-0.62	-0.67	-0.94	-1.11	-1.28
2018	-0.11	-0.23	-0.42	-0.72	-0.83	-0.94	-1.26
2019	0.11	-0.06	-0.19	-0.58	-0.75	-0.86	-1.13
2020	0.18	-0.15	-0.32	-0.56	-0.69	-0.96	-1.06
2021	0.16	0.01	-0.37	-0.59	-0.66	-0.64	-1.07
2022	-0.02	-0.08	-0.27	-0.59	-0.65	-0.75	-1.24

第四章
Chapter 4

产业融合理论及我国产业融合发展现状

第一节　产业融合理论

一、国外的相关研究

1890 年，阿尔弗雷德·马歇尔以其独到的见解，将分工的精髓引入分配机制的探讨中，指出随着分工的日益深化与细化，各行业间的传统界限开始变得模糊，促使生产流程中的各个环节得以更加科学地配置。马歇尔认为，技术进步是这一变革的幕后推手，促使不同产业间的界限逐渐消失，为未来经济格局演变奠定了重要的理论基础。1990 年，迈克尔·波特将产业分析提升至战略高度，创造性地提出了钻石模型。钻石模型深刻剖析了产业竞争优势的源泉，即由核心生产要素、需求条件、相关与支持产业、企业战略与竞争结构等，以及政府、机会两个外部影响因素共同构成。波特进一步指出，促进生产要素的自由流通是强化产业间联系、削弱贸易壁垒的关键举措。这一举措不仅能加强区域间的生产协作与交流，还能有效推动产业在空间的集聚与集群化发展，进而形成更具竞争力和创新力的产业生态体系。

美国学者 Rosenberg 和 Nathan（1963）最早在理论层面提出“产业融合”的概念。他们认为，相似技术应用在不同产业会催生新业态，因而适应市场变化的过程就是产业融合的过程。Nicholas 等（1978）提出，产业融合无论是跨越不同产业边界，还是发生在同一产业内部，当相似的技术基础成为连接点时，产品形态便会经历深刻的变革，使产业间实现互通与融合，推动整个经济体系的多元化与协同发展。Nicholas 等（1978）的观点揭示了技术革新在推动产业融合中的核心作用，以及产业融合如何成为产业升级与转型的重要驱动力。有学者从不同角度探析了产业融合的内涵。从融合过程角度，Annika（2016）认为，具有技术公地优势（通过共享技术资源实现的经济和社会优势）的产业主体参与产业的融合发展，能够促使双方建立合作联盟关系，共同服务融合产业的发展；从产业界限角度，Kim 等（2015）认为，两个或两个以上产业通过整合技术、知识和市场，可以让产业边界变得模糊，从而创造出交融空间；从市场需求角度，Heo 和 Lee（2019）认为，在供给侧方面共享知识和技术，可以推进产业间的互补关系，进而满足需求侧对产品和服务的市场需求。技术进步如同催化剂，不仅能促进制造业与生产性服务业、高技术服务业之间的深度融合，还能催生诸多新兴业态，这些新兴业态会以其独特的魅力吸引众多新参与者涌入消费市场，进而形成一个良性循环：消费市场的活跃会加速产品的创新与研发进程。在这一过程中，企业作为产业融合的直接参与者，在海量信息的支撑下，会逐渐减少对产业联盟经验依赖的传统路径，转而依靠自身实力与创新能力提升竞争力。此外，产业融合的实践探索远不止技术层面的交融，还会触及市场领域的深度融合。这种市场融合往往由消费者需求的多元化与动态变化驱动，因此，它不仅是技术进步的产物，更是消费者需求升级的直接反映，会为企业提供更广阔的发展空间。

在产业融合过程中，衍生出不同类型的融合模式。Sick 等（2019）从产品本身出发，指出产业融合具有替代融合（A+B=C）和互补融合（A+B=A+B+C）两种模式。Pennings 等（2001）在研究产业融合时，巧妙地引入经济学中的供给与需求理论框架，提出了一种新颖的视角。他们认为，产业融合不仅体现在需求端的相互吸引与融合上，还深刻地体现在供给端的替代性上。他们把产业融合分为供给的替代性（在生产过程中，同一类产品或服务的不同来源可以相互替代）或互补性融合、需求的替代性（与供给的替代性类似）或互补性融合四种模式。立足整个产业发展的主体，产业融合又可分为技术与产品、替代与互补的融合类型。此外，技术融合的程度不同，表现形式也丰富多样。Hacklin 等（2005）认为，产业融合包括应用融合、横向融合和潜在融合。在探讨产业融合发展众多影响因素的过程中，技术创新是学术界公认的核心驱动力。换言之，产业融合的深度与广度在很大程度上是由技术创新的程度决定的。技术创新不仅为不同产业之间搭建了桥梁，促进了知识与技术的跨界流动，还通过催生新产品、新服务和新业态，直接推动了产业结构的优化升级与产业边界的重新界定。因此，可以说技术创新是产业融合发展的引擎，引领着产业向更高层次、更广领域迈进。Power 等（2012）认为，产业融合的根本原因在于市场需求和消费者愿景发生了变化。Geum 等（2016）基于韩国产业融合数据进行分析，发现技术提升、政策支持和服务业集聚三者共同推动产业融合。评估产业融合的发展程度同样是研究领域不可忽视的关键议题，已有研究一般采用熵指数法（用于衡量收入或财富分配不平等程度的统计指标方法）判断融合趋势（Han and Sohn，2016），采用赫芬达尔指数融合程度（Lu et al.，2017）、耦合协调度模型（区域经济或城市规划领域用于研究和分析不同经济部门或城市要素之间相互关联与协调发展的模型）和非参数核密度估计法探讨产业融合与城市生态价值耦合水平，发现产业融合水平会影响二者的耦合水平。

二、国内的相关研究

相较于国外，国内对农村产业融合的研究起步较晚。自 2015 年起，这一领域的研究迎来了新变化，研究成果呈现井喷式增长态势。这一转变源自国务院办公厅以正式文件的形式，明确提出了推动农村第一、第二、第三产业融合发展的战略部署。此举不仅为学术界指明了研究方向，激发了有关学者的研究热情，也促进了政策与实践的紧密结合，为农村产业融合提供了强有力的政策支撑和广阔的发展空间。国内学者主要从以下几个方面进行了相关研究。

第一，内涵分析。尽管有关学者对于农村产业融合的基本概念各抒己见，但总体上他们的理解趋于一致。有关学者普遍将农村产业融合视为一个以农业为基础、依托现代科技力量并由创新发展引领的综合性过程。在此过程中，不同产业间实现了紧密的前后联动与相互渗透，不仅延伸了农业产业链的长度，还充分挖掘和拓展了农业的多重功能。这一过程促进了区域资源的有效整合与优化配置，推动了农村产业的整体升级与发展。也有学者对产业融合的技术基础进行分析，认为不同产业间通过共享技术平台（技术公地）实现技术融合，从而促使产业界限逐渐模糊。信息化的推进不仅强化了技术基础，还通过模糊传统产业的固定边界，加速了产业融合的过程。

第二，融合类型分析。融合类型主要有三种。一是纵向深化与横向拓展的融合。有关学者着重从两个维度对这类融合进行剖析：①纵向协作，核心在于深入挖掘并充分利用农业的多元价值与功能，通过产业链条的延伸与强化，实现农业价值的最大化；②横向联合，旨在通过跨行业、跨领域的合作与整合，促进资源、技术、市场等要素的共享与互补，从而拓宽产业发展的边界，推动形成更加多元化、综合化的产业生态系统。崔博和刘伟伟（2021）在研究中指出，农村产业融合主要体现为两种核心模式：一种是围绕产业链价值提升展开的纵向融合模式。该模式聚焦产业链的深化与延伸，旨在通过上下游环节的紧密协作与优化，实现产业整体价值的提升；另一种是基于农业多功能性开发的横向融合模式。该模式侧重挖掘和拓展农业的多元化功能，通过与其他产业的跨界融合，丰富农业的内涵与外延，从而激发农村产业的新活力与增长点。刘海洋（2018）提出，农村第一、第二、第三产业之间的融合发展可以通过三条纵向协作的路径实现，分别是专业深化型、休闲拓展型和理想整合型。每种路径侧重的资源配置与整合方式不同，以增强农业的多功能性为核心目标。周立等（2020）基于农业多功能性的广度拓展与产业链纵向协作的深度强化，构建了一个全面的理论分析框架，将农村产业融合的形态细化为四大类，即初始型、专业型、休闲型和理想型。他们提出了“合纵连横”的双轨发展路径：①横向拓展路径，从“初始型”向“休闲型”演进，侧重挖掘与增强农业的非传统功能，如休闲、观光等；②纵向协作路径，由“初始型”深化至“专业型”，强调在产业链内部加强协作，提升专业化与效率。“合纵连横”的最终目标是实现“纵横并进”的“理想型”路径，即同时强化农业的多种功能与产业链的紧密协作，推动农村产业融合达到全面、高效、多元的理想状态。二是关联产业融合。周立等（2020）指出，农业作为一个多元化的产业，其关联性和融合性极为显著。农业不仅与林业、牧业、渔业等第一产业内部的其他部门紧密相连，还与制造业、流通业及餐饮业等第二、第三产业广泛关联。李眉洁和王兴骥（2022）认为，作为实现乡村振兴的有效途径，农旅融合通常表现为资源融合、技术融合、市场融合和功能融合四种模式。三是多元价值融合。仲德涛（2021）认为，在价值链的各个环节，各主体之间均存在竞争关系。为了最大化整体价值，需要实现资源的合理高效利用与优化配置。产业价值链上的多元主体在相互竞争与依存中，共同促进创新活动的蓬勃开展，这不仅增强了市场的主导力与控制力，还激发了产业内部的活力与创造力。有学者进一步指出，为了促进多元价值的深度融合，我们应将视野拓展至整个产业生态，特别是可以依托“特色小镇”（集科教、文化、旅游、社区及多种创新要素于一体）这一平台，为多元价值的汇聚与延伸提供肥沃的土壤。通过特色小镇建设，我们能够拉长并丰富多元价值的链条，改善乡村的生产与生活环境，促进农业、工业与服务业的协同发展，构建一个集休闲、文化、旅游于一体的新型现代农业发展空间，为乡村经济的转型升级与可持续发展注入新的动力。

第三，融合动因分析。推动产业融合发展，不仅能有效替代并满足原有市场的多样化需求，还能激发并创造全新的市场需求，为消费者呈现更加丰富多元的选择空间。周振华（2003）指出，产业融合的进程深刻地影响着产业结构的转型与升级，不仅能提升各产业的竞争力，还会催生更多新的增值机会。此外，谷建全（2014）进一步指出，产业的融合发展能够加速价值链向上攀升，促使生产载体不断创新与迭代，并为新型产业形态的孕育与成长提供肥沃的土壤。具体到实践层面，吴福象等（2009）通过详尽的实证分析，揭示了产业结构转变的内在机制，即通过技术的深度嵌入与对传统产业的革新性改造，推动产业间的有序融合与协同发展。这一过程不仅是对传统发展模式的超越，更是对产业未来发展方向的积极探索与实践。当前学术界对产业融合驱动力的探讨可以归结为三个维度：单一驱动力模型、双重驱动力模型和多元驱动力模型。在单一驱动力模型中，创新被视为农村产业融合的核心引擎。具体而言，市场创新引领需求变革，管理创新优化资源配置，而商业模式创新会开辟新的增长路径，这三者协同作用，共同驱动农村产业的深度融合与发展。双重驱动力模型强调交易成本降低与创新驱动的双重作用。其中，交易成本的显著降低被视为最基础且核心的驱动力，它降低了融合过程中的经济壁垒，促进了资源的自由流动与高效配置；而创新驱动能不断为融合过程注入新活力，推动产业边界的模糊与重塑。多元驱动力模型更为全面地剖析了产业融合的复杂动因。现代信息技术作为技术驱动力，通过强大的渗透力与融合力，促进农村产业的深度整合与高效运行；城乡居民消费需求的升级为农村产业融合提供了广阔的市场空间和外在拉力；追求利益最大化作为市场主体的本质属性，构成了产业融合的内在动力源泉；制度改革的不断深化为产业融合提供了稳定的政策环境和坚实的制度保障。

第四，主体作用分析。农村产业融合是一项复杂的经济活动，需要政府、企业、农村合作社、家庭农场以及各类专业大户等多元化新型农业经营主体的广泛参与和深度合作。吴江萍和刘萍（2022）认为，“体、旅、农”融合发展需要多个政府部门的协调配合，在发展过程中存在一定的管理难度。农村现代化不仅涵盖物质层面的“物”的现代化，而且深刻地体现了“人”的现代化，还必然包含乡村治理体系和治理能力的现代化。要实现“体、旅、农”高效融合发展，不仅需要各部门高效协作，而且需要深入挖掘当地特色文化、培养产业融合中的复合型人才，还需要有人与自然和谐共生的环境支持，最重要的是繁荣农村资本市场，以产业兴旺带动产业融合和乡村振兴。

第五，困境与对策分析。有关学者对农村产业融合过程中面临的挑战进行了全面剖析，指出在多个关键领域存在显著的发展困境。具体而言，这些困境包括但不限于：要素流动不畅，限制了资源的优化配置和高效利用；融合程度不深，影响了产业间的协同效应与整体竞争力的提升；融合主体单一，缺乏多元化参与协同创新的活力；利益机制不健全，难以保障各主体的合理利益与长期合作；外部环境复杂多变，给产业融合带来了不确定性与挑战；基础设施薄弱，制约了农村产业融合的基础支撑和可持续发展能力。邱洪斌等（2022）认为，针对赫哲族地区“农、文、旅、康”产业融合发展面临的认识不清与政策支持不足、产品层次有待提升、产业融合力度不够、产业科技创新发展滞后等制约和挑战，应不断加大观念转变与政策扶持力度，积极推动产品提档升级和产业融合发展，通过产业科技创新为各产业融合发展赋能。张祝平（2021）提出，为促进文化旅游和生态农业的融合，可以加强政策引导、推动科技加持、开发产业项目、加强宣传推广、强化产业融合，形成品牌效应。孔祥利和夏金梅（2019）认为，乡村振兴战略与农村三产融合发展协同推进，必须遵循“创新、协同、绿色、开放、共享”的发展理念，可以在协同动力（多利益主体联结分享发展红利）、协同主体（培育中坚农民成为农业经营和乡村治理的核心力量）、协同引擎（科技创新推动绿色发展）、协同保障（基层实践响应顶层设计）、协同基础（打造产业公地实现技术共享）五个方面进行路径选择。

三、相关文献述评

综上所述，有关学者普遍认为，产业融合的实现并非偶然，而是建立在产业间固有的关联性和共享的技术基础之上。这种关联性为不同产业之间的相互作用与渗透提供了可能，而共享的技术基础则作为桥梁，促进了技术、知识、信息等要素在产业间的自由流动与深度融合。因此可以说，产业间的关联性和技术基础的共通性是产业融合得以发生与发展的先决条件。融合既包括纵向融合，也包括横向融合。目前，学术界多从案例方面进行分析，认为融合模式包括“农、旅”“农、体、旅”“农、文、旅、康”“生态农业+文化旅游”等，涉及体育、文化、旅游、生态、农业、制造业等部门，且普遍认为产业融合可以带动农民增收、促进产业创新、加速产业结构优化升级、改善企业组织结构和生态环境。目前，乡村振兴的产业融合过程还面临许多问题，如政策体系不完善、复合型人才缺失、科技注入乏力、风险监控不健全、各方协作不深入等。对于产业融合，国外学者主要针对日本、韩国和中国台湾地区进行研究，由于区域邻近、可借鉴性强、促进产业融合发展的策略多样，放宽政府监管、革新管理模式以及加强技术创新成为普遍推崇的路径。欧洲与北美等地区的城乡发展模式，主要强调城乡在政治与经济层面的均衡发展，提出通过规模经营、完善公共配套设施、健全农村金融服务体系等措施促进产业融合发展。

第二节　我国产业融合发展现状

一、农产品结构的优化提升了农业发展质量

我国作为人口大国，农业发展和粮食供给是保障民生的重中之重。2019年，习近平总书记在河南调研时强调了粮食安全和粮食供给问题。该问题也在2020年中央一号文件中有所体现，成为乡村振兴战略的重要内容之一。此

外，2021 年和 2022 年的中央一号文件均体现出我国对粮食生产和重要农产品供给的重视。

农产品结构的优化不仅可以很好地满足市场的多样化需求，提高产品的附加值，从而提升农业的整体竞争力，还可以更加有效地利用有限的土地和其他自然资源，促进农业的可持续发展。此外，农产品结构的优化在提高生产效率、保障食品安全、增加农民收入等方面也具有重要意义。

民以食为天，粮食安全对一个国家来说至关重要。改革开放以来，我国粮食产量变化如图 4-1 所示。1978 年，我国粮食总产量为 30476. 5 万吨，到 2023 年，我国粮食总产量为 69541. 0 万吨，保持着稳定增长的态势。2023 年，我国粮食总产量中，谷物产量、豆类产量、薯类产量分别为 64143. 0 万吨、2384. 1 万吨、3013. 9 万吨。在农产品结构方面，自 2004 年起，我国农业领域迎来全面发展的繁荣时期，主要农产品如粮棉油糖、肉蛋奶、果菜茶以及水产品等，均实现了产量的稳步增长和供应的充足保障。在此过程中，农产品的品种结构持续优化，品质显著提升，满足了市场日益多元化的需求。[①] 全国粮食总产量的跨越式增长以及农产品种类的日益丰富源于党和国家方针政策的正确指导，源于先进科学技术帮助我们解决了一道道农业难题，源于一代代农民朋友的辛勤付出。

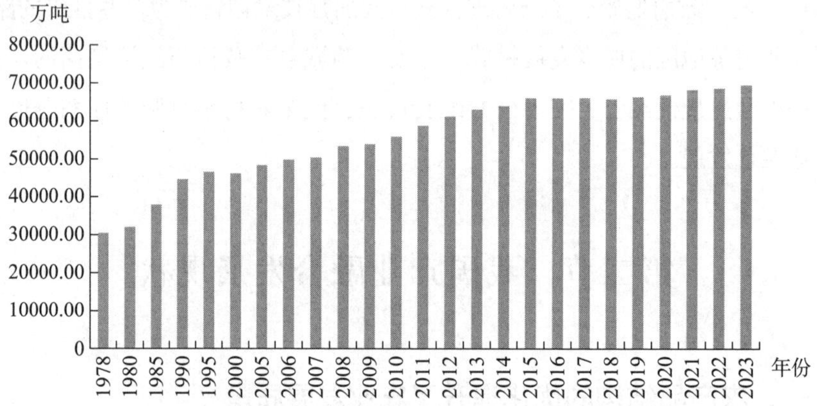

图 4-1　1978—2023 年我国粮食产量

资料来源：国家统计局。

① 资料来源：农业部关于进一步调整优化农业结构的指导意见（农发〔2015〕2 号）。

我国粮食产量存在明显的地区差异。黑龙江、河南、山东、安徽等作为粮食生产的重要省份，肩负保障全国粮食供给和粮食安全的重任，粮食也成为这些省份的核心竞争力。国家统计局数据（见表 4-1 和表 4-2）显示，2023 年，黑龙江、河南、山东、吉林、安徽是我国粮食产量排名靠前的省份。

表 4-1　1990—2023 年全国及部分省份粮食产量　　单位：万吨

地区	1990 年	2000 年	2010 年	2020 年	2021 年	2022 年	2023 年
全国	44624.3	46217.5	55911.3	66949.2	68284.7	68652.8	69541.0
黑龙江	2312.5	2545.5	5012.8	7540.8	7867.7	7763.1	7788.2
河南	3303.7	4101.5	5437.1	6825.8	6544.2	6789.4	6624.3
山东	3354.9	3837.7	4355.7	5446.8	5500.7	5543.8	5655.3
吉林	2046.5	1638.0	2842.5	3803.2	4039.2	4080.8	4186.5
安徽	2457.2	2472.1	3080.5	4019.2	4087.6	4100.1	4150.8
内蒙古	973.0	1241.9	2158.2	3664.1	3529.1	3900.6	3957.8
河北	2276.9	2551.1	2975.9	3795.9	3825.1	3865.1	3809.9
江苏	3230.8	3106.6	3235.1	3729.1	3746.1	3769.1	3797.7
四川	4266.8	3372.0	3222.9	3527.4	3582.1	3510.5	3593.8
湖南	2651.4	2767.9	2847.5	3015.1	3074.4	3018.0	3068.0
湖北	2475.0	2218.5	2315.8	2727.4	2611.9	2741.1	2846.1
辽宁	1494.7	1140.0	1765.4	2338.8	2538.7	2484.5	2563.4
江西	1658.2	1614.6	1954.7	2163.9	2192.3	2151.9	2198.3

资料来源：国家统计局。

表 4-2　1990—2023 年部分省份粮食产量占比　　单位：%

地区	1990 年	2000 年	2010 年	2020 年	2021 年	2022 年	2023 年
黑龙江	5.18	5.51	8.97	11.26	11.52	11.31	11.20
河南	7.40	8.87	9.72	10.2	9.58	9.89	9.53
山东	7.52	8.30	7.79	8.14	8.06	8.08	8.13
吉林	4.59	3.54	5.08	5.68	5.92	5.94	6.02
安徽	5.51	5.35	5.51	6.00	5.99	5.97	5.97
内蒙古	2.18	2.69	3.86	5.47	5.17	5.68	5.69
河北	5.10	5.52	5.32	5.67	5.60	5.63	5.48

续表

地区	1990 年	2000 年	2010 年	2020 年	2021 年	2022 年	2023 年
江苏	7.24	6.72	5.79	5.57	5.49	5.49	5.46
四川	9.56	7.30	5.76	5.27	5.25	5.11	5.17
湖南	5.94	5.99	5.09	4.50	4.50	4.40	4.41
湖北	5.55	4.80	4.14	4.07	3.83	3.99	4.09
辽宁	3.35	2.47	3.16	3.49	3.72	3.62	3.69
江西	3.72	3.49	3.50	3.23	3.21	3.13	3.16

资料来源：国家统计局。

黑龙江省以肥沃的黑土资源和适宜的气候条件等优势连续多年居我国粮食产量第一位。1990 年，黑龙江省粮食产量为 2312.5 万吨，占全国粮食产量的 5.18%；2023 年，黑龙江省粮食产量为 7788.2 万吨，占比上升到 11.20%。黑龙江省还是畜牧业生产大省。截至 2023 年底，黑龙江省肉蛋奶等畜禽产品产量 938.25 万吨，同比增长 1.93%；奶牛存栏量 108.7 万头，居全国第 4 位，生鲜乳产量 503.6 万吨，居全国第 3 位；肉牛出栏 325.8 万头，生猪出栏 23414.3 万头，肉产量达 327.3 万吨，蛋产量达 107.4 万吨。[①]

河南省粮食产量逐年提升，在全国的占比也逐年提升。1990 年，河南省粮食产量占到全国的 7.40%；2023 年，这一比例上升到 9.53%，体现了河南作为全国粮仓的重要性。在夏粮方面，2018 年，河南省产量占到全国总量的 26%，达到 722.74 亿斤，出色地完成了保障全国粮食安全的战略任务；2020 年，河南省粮食产量达到 1365.16 亿斤，其中夏粮产量达到 750.75 亿斤，夏收优质专用小麦达到 1350 万亩，每年的外调原粮以及制成品超过 600 亿斤，尤其是疫情期间，对全国粮食的增产贡献率达到了 23%，部分品种已经实现规模替代进口。河南省夏粮的丰收也反映出农业在产品供给方面的改革以及河南省在推进农业强省方面取得的成效。在农产品结构方面，根据 2017 年河南省推进的“四优”产业发展方案，河南省在优质小麦、优质花生、优质草畜、优质果林方面加大了投入力度，增加了播种面积。2017 年秋季，河南省显著扩大了优质小麦的种植面积，达到 840 万亩，与 2016 年同期相比，实现

① 资料来源：黑龙江省农业农村厅。

了40%的增长。同时，优质且专门用途的小麦通过订单形式销售的比例高达88%，达到了10%的溢价优势，进一步提升了农民收益。河南省在畜牧业方面也有突破——2017年，新增26.9万头优质肉牛和5.4万头奶牛。在“四优”战略基础上，河南省深耕细作，将花木、优质蔬菜、茶叶、中药材、食用菌及水产品等多个领域确立为优势特色产业，并给予重点扶持。目前，一系列举措已初见成效，形成了多个具有鲜明地域特色的产业集群。具体而言，郑州、开封、洛阳等地已成为花卉生产的核心区域，不仅丰富了城市景观，也带动了相关产业的发展。大别山、太行山和伏牛山区依托独特的自然条件，建立了食用菌、茶叶、中药材等生产基地，其产品以绿色、健康、高品质的特点赢得了市场的广泛认可。此外，豫西和豫南地区专注于优质水果的种植，形成了规模化、产业化的水果产业带；中东部地区依托平原优势，发展具有地方特色的平原果品产区；城市近郊充分利用便利的交通和庞大的消费群体，发展鲜果采摘与供应区，为市民提供了新鲜、便捷的水果消费体验。以上一系列产业布局的优化与调整，不仅促进了河南省农业结构的多元化与升级，也为当地农民提供了更多的增收渠道，推动了乡村振兴战略的深入实施。2018年，河南省制定了《河南省优势特色农产品标准体系》，涉及河南省18种优势特色农产品。2020年，河南省农业农村厅、林业局等7部门对河南省特色农产品优势区进行了遴选，共选出包含洛阳汝阳县汝阳（红薯）、鹤壁市浚县（花生）在内的33个特色农产品优势区。[①] 当前，河南省在农业领域取得了卓越成就，其优质专用小麦、花生、蔬菜的种植面积以及食用菌的产量均跃居全国榜首，同时，生猪存栏量稳坐全国第一的位置，彰显了河南省在农业现代化和规模化发展上的强劲实力。

山东省粮食产量紧随黑龙江省和河南省之后，在优越的气候、水利、土壤条件以及现代农业科技的加持下，粮食产量呈逐年攀升态势。2022年，山东省粮食产量为5543.8万吨，占全国粮食产量的8.08%。山东省2024年政府工作报告显示，山东省的粮食和重要农产品生产能力不断提高：2023年，粮食产量为5655.3万吨、单位产出量为6742.2公斤/公顷，再创历史新高；蔬菜及食用菌、水产品产量分别突破9000万吨和900万吨；日照绿茶、蒙阴

① 资料来源：2016年、2017年、2020年河南省国民经济与社会发展统计公报。

蜜桃、沾化冬枣等乡土产业不断发展，带动越来越多的乡亲增收致富。[①]

吉林省地处东北亚地理中心位置，具有沿边近海优势，是国家“一带一路”向北开放的重要窗口，是中国对外贸易、对外交流的重要通道；也是国家重要的商品粮及人参、甘草、枸杞、黑木耳、香菇等特色农产品生产基地，人均粮食占有量、粮食商品率、粮食调出量及玉米出口量连续多年居全国首位。地处世界“黄金玉米带”“黄金水稻带”，吉林省用全国4%的耕地，产出6%的粮食。得益于得天独厚的地理环境优势，吉林省玉米、稻谷、豆类等粮食作物以及人参等特种作物生产规模稳居全国前列。粮食产量稳居全国前5位，已连续3年（2021—2023年）保持在4000万吨以上；玉米产量稳居全国第2位，目前已接近3500万吨；稻谷产量稳居全国第10位，目前已连续5年（2019—2023年）保持在650万吨以上。油料作物以花生为主，设施农业作物以“蔬菜、瓜果类、食用菌、花卉苗木”为主。2021—2023年，吉林省肉类总产量及细分的猪肉、牛肉、产量均已连增3年；羊肉产量则于2019—2023年连增5年。

安徽省作为产粮大省，2023年粮食产量为4150.8万吨，以仅占全国4.3%的耕地面积产出占全国总量5.97%的粮食，这一非凡成就彰显了其在农业生产效率与粮食产量方面的卓越表现。作为全国五个粮食净调出省份之一，安徽每年还肩负着向全国输送约200亿斤优质粮食的重任，是我国粮食安全稳定的坚强后盾。在保障国家粮食安全的大局中，安徽省不仅注重粮食生产的“量”，更在“质”上实现了新的突破。2023年，安徽省提出“千亿斤江淮粮仓”目标，为种好粮而实施高标准农田建设，现已建成高标准农田6256万亩，占耕地面积的75%。此外，在农业发展中，安徽省尤为重视绿色农产品的培育与推广。作为长三角地区不可或缺的农产品供应基地，安徽省承担着保障长三角地区粮食与肉类供应的重任，贡献了1/3的水果与1/5的新鲜蔬菜，为长三角地区居民餐桌增添了丰富的色彩与营养。近年来，安徽省深入挖掘本土资源潜力，匠心打造了一系列独具特色的农产品品牌。从法式鹅肝到蒙城黄牛，从砀山酥梨到怀宁蓝莓，这些农产品不仅承载着安徽的自然馈赠与文化底蕴，更以卓越的品质赢得了市场的广泛赞誉与消费者的青

---

① 资料来源：山东省农业农村厅。

睐。安徽省正以实际行动，不断丰富着长三角乃至全国人民的“菜篮子”和“果盘子”，展现着绿色农业发展的勃勃生机与广阔前景。①

二、农村产业链延伸推进产业融合度逐步提高

在传统农村产业结构中，第一产业、第二产业与第三产业界限分明，资源争夺激烈，发展壁垒显著，然而随着新型农村产业模式的兴起，以龙头企业为引领的力量正在悄然改变着这一格局。这些企业通过产业链的纵向延伸与横向拓展，不仅增加了农业的附加值，还促进了三产之间的无缝对接与深度融合，形成了一种协同共进的良性循环。在此过程中，全国范围内地理标志农产品的涌现成为一大亮点。它们不仅代表着地域特色与品质保证，更成为提升产业竞争力、打造地方品牌的重要载体。随着这些农产品的数量不断增加、影响力不断扩大，农村产业的综合竞争力逐步提升，为乡村振兴注入了新的活力与动力。

2023 年中国经济年报显示，我国农产品加工业平稳发展，规模以上农产品加工企业超过 9 万家。同时，根据中华人民共和国农业农村部公布的资料，我国当前共批准备案 178 个国家现代农业全产业链标准化示范基地，覆盖我国绝大部分省份，备案品种包括粮食、水果、蔬菜、肉类等。限于篇幅，每个省份仅列示一个国家现代农业全产业链标准化示范基地名称，见表 4-3。国家现代农业全产业链标准化示范基地不仅有利于提高农产品的生产标准和质量，还能通过产业链的延伸和优化，促进农村第一、第二、第三产业有效融合，从而带动整个区域经济的发展和农民增收，为乡村振兴提供强有力的支持。

表 4-3　国家现代农业全产业链标准化示范基地

地区	数量	基地（部分园区名称）	备案的品种
北京	1	北京天安农业发展有限公司	净菜
天津	3	中化现代农业有限公司天津技术服务中心等	稻米、萝卜、牛乳

① 资料来源：安徽省农业农村厅。

续表

地区	数量	基地（部分园区名称）	备案的品种
河北	6	平泉市食用菌行业协会平泉市瀑河源食品有限公司等	香菇、鸡肉、扇贝、马铃薯、梨、鲜食玉米
山西	4	山西国禾天元现代农业有限公司等	生猪、玉米、青椒、绿豆
内蒙古	5	内蒙古蒙牛乳业集团股份有限公司等	牛乳、燕麦、稻谷、肉羊
辽宁	7	大连市金州区大樱桃协会等	大樱桃、草莓、河蟹、白羽肉鸡、花生、稻谷
吉林	5	吉林省农嫂食品有限公司等	鲜食玉米、大豆、人参、肉牛、梅花鹿
黑龙江	8	华源有机食品黑龙江有限公司等	肉牛、稻谷、椴树蜜、木耳、稻谷、糯玉米、大豆
上海	3	上海市蟠桃研究所等	蟠桃、葡萄、生猪
江苏	8	南京金色庄园农产品有限公司等	草莓、茶叶、河豚、小龙虾、葡萄、香葱、中华绒螯蟹、稻谷
浙江	8	杭州千岛湖发展集团有限公司等	草莓、铁皮石斛、鲢鳙鱼、蛋鸡、茶叶、湖羊、香柚、南美白对虾
安徽	9	安徽省六安瓜片茶业股份有限公司等	草莓、酥梨、糯稻、鲫鱼、茶叶、白姜、蓝莓、灵芝
福建	8	福建春伦集团有限公司等	白羽肉鸡、岩茶、葡萄、乌龙茶、鲍鱼、银耳、茉莉花茶、茶叶
江西	6	泰和县泰和乌鸡产业协会等	乌鸡、稻米、柑橘、小龙虾、龟鳖、肉牛
山东	8	中椒英潮辣业发展有限公司等	小麦、甘薯、番茄、冬枣、刺身、肉牛、核桃、辣椒
河南	7	仲景食品股份有限公司等	香菇、苹果、小麦、肉鸭、夏南牛、肉鸽、肉牛
湖北	8	黄石北富生态种养殖股份有限公司等	蛋禽、羊肚菌、砖茶、稻米、小龙虾、萝卜、红茶、生猪
广东	8	温氏食品集团股份有限公司等	稻米、化橘红、菜心、生猪、蛋鸡、肉鸡、草鱼、鲫鱼
广西	6	南丹县瑶家生态农业专业合作社等	稻米、柿子、茶叶、路川猪、火龙果、芒果
海南	3	海南传味文昌鸡产业股份有限公司等	文昌鸡、芒果

续表

地区	数量	基地（部分园区名称）	备案的品种
重庆	4	重庆琪金食品集团有限公司等	荣昌猪、柑橘、茶叶、油茶、
四川	9	自质市立华牧业有限公司等	生猪、柑橘、肉鸡、茶叶、芒果、青花椒、萝卜、白玉菇、荣昌猪
贵州	6	贵州贵茶集团有限公司等	绿茶、高粱、稻米、辣椒、刺梨、茶叶
云南	6	保山比顿咖啡有限公司等	咖啡、人参果、苹果、石榴、红茶、天麻
西藏	1	林芝银丰农牧科技有限公司等	藏香猪
陕西	7	陕西顶端果业科技有限公司等	苹果、冬枣、肉鸡、茶叶、胡萝卜、葡萄、猕猴桃
甘肃	6	定西市安定区马铃薯产业开发办公室等	马铃薯、花椰菜、苹果、肉羊、肉牛、黄芪
青海	5	青海开泰农牧开发有限公司等	藏羊、肉牛、牦牛、牦牛乳
宁夏	4	宁夏皇蔻酒庄有限公司等	酿酒葡萄、稻谷、牛乳、枸杞
新疆	9	新疆慧华沙棘生物科技有限公司等	沙棘、小麦、辣椒、肉牛、骆驼乳、玉米、番茄、生猪、葡萄

资料来源：中华人民共和国农业农村部。

为了更好地了解农村产业链延伸推进产业融合的情况，下文将具体阐述我国部分省份在该方面的发展成果。

作为中国最北部的省份，黑龙江形成了以北大荒为代表的粮食种植、加工及销售产业链，以鸿展、龙王为代表的大豆产业链，以飞鹤、完达山、辰鹰为代表的乳制品产业链，以宾西、金都、元盛为代表的肉牛养殖、屠宰加工、销售产业链，以天邦、春新为代表的生猪产业链，以及五常大米、伊春榛蘑、呼兰韭菜、五大连池鲫鱼、尚志黑木耳、新立胡萝卜等地理标志农产品。2023 年，黑龙江省规模以上农产品加工企业总数达到 2190 家。黑龙江省更是在 2024 年政府工作报告中提出农产品加工转化率达 67%、农产品加工营业收入实现 4000 亿元的工作目标安排。①

河南省在农产品加工领域取得了显著成就，构建起一系列多元化、高附

① 资料来源：黑龙江省农业农村厅。

加值的产业链。以中鹤、新良等企业为龙头，河南省的面制品产业链蓬勃发展，引领行业风向标；三全、思念等速冻食品巨头，以其创新产品与品牌影响力，稳固了速冻食品产业链的领先地位。在粮油加工领域，正大、鲁花等知名企业深耕优质强筋小麦加工，不仅提升了小麦的经济价值，也丰富了市场供给；恒都、科尔沁、伊赛等肉牛产业链的崛起，以及华英、永达、大用、正大、旭瑞等肉禽产业链的完善，构筑了河南省肉类加工的强劲竞争力。在花生加工领域，鲁花与正阳共同打造了一条完整的花生产业链，确保了花生制品的高品质与市场竞争力。在生猪产业方面，双汇与牧原集团作为行业标杆，引领着产业链的全面发展。此外，河南省还涌现出一批以地理标志产品为特色的产业链，如温县铁棍山药、好想你枣业、汝阳红薯、西峡香菇等，农产品加工业在河南省的产业结构中占据举足轻重的地位，已成为名副其实的第一大支柱产业。2018 年，河南省规模以上农产品加工企业有 7860 家，营业收入达到 1.12 万亿元；2019 年，营业收入达到 1.18 万亿元，位居全国第二，实现利润总额 913.6 亿元。河南省农产品已经出口到 130 多个国家和地区，河南省已经基本实现从“国人粮仓”到“世界餐桌”的转变。2017 年，河南省产业集群效应显著，其销售收入占河南省农产品加工业总量的 46%。这一成绩不仅彰显了河南省农业产业化的深入发展，更通过强大的集群力量，直接惠及超过 997 万户农村家庭。这些农村家庭在产业集群的带动下，实现了收入的稳步增长，户均增收达到 2827 元。①

山东省已经形成以禹王、鲁樱为代表的大豆产业链，以中裕、华麟为代表的小麦全产业链，以龙大、得利斯为代表的生猪产业链，以佳士博为代表的速冻食品产业链，以鸿安、阳信华胜、亿利源为代表的肉牛产业链，以太合、益客、春雪为代表的肉禽产业链，以寿光为代表的蔬菜产业链，也涌现出一批以烟台苹果、莱阳梨、章丘大葱、日照绿茶、胶州大白菜等为代表的地理标志农产品。2023 年，山东省规模以上农产品加工企业数达到 10339 家，在全国范围内处于领先地位；山东省农产品出口额达到 1476 亿元，连续 25 年领跑全国。②

---

① 资料来源：河南省农业农村厅。

② 资料来源：山东省农业农村厅。

安徽省位于我国华东地区，地跨长江和淮河两大流域，目前已形成以雁湖、天麒为代表的面制品产业链，以联河、联邦、金润、先锋为代表的大米加工产业链，以强英、华卫、长友为代表的肉禽产业链，以天之红、微微茶业为代表的茶叶加工产业链，也涌现出一批以砀山黄桃、颍上大米、西山焦枣、定远猪、舒城黄姜、大圩葡萄、东至黑木耳等为代表的地理标志农产品。①

三、农村产业的交叉重构促使新业态不断涌现

农业与其他产业的交叉融合，促使新业态不断涌现，最具代表性的便是农业与文旅产业的融合发展。有关数据显示，2022 年，全国乡村休闲旅游接待游客人数约 28 亿人次，营业总收入超过 7400 亿元。农业农村部以及地方部门也为推动乡村旅游的发展作出了不懈努力。农业农村部发布的部分美丽乡村休闲旅行精品景点线路推介见表 4-4。2023 年，农业农村部广泛宣传了 256 个风光旖旎、休闲宜人的美丽乡村，同时发布了 109 条充满乡土风情的精品旅游线路，以及 365 个引人入胜的精品景点。目前，中国美丽休闲乡村的推介数量已达 1953 个，这些乡村不仅成为城乡居民逃离都市喧嚣、寻觅心灵栖息地的热门“打卡点”，更是推动乡村经济多元化发展、促进城乡融合的重要力量。这些旅游线路基本上是依托当地具有乡村特色的农业、山川等自然和人文资源而发展起来的，能够吸引游客，带动当地发展。

表 4-4　美丽乡村休闲旅行精品景点线路推介

地区	主题	线路
山西省静乐县	中国藜麦之乡观光游	静乐县城→中国藜麦之乡产业园→静乐汾河川国家湿地公园→牛兰小镇
吉林省敦化市	文化体验消暑休闲游	敦化市区→南天门村→雁鸣岛农鱼乐园→雁鸣湖休闲谷
浙江省云和县	云和梯田休闲之旅	云和县城→大田休闲农庄→坑根石寨古村落→云和梯田→黄家畲村
贵州省玉屏县	金秋玉屏趣味之旅	玉屏县城→朱家场镇→田坪侗乡风情园→郭家湾梯田

① 资料来源：安徽省农业农村厅。

续表

地区	主题	线路
广东省四会市	原乡岭南田园风光游	四会市区→桔子小镇→绿樱庄园→铁坑村→石寨村→威整奇石河景区
海南省琼州市	琼海美丽乡村休闲之旅	琼海市区→世界热带水果之窗→留客村→沙美村→排港村
陕西省商洛市	秋采摘乡村休闲游	柞水县城→金米村→洞天福地景区→木耳小镇→老庵寺村
四川省松潘县	聚美松州秋季休闲游	松潘县城→麦吉村→松潘古城→高原绿色生态体验园→上磨村

资料来源：中国农业农村信息网。

生态农业与文旅休闲的融合发展能够助力乡村振兴。下面具体介绍我国部分省份农村产业融合发展的案例。

2016年发布的《黑龙江省人民政府办公厅关于推进农村一二三产业融合发展的实施意见》明确指出，农村一二三产业融合的主要任务之一便是发展多类型农村产业，而发展多类型农村产业的任务又被细分为多个小任务，拓展农业多种功能便是其中之一。在拓展农业多种功能方面，黑龙江省人民政府指出，要加强统筹规划，推进农业与旅游、教育、文化、健康、养老等产业深度融合，培育休闲农庄、休闲农园，开发乡村休闲度假产品，开发到村到户休闲项目，同时倡议启动农村文化遗产的全面普查工作，强化对农村传统文脉的守护与传承。此外，积极推动农耕文化融入教育体系，让农耕文化成为校园内的一道亮丽风景。通过设立农业教育和社会实践基地，巧妙整合现有资源，为学生和广大公众搭建一个亲近自然、学习农业知识、体验农耕乐趣的广阔平台。以上一系列举措不仅促进了农业文化的普及与传承，还激发了公众尤其是年轻一代对农业的兴趣与热爱，推动农业科普与农事体验活动蓬勃发展。①

农业与旅游业的融合促使河南的创意文化产业、乡村旅游等新业态不断涌现，并形成了具有河南地区特色的亲子游、生态游等新的融合形式。这些新兴业态正在引领农村第一、第二、第三产业的深度融合与跨界重构，形成

① 资料来源：黑龙江省农业农村厅。

了一种全新的农村产业融合模式。这一模式打破了传统产业的界限，促使农业与其他产业相互渗透、交织共生，为农业领域注入了更多的功能与价值，赋予农业更多的服务属性，使农业产业结构进一步优化、农业产业质量得到提升。近几年，河南省在村庄规划、村容村貌等方面持续发力，提出了创建“四美乡村”“五美庭院”“美丽小镇”等口号。2018 年以来，河南省共建成 220 多个美丽小镇。比如，河南省新县的全域旅游就是一个典型的例子——每个乡镇就是一个旅游景点，对每个旅游景点进行精心布置和设计，最后将所有景点联系起来，将整片区域转型为一个宏大的大别山旅游胜地。这一创举不仅巧妙地守护了历史悠久的古村落，还促使家庭农场蓬勃兴起。这种发展模式不仅为当地农民开辟了新的增收渠道，还有效地提升了他们的收入水平。

山东省在推进农村文旅发展方面下足了功夫。首先，优化乡村文旅产业布局。截至 2024 年 4 月，累计创建省级和美乡村 2500 个、省级示范片区 224 个，打造乡村旅游精品线路 160 余条。其次，注重乡村文旅资源的开发，挖掘特色产业资源，枣庄石榴、菏泽牡丹、临沭柳编等“土特产”成为当地旅游业的亮丽名片。挖掘农耕文化资源，梯次培育 1 个全球农遗、10 个中国农遗、46 个省农遗，办好农民丰收节等。再次，资金和政策共同支持乡村文旅发展。通过投资百亿元提升乡村基础设施和整体风貌，集成农村宅基地、集体产权制度等方面的改革措施，山东省累计盘活利用闲置宅基地 12.1 万宗。①

在产业融合助力乡村振兴加速前进方面，除了我们熟知的农业与文旅的融合发展，一些地区还注重农业与其他产业的融合发展。

早在 2016 年，安徽省就通过农业“接二连三”、农产品加工业“接一连三”、休闲农业“接二连一”和信息技术“接三连二连一”等，展现了农村产业融合的多样化发展路径，包括农业产业化联合体的紧密协作模式，农业产业链条的广泛延伸与融合，垂直一体化企业贯穿全产业链的整合策略，社会化服务促成的深度融合，产业集聚带来的规模效应，以及“农业+互联网”引领的创新融合模式。此外，还涌现出诸多农业新业态，进一步丰富了农村

① 资料来源：山东省农业农村厅。

产业融合的内涵。以“中国农村改革发源地”小岗村为例。安徽省凤阳县小岗村围绕“一产做优、二产做强、三产做旺”的发展目标，着力构建体现小岗特色和优势的现代化产业体系，促进第一、第二、第三产业融合发展，助力乡村全面振兴。在“一产做优”方面，小岗村“牵手”农业大企业，“联袂”高校院所，推动农业走上高质高效发展之路，引进北大荒农垦集团，与南京农业大学等高等院校合作，推广优质新品种，改变传统农业生产方式。在稳定粮食生产的同时，引入小岗蓝莓、匠心葡萄、汉世伟猪业等现代种养项目。在“二产做强”方面，小岗村围绕农副产品加工、仓储物流等，深化“双招双引”，涌现出小岗盼盼、蒸谷米、谷优美等食品生产加工企业，有效解决了小岗村的就业问题。在“三产做旺”方面，小岗村立足品牌优势和独特资源禀赋，着力培育乡村旅游、研学拓展、农村电商、教育培训等乡村服务业。①

四、高新科技的渗透融合为农村产业发展提供驱动力

随着信息化和数字化等的深入发展，第一、第二与第三产业之间的界限日益淡化，融合趋势越发明显，形成了更加紧密的产业共生关系。这种趋势不仅促进了产业间的协同创新，还激发了产品与服务领域层出不穷的创新。习近平总书记强调，“可以瞄准农业现代化主攻方向，提高农业生产智能化、经营网络化水平，帮助广大农民增加收入”。

科学技术在助力农业发展中的作用不可小觑，采用新技术、新品种、新方法等，有助于提高农作物的产量和质量，降低生产成本，增加农民收入。2012—2022 年我国农业科技进步贡献率如图 3-4 所示。该指标反映了科技进步在提高农业生产力方面的作用。近年来，我国不断加大对农业科技领域的投资，并取得了良好的成果。高新科技为我国农业发展提供了强大的驱动力。

农业生产信息化，是指在农业生产、管理和服务等环节广泛应用信息技术，以提高农业生产的效率和质量。中国信息通信研究院发布的《中国数字乡村发展报告（2023 年）》显示，我国农业产业数字化进程加快，数字育种

① 资料来源：安徽省农业农村厅。

已经起步，智能农机装备研发取得重要进展，智慧大田农场建设多点突破，畜禽养殖数字化与规模化、标准化同步推进，数字技术支撑的多种渔业养殖模式相继投入生产。如图 4-2 所示，近年来，我国农业生产信息化率不断提升。其中，2023 年我国农业生产信息化率达到 27.6%，超过 2022 年农业农村部制定的到 2025 年达到 27%的阶段性目标。不同农业板块的信息化水平有差异。《中国数字乡村发展报告（2022 年）》显示，2021 年全国大田种植信息化率为 21.8%，畜禽养殖信息化率为 34.0%，水产养殖信息化率为 16.6%。

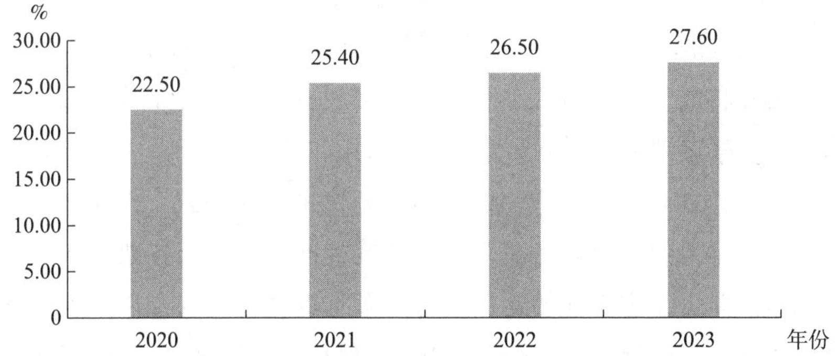

图 4-2　2020—2023 年全国农业生产信息化率

资料来源：《中国数字乡村发展报告》。

农村电子商务的发展是高新科技的渗透融合为农村产业发展提供驱动力的表现之一。农村电商的发展具有众多好处：其一，拓宽了乡村农产品的销售渠道，减少了中间环节，提升了农产品的利润率；其二，带动了包装、物流、客服等就业岗位的增加，能够有效增加当地农村居民的就业机会，减缓农村地区的人才流失；其三，农村电子商务平台的搭建能够有效保障我国农产品的供给。《数字乡村发展研究报告（2024 年）》显示，2023 年，全国农村网络零售额达 5870.3 亿元，同比增长 12.5%，已经连续 3 年增长率在 10%以上。农村电商公共服务基础设施建设不断加强。2014 年以来，电子商务进农村综合示范项目累计支持 1489 个县，支持建设县级电子商务公共服务中心和物流配送中心超 2800 个、村级电商服务站点 15.9 万个①。

河南省桐柏县的“护粮网+特色农业”（桐柏云商）就是高新科技渗透融

① 资料来源：《数字乡村发展实践白皮书（2024 年）》。

合的结果。该模式就是在将电子商务融入县域经济的发展过程中，通过构建多元化的公共服务体系，实现桐柏农业领域的线上线下深度融合战略，有效推动了信息化进程与产业化升级。在此过程中，成功孵化了多个享誉网络的知名品牌，如“盘古溪”品牌的茶叶、“农飨”牌生态土鸡蛋，以及“三源”牌花生油等。桐柏县还通过淘宝、天猫、京东等电商平台大力推广本地特色农产品，仅 2017 年“双十一”期间销售额就达 1341.27 万元。武陟县的“电商+”，淇县的“电商+企业+贫困户”“电商+合作社+贫困户”“党建+电商+贫困户”“新媒体+乡村游+贫困户”模式，宝丰的“电商+公司+扶贫”等以农业电商为代表的互联网模式也在深深影响和改变着农村经济。

山东省在将电子商务融入乡村经济发展的过程中也取得了不错的成绩。山东省栖霞市亭口镇依托本土资源优势，采用“线上+线下”一体化销售新模式，以及“合作社+基地+农户+加工厂+电商”的运营模式，创建亭口镇电商直播基地，将本地的特色农产品苹果、樱桃等推销至全国各地。亭口镇在发展农产品电商时，注重人才的运用，与山东省内多所高校合作，邀请电子商务专业学生参与农产品线上销售，运用高新科技手段解决农产品销售问题。①

浙江省电子商务发展一直走在全国前列：农村电商发展迅速，交易规模不断创新高，在带动农民就业、农村消费、集体增收、农村产业升级等方面成效显著。2022 年，浙江省农村网络零售额达 11681.8 亿元；山区 26 县电商发展规模稳步扩大，合计实现网络零售额 2815.8 亿元，占浙江省总额的 10.4%。2022 年，浙江省共有电子商务示范村 1171 个，农村电商示范站点 1763 个，电商专业村 2643 个，电商镇 367 个。浙江省采取电商直播式“共富工坊”助推农村共富。2022 年印发的《浙江省商务厅关于推进电商直播式“共富工坊”建设的指导意见》，聚焦农村电商发展渠道、产业链人才培养、农产品品牌价值提升和农村电商公共服务体系优化等方面，巩固提升直播电商在助推农村共富发展中的重要作用。支持村播、店播和厂播走入田间地头、工厂车间，让电商直播更具“泥土味”“烟火气”。

智慧农业是高科技渗透融合的结果，也是物联网技术在传统农业领域的深度渗透与革新，它借助物联网技术，构建起了一套严密的农产品质量管控

---

① 资料来源：山东省农业农村厅。

体系，确保每一份农产品的安全与品质。智慧农业能为农产品溯源与防伪赋能，让消费者能够安心享用。以上一系列变革不仅重塑了农业的生产模式，而且为农村经济快速增长注入了强大的动力。通过将新一代信息技术与农业深度融合，智慧农业成为我国农业发展的新动能，已贯穿农业发展的各领域各环节。发展智慧农业有助于推动传统农业转型升级，实现现代农业的高质量发展。党的十八大以来，我国高度重视智慧农业发展。在国家政策的支持下，我国智慧农业取得了快速发展。华经产业研究院数据显示，中国智慧农业市场规模由2017年的387.74亿元增至2022年的868.63亿元，年均增长率在17.5%左右。智慧农业的基础设施不断完善。截至2023年底，全国行政村已经全部通宽带，通光纤和4G比例超过99%，农村宽带接入用户数达到1.92亿户，比上年增长8.8%。在无线网络覆盖方面，截至2023年6月底，5G网络已经覆盖所有县城城区、96%以上的乡镇和80%的行政村，700兆赫5G网络已经实现乡镇以上区域连续覆盖、热点农村区域全部覆盖。①

为了更加深刻地感受高科技渗透融合对农村产业发展的推动，下文具体介绍我国部分省份如何依托物联网、人工智能、云计算、传感器等对农业生产进行智慧化管理，提升农业生产经营效率。

河南省温县加速构建覆盖十万亩高标准粮田的物联网中心，成功将“智慧农业”理念融入1万亩农田之中，依托“温县智慧三农信息化平台”这一核心引擎，深度融合物联网、大数据、云计算等前沿科技，创新推出“智慧地理”“智慧服务”“绿色履历”三大智能系统。“智慧地理”系统引领了温县农田种植的科学规划与精准管理；“智慧服务”打破了传统农技服务的界限，实现了线上咨询与线下指导的无缝对接，为农民提供了更加便捷、高效的农业技术支持；“绿色履历”系统更是为怀药等特色农产品建立了全程可追溯的质量管理体系。此外，温县还积极探索并实践了多种农业融合发展模式，如保和堂的“三产融合”模式、鑫合实业的“农业+电商”模式、怀山堂的“农业+旅游”模式，不仅提升了农业附加值，还带动了当地乡村旅游的蓬勃发展。温县充分利用其特色优势产业资源建设特色小镇，并结合美丽乡村建设，谋划推进农村第一、第二、第三产业融合发展。

① 资料来源：《数字乡村发展实践白皮书（2024年）》。

安徽省黄山市歙县作为首批国家级数字乡村试点县，不断加快数字技术在产品溯源、虫害预测分析、精准施肥等领域的推广应用，通过“5G+数字乡村智慧农业云平台”，全面推进茶叶、菊花等特色产业数字化升级。智慧农业云平台建设主要包括智能虫情测报灯、大田气象站、温湿度传感器、光照监测器等设备设施的应用，通过采集种植面积、历史产量、病虫害以及光照、雨水、温湿度等方面数据，建立数字化分析模型，实现对特色产业种植、生产、销售、仓储的全流程信息化采集与智能化监管。智慧农业云平台的成功构建，显著促进了农业管理的科技转型与升级。该县创新性地采取“平台+试点”的策略，成功孵化了枇杷、葡萄、菊花等八大特色作物品种的智慧化种植基地。①

贵州省沿河土家族自治县中寨镇大宅、三会溪、志强三个村的1500亩“白叶一号”茶园是沿河建设的首个“智慧茶园”。该茶园由联通公司提供技术支持，精心构建了一个直观的可视化数字管理平台——该平台集成了土壤湿度智能监测、虫害智能预警系统以及茶产品追溯体系等先进功能。这一平台使茶农能够及时、准确地掌握茶叶生长环境的各项关键数据。通过对这些数据进行深度整合与分析，并将处理结果上传至云端，构建起茶叶产品的全面“溯源图谱”。这一过程不仅实现了从种植到收获，再到销售的全生命周期监控，还确保了茶产业链的每个环节都能得到科学而精细的管理，从而大幅提升了茶叶的品质与市场竞争力。智慧茶园建设不仅做到了让农户省人省力，让茶园发展更加节本增效，推动茶产业高质量发展，还能让消费者通过完善的全产业链质量安全追溯体系，全面了解茶叶种植、管护、采摘、生产、销售等多个环节。②

① 资料来源：中国农业农村信息网。

② 资料来源：中国农业农村信息网。

第五章 Chapter 5

我国产业融合的测度与评价

第一节 我国产业融合发展水平的测度

一、产业融合体系的构建

借鉴有关学者对产业融合内涵的分析，结合我国的实际情况，本书认为农村产业融合是以农业多功能综合开发为核心，纵向上通过深化农业产业链各个环节，促进产业内部紧密合作与资源共享，从而减少中间环节，降低交易成本，横向上积极拓展农业的多功能性，形成多元化的产业形态，实现成本的内部消化与优化，从而形成以农业新业态、新模式为载体，以新型农业经营主体为主导的过程。

根据上述产业融合的概念，乡村产业价值增值主要体现在产出的高效化上。产出的高效化是实现产业效益增长的途径。具体来说，乡村产业以农业为主，可以通过人均粮食产量、土地产出率和人均猪牛羊肉产量反映农业和畜牧业的高效化水平。

乡村产业链的延长可以通过业态多样化体现。农业多功能作用的发挥，以及农业与相关产业之间的广泛关联，如向农产品的精深加工，向旅游、向文化创意等方面的延伸，是产业融合的主要形式。因此，可以通过旅游与休闲产业旅游人均花费、农产品初加工机械总动力、乡村社会零售品销售占社会零售品销售比重来衡量产业融合水平。

乡村经营主体不仅是农业市场上的直接参与者，也是推动乡村振兴的基础力量；不仅是农业市场上的活跃分子，直接投身于市场活动，更是乡村振兴战略的坚实基石和基础力量，其发展和融合能够推动农业技术革新、带动农户发展。乡村经营主体的融合，最终形成了以新产业和新业态为基础的社会化服务体系以及利益分享体系，而农业产业的关联性展现了动态演进的过程，其中，不同产业或同一产业内各领域相互渗透、交织，彼此影响，最终促使这些元素融合成一个全新的产业形态。这一过程不仅丰富了农业的内涵与外延，也推动了产业边界的模糊与重构，形成了产业融合的新格局。可以用农业产业关联度和农村居民家庭人均经营净收入来衡量。

资本要素市场在农村产业领域的双向流通，对于促进农业生产、农产品加工、市场销售及配套服务等多个环节形成协同发展的纵向一体化，以及农业产业链的延伸和价值增值，新业态的出现均具有重要作用。资本要素市场的双向流动体现在以技术、资金和人才为核心的要素资源的融合上，我们可以用农业植物新品种权申请和授权合同金额数、农村综合开发项目资金投入、农业科技与农业服务人员数来衡量。

表 5-1　农村产业融合度评价指标体系

一级指标	二级指标	三级指标	指标属性
A1 产业价值链增值	产出高效化	人均粮食产量（公斤/人）	正向
		土地产出率（吨/公顷）	正向
		人均猪牛羊肉产量（公斤/人）	正向
A2 产业价值链延长	业态多样化	旅游与休闲产业旅游人均花费（元/年）	正向
	产业链延伸	农产品初加工机械总动力（万千瓦）	正向
		乡村社会零售品销售占社会零售品销售比重（%）	正向
A3 乡村经营主体融合	利益分享机制	农业产业关联度（%）	正向
		农村居民家庭人均经营净收入（元/人）	正向
A4 资本要素 市场流动	技术、资金、 人才要素的融合	农业种植新品种权申请和授权合同金额数（万元）	正向
		农村综合开发项目资金投入（万元）	正向
		农业科技与农业服务人员数（万人）	正向

二、产业融合的模型选取及处理

本章采用熵值赋权法确定指标权重。为了消除数据的差异性，对表 5-1中 14 个指标的数据进行无量纲化处理，处理公式如下：

当指标与产业融合呈正向关系时：

$$\frac{X_{it}-\min X_t}{\max X_t-\min X_t} \tag{5-1}$$

当指标与三产融合呈反向关系时：

$$\frac{\max X_t-X_{it}}{\max X_t-\min X_t} \tag{5-2}$$

其中，X_{it}为第 i 行第 t 列数据，$\min X_t$ 为三产融合指标第 t 列数据的最小值，$\max X_t$ 为三产融合指标第 t 列数据的最大值。

首先，确定二级指标的权重。需要对转化后的数据进行比重变换，具体处理公式为

$$W_{ij}=\frac{S_{ij}}{\sum_{i=1}^{m}S_{ij}} \tag{5-3}$$

其中，S_{ij}为经式（5-1）和式（5-2）处理后的第 i 行第 j 列数据，W_{ij}为经式（5-1）和式（5-2）处理后的第 i 行第 j 列数据占第 j 列数据的权重，m 为总行数。

计算第 j 项指标的熵值，计算公式为

$$h_j=-\frac{1}{\ln m}\sum_{i=1}^{m}W_{ij}\ln W_{ij} \tag{5-4}$$

其中，h_j 为第 j 项指标的熵值。

将上述指标按照式（5-5）进行逆向化处理：

$$d_j=1-h_j \tag{5-5}$$

其中，d_j 为第 j 项指标逆向化的值。

计算指标 X_j 的权重（ω_j），公式为

$$\omega_j=\frac{d_j}{\sum_{j=1}^{n}d_j} \tag{5-6}$$

对数据进行标准化处理后，可以采用线性加权求和法，计算出我国各省份产业融合的综合得分，公式为

$$X_{ij}=\sum_{j=1}^{n}\omega_j S_{ij} \tag{5-7}$$

其中，X_{ij}为 i 省 j 年的产业融合综合得分。

三、数据的说明及处理

本章以我国30个省份（西藏及港澳台地区除外）作为研究对象，基于表5-1建立的评价指标体系，系统搜集并整理了2010—2022年的相关数据。数据主要来源于各省统计年鉴、各县市统计年鉴、中国区域统计年鉴、《中国城乡建设统计年鉴》、《中国科技统计年鉴》等，部分数据来源于中经网和各省的统计公报及政府工作报告；人均粮食产量由粮食产量/常住人口计算得出，土地产出率由粮食产量/粮食作物播种面积计算得出。根据数据的可获得性，各省旅游与休闲产业旅游人均花费采用林业旅游与休闲产业旅游人均花费来衡量，乡村社会零售品销售占社会零售品销售比重由镇区及乡村消费品零售额占全社会消费品零售额的比重来衡量，农业产业关联度由农业中间消耗占产值的比重来衡量，农业科技与农业服务人员数由农场农业人员年末数来衡量。很少量的缺失数据采用5年移动平均所得。

四、实证检验

由第二部分的计算，可以得出我国30个省份产业融合的指标权重，见表5-2。

表5-2　农村产业融合度各评价指标的权重

一级指标	二级指标	三级指标	权重
产业价值链增值（0.283）	产出高效化（0.283）	人均粮食产量（公斤/人）	0.0930
		土地产出率（吨/公顷）	0.0954
		人均牛羊肉产量（公斤/人）	0.0946
产业价值链延长（0.2556）	业态多样化（0.0936）	旅游与休闲产业旅游人均花费（元/年）	0.0936
	产业链延伸（0.162）	农产品初加工机械总动力（万千瓦）	0.0671
		乡村社会零售品销售占社会零售品销售比重（%）	0.0949
乡村经营主体融合（0.1899）	利益分享机制（0.1899）	农业产业关联度（%）	0.0953
		农村居民家庭人均经营净收入（元/人）	0.0946
资本要素市场流动（0.2715）	技术、资金、人才要素的融合（0.2715）	农业植物新品种权申请和授权合同金额数（万元）	0.0895
		农村综合开发项目资金投入（万元）	0.0928
		农业科技与农业服务人员数（万人）	0.0892

由表5-2中的权重和标准化后各指标的值，可以计算出2010—2022年我国各省份产业融合的综合得分（产业融合度），见表5-3。

表 5-3　2010—2022 年我国各省份产业融合的综合得分

地区	2010 年	2011 年	2012 年	2013 年	2014 年	2015 年	2016 年	2017 年	2018 年	2019 年	2020 年	2021 年	2022 年
北京	0.18	0.19	0.20	0.22	0.21	0.21	0.22	0.22	0.23	0.26	0.25	0.26	0.26
天津	0.22	0.22	0.22	0.23	0.23	0.24	0.24	0.25	0.24	0.24	0.25	0.26	0.27
河北	0.28	0.28	0.31	0.32	0.32	0.32	0.33	0.34	0.34	0.35	0.38	0.38	0.37
上海	0.19	0.19	0.20	0.20	0.21	0.22	0.21	0.23	0.23	0.24	0.24	0.24	0.25
江苏	0.27	0.28	0.25	0.31	0.31	0.32	0.32	0.33	0.34	0.36	0.37	0.39	0.43
浙江	0.27	0.28	0.29	0.28	0.28	0.29	0.29	0.29	0.31	0.33	0.35	0.36	0.38
福建	0.25	0.25	0.27	0.28	0.31	0.32	0.32	0.33	0.34	0.34	0.35	0.39	0.38
山东	0.31	0.32	0.37	0.38	0.39	0.40	0.38	0.41	0.41	0.42	0.45	0.46	0.46
广东	0.21	0.22	0.26	0.28	0.28	0.28	0.29	0.31	0.33	0.35	0.41	0.44	0.43
海南	0.30	0.30	0.33	0.34	0.34	0.34	0.34	0.35	0.36	0.29	0.29	0.30	0.30
山西	0.22	0.23	0.24	0.25	0.25	0.24	0.25	0.25	0.26	0.27	0.27	0.29	0.29
安徽	0.28	0.29	0.32	0.32	0.33	0.34	0.34	0.36	0.37	0.38	0.38	0.41	0.43
江西	0.33	0.34	0.37	0.38	0.39	0.39	0.39	0.39	0.41	0.41	0.34	0.42	0.42
河南	0.31	0.32	0.33	0.33	0.34	0.34	0.34	0.35	0.37	0.37	0.40	0.41	0.41
湖北	0.31	0.33	0.35	0.38	0.39	0.41	0.40	0.41	0.44	0.42	0.42	0.45	0.47
湖南	0.32	0.33	0.35	0.36	0.37	0.38	0.38	0.39	0.40	0.38	0.41	0.44	0.45
内蒙古	0.34	0.36	0.38	0.40	0.41	0.42	0.44	0.40	0.39	0.42	0.44	0.45	0.46
广西	0.27	0.28	0.30	0.31	0.32	0.33	0.33	0.33	0.34	0.35	0.37	0.41	0.41
重庆	0.24	0.24	0.25	0.25	0.25	0.26	0.27	0.26	0.28	0.28	0.28	0.30	0.31
四川	0.28	0.29	0.31	0.32	0.34	0.34	0.36	0.37	0.37	0.38	0.39	0.39	0.39
贵州	0.22	0.22	0.24	0.25	0.27	0.28	0.28	0.32	0.30	0.31	0.31	0.31	0.31
云南	0.25	0.26	0.30	0.32	0.32	0.34	0.36	0.38	0.39	0.39	0.41	0.40	0.41
陕西	0.20	0.21	0.23	0.23	0.23	0.24	0.24	0.25	0.25	0.26	0.27	0.29	0.29
甘肃	0.22	0.22	0.24	0.25	0.25	0.26	0.26	0.27	0.28	0.28	0.29	0.30	0.31
青海	0.21	0.22	0.22	0.24	0.25	0.25	0.25	0.28	0.28	0.28	0.28	0.30	0.31
宁夏	0.25	0.25	0.26	0.27	0.28	0.28	0.29	0.30	0.31	0.31	0.32	0.32	0.33
新疆	0.32	0.34	0.36	0.38	0.39	0.41	0.42	0.44	0.46	0.46	0.46	0.51	0.52
辽宁	0.29	0.32	0.34	0.35	0.32	0.33	0.34	0.35	0.35	0.37	0.39	0.42	0.42
吉林	0.32	0.34	0.36	0.39	0.39	0.39	0.39	0.41	0.38	0.40	0.43	0.47	0.48
黑龙江	0.35	0.39	0.41	0.41	0.41	0.41	0.39	0.42	0.42	0.41	0.45	0.50	0.52

第二节　我国产业融合的总体评价

一、我国产业融合的特征

从表 5-3 可以看出，我国产业融合主要表现出以下三个特征。

（一）产业融合水平不断提高

我国产业融合度逐年提升，2010 年三产融合的平均分数为 0.27，2022 年平均分数达到 0.38，年均增长率保持在 3%的水平。分区域来看，东北地区是产业融合度最高的地区，其次是中部地区，这两个区域产业融合度均高于全国平均水平，西部地区产业融合度相对较低，东部地区是产业融合度最低的地区，如图 5-1 所示。分省份来看，新疆和黑龙江的产业融合度最高，而北京、天津和上海三大城市以现代服务业为主，第一、第二产业不是其重点发展领域，因而产业融合度不高。从增速来看，总体上，2010—2016 年增速较慢，2016 年以后增速加快；分省份来看，广东、云南、新疆、江苏、安徽、福建、广西、湖北、吉林、黑龙江、山东、青海、陕西、辽宁、北京等地高于全国平均水平，海南和北京增速较慢。

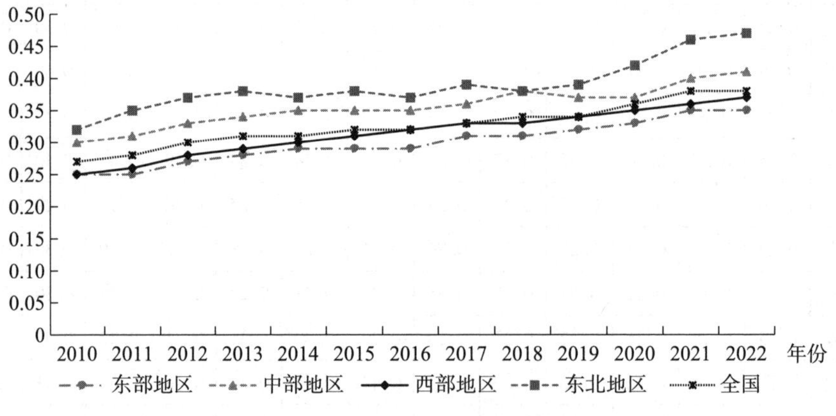

图 5-1　2010—2022 年我国产业融合状况

（二）地区间呈现出一定的梯度性和层次性

如果按照 2022 年各省份的综合得分进行排名，排在前 3 位的分别是新疆、黑龙江和吉林，排在后 3 位的分别是天津、北京和上海，排名第一的新疆的产业融合度为 0. 52，而排在最后一位的上海的产业融合度为 0. 25。可见，不同地区的产业融合度差异较大。

如图 5-2 所示，根据 2022 年各省份的综合得分，可以将 30 个省份分为四个梯队。第一梯队是新疆和黑龙江，产业融合度均大于 0. 5；第二梯队的产业融合度为 0. 4～0. 5；第三梯队的产业融合度为 0. 3～0. 4；第四梯队的产业融合度低于 0. 3。前两个梯队的综合得分远高于 30 个省份的均值，第一梯队的综合得分是 30 个省份均值的 1. 37 倍、第二梯队的 1. 2 倍、第三梯队的 1. 5 倍、第四梯队的 1. 9 倍。第二梯队的综合得分是第三梯队的 1. 3 倍、第四梯队的 1. 6 倍。第四梯队的综合得分是最低的，仅为 30 个省份均值的 70%、第三梯队的 80%。在第四梯队中，上海的产业融合度最低，仅为 30 个省份均值的 66%、新疆的 48%。

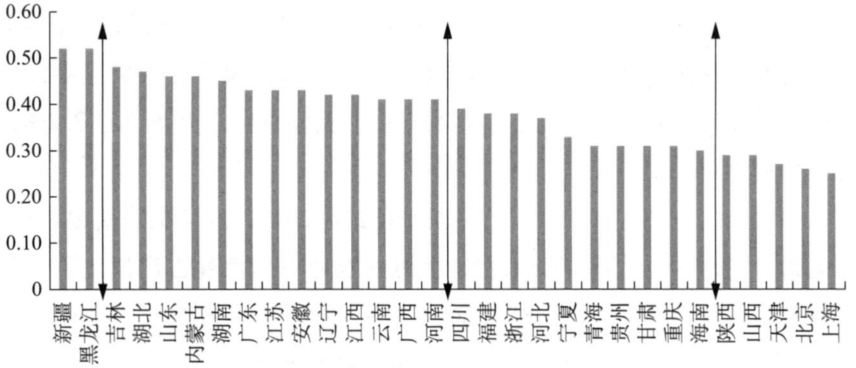

图 5-2　2022 年我国各省份产业融合度

（三）地区发展不平衡矛盾较为明显

从表 5-4 中可以看出：在产业价值链增值方面，2022 年，内蒙古、吉林和黑龙江的水平是我国最高的。黑龙江的人均粮食产量为 2494. 58 千克/人，在我国排首位；其次是吉林，人均粮食产量为 1728. 05 千克/人，排第 2 位；内蒙古排在第三位。北京是我国人均粮食产量最低的地区，仅为 20. 74 千克/

人。浙江形成了以终端消费品为主的产业结构，工业发展较好，但在农牧业方面，人均猪牛羊肉产量为11.49千克/人，低于我国平均水平。陕西的人均粮食产量和人均猪牛羊肉产量在我国也处于较低水平。从单个指标来看：2022年，在土地产出率方面，上海单位播种面积粮食产量为7781.94公斤/公顷，在我国排首位；其次是新疆和吉林；贵州和青海的土地产出率较低，单位播种面积粮食产量分别为3996.99公斤/公顷和3534.78公斤/公顷，是我国该指标值最低的两个省份。内蒙古的人均猪牛羊肉产量为106.55公斤/人，是我国猪牛羊肉产量最高的省份；其次是上海和北京，人均猪牛羊产量分别为3.43公斤/人、1.55公斤/人，是我国猪牛羊肉产量最低的地区。

在产业价值链延长方面，广西是我国最高的地区，其次是湖南和江西，北京和上海是最低的地区。从各省份的具体情况来看，广西的农业与休闲产业人均花费是我国最高的地区，天津和北京是最低的地区。从农产品加工来看，山东和河南作为我国的粮食大省，其农产品加工机械最多，所用机械总动力最大。2022年，山东所用机械总动力为11530.5万千瓦，河南所用机械总动力为10828.66万千瓦，最低的北京和上海，所用机械总动力分别为116.4万千瓦、100.2万千瓦。从乡村社会零售品占社会零售品销售比重来看，河北和江西的该指标值最高。2021年，河北镇区及乡村消费品零售额占全社会消费品零售额的比重已经达到57%，居我国首位；上海仅占7.2%，是我国最低的地区。

从乡村经营主体融合来看，吉林是我国最高的地区，其次是新疆和辽宁，广东是最低的地区。从各省份来看，上海的农业中间消耗占产值比重是我国最高的省份，2018年达到57.8%。农业中间消耗不仅包括农药、化肥、机械等物质资料的消耗，还包括劳务、资金和技术等非物质生产部门的消耗。这一方面说明上海的农业中间投入较高，另一方面说明上海农业产业链延伸和产业间融合度相对较高。2018年，新疆的农业中间消耗占产值比重已经超过50%，该指标值最低的地区是重庆。从农民经营获得收入来看，吉林和内蒙古是我国最高的两个省份。2022年，吉林农村居民家庭人均经营净收入为11058.18元/人，内蒙古为10718.26元/人；上海和北京是农村居民家庭人均经营净收入最低的两个地区，分别为2211.95元/人和1849.6元/人。

从资本要素市场流动来看，广东是我国最高的地区，其次是山东和江苏，青海是最低的地区。从具体指标来看，2022 年，广东农业植物新品种权申请和授权合同金额数达到 5354 亿元，是我国最高的省份；其次是江苏，也达到了 5125 亿元；宁夏和青海是该指标值最低的两个省份，分别为 130 亿元和 105 亿元。从农村综合开发项目资金投入来看，广东是我国最高的省份，2022 年农村综合开发项目资金投入为 1017 亿元；其次是山东和浙江；青海和天津是该指标值最低的地区，分别为 27 亿元和 16 亿元。从劳动力的流动来看，新疆和湖北是最高的两个省份，浙江和山东是最低的两个省份。

表 5-4　2022 年我国各省份产业融合分项得分

地区	产业价值链增值	产业价值链延长	乡村经营主体融合	资本要素市场流动
北京	0.07	0.02	0.10	0.08
天津	0.10	0.03	0.13	0.01
河北	0.13	0.10	0.09	0.05
上海	0.09	0.01	0.11	0.04
江苏	0.11	0.08	0.10	0.13
浙江	0.08	0.08	0.12	0.10
福建	0.10	0.10	0.14	0.05
山东	0.13	0.09	0.11	0.13
广东	0.09	0.10	0.08	0.18
海南	0.09	0.07	0.12	0.03
山西	0.09	0.08	0.10	0.02
安徽	0.13	0.11	0.11	0.08
江西	0.13	0.12	0.11	0.06
河南	0.14	0.09	0.11	0.07
湖北	0.14	0.09	0.11	0.12
湖南	0.15	0.12	0.10	0.08
内蒙古	0.22	0.09	0.13	0.02
广西	0.11	0.15	0.10	0.04
重庆	0.11	0.08	0.09	0.02
四川	0.13	0.09	0.10	0.07
贵州	0.10	0.09	0.09	0.03
云南	0.15	0.09	0.11	0.06

续表

地区	产业价值链增值	产业价值链延长	乡村经营主体融合	资本要素市场流动
陕西	0.08	0.07	0.10	0.04
甘肃	0.12	0.07	0.11	0.02
青海	0.10	0.09	0.11	0.00
宁夏	0.12	0.08	0.12	0.01
新疆	0.17	0.09	0.15	0.11
辽宁	0.16	0.08	0.15	0.04
吉林	0.22	0.09	0.17	0.01
黑龙江	0.22	0.11	0.14	0.04

二、加快产业融合发展的整体建议

2024 年中央一号文件提出“促进农村一二三产业融合发展。坚持产业兴农、质量兴农、绿色兴农，加快构建粮经饲统筹、农林牧渔并举、产加销贯通、农文旅融合的现代乡村产业体系，把农业建成现代化大产业”的核心思想。结合前文的实证结果和我国政府的指导思想，本章提出乡村振兴视角下加快我国产业融合发展的建议。

第一，提升农产品的质量和效率，以促进农村产业价值链增值。从产业发展角度来看，我国三产融合度虽然每年都在提升，但产业高效化和劳动生产率水平不高，很多地区仍处于单一的、粗放型的生产经营阶段，使得整个产业价值链水平较低，农业发展水平和资金回报率很低。例如，2022 年我国稻谷、小麦和玉米三种主要粮食成本利润率仅为 15.11%，2018 年、2019 年甚至出现利润为负的情况。在养殖业方面，生猪作为我国主要的饲养物，2022 年整体成本利润率为 9.89%，而散养生猪仅为 5.50%，2021 年也出现了利润率为负的状况。畜产品的利润率波动较大。这种较低的回报率对农村经济的拉动作用不明显，农民增收受限，而且粗放型的农业发展方式和化肥、农药的滥用破坏了农村宜居的生态环境。因此，我国应在追求农业产量增长的同时，加快农产品的精深加工和结构调整，提升农业在整个经济发展中的竞争力；同时，应该控制农药、化肥等在农业的使用，重点发展优质高效的农产品，满足市场对高质量、绿色农产品的需求，聚焦质量兴农、绿色兴农，实现农业由“量”向“质”和“效”的迈进。

第二，以农业科技和“互联网+”助力新业态形成，加快农业转型升级的步伐。不同地区的产业融合度差距较大，主要原因在于发展能力上的差异明显，而各地发展能力与产业价值链延长、乡村经营主体融合水平和要素市场流动密切相关。从产业选择来看，近几年，很多省份开始重视农业多功能性的开发，如大力发展新型合作社、乡村旅游业、以采摘为主的新型农业园等生态农业和休闲农业，同时逐步打造“互联网+农业”的新模式。这些新业态充分挖掘了当地的地理文化优势，在合理利用当地资源的同时，加快了各要素的流动，促进了农村三产的融合发展，拉动了农村经济，但目前发展水平普遍很低。因此，我们应以农业科技为助力，以“互联网+”为平台，发展高效农业，建立产、供、销一体化的农业经营模式，并将其渗透于各产业，以促进农村新业态的形成和多业态的融合发展，延伸农业产业价值链，加快农产品流转，增加农村就业，从而助力乡村振兴。

第三，培育新型多元化的经营主体，以激活农村经济。农业经营主体作为农村市场的直接参与者，是乡村振兴的中坚力量。众多农业大省的一个显著特点是经营主体以家庭为基本单元，家庭经营模式占据主导地位。随着产业融合的不断深化，农业领域涌现出一些多元化的新型经营主体，包括规模化的农业大户、精细管理的家庭农场、紧密协作的农民专业合作社、集约高效的农业产业园，以及引领行业的龙头企业等，它们都是推动农业现代化的重要力量。但目前存在一些问题，如各经营主体融合机制不健全，利益分享机制不完善，农户参与产业融合的形式单一，以产业辐射带动农户发展的能力不强。各农业大省应以优势互补、合作共赢、风险共担为导向，建立企业、农民合作社和农户等经营主体在产业链上的利益共享和风险共担机制，保障农民能够公平分享乡村发展中的利益。新型农业的发展和科技在农业中的应用，对农户及各经营主体的管理水平也提出了更高的要求。根据业态发展的需要，应加快培育新型职业农民——涉农的企业家和农民，加强对他们的技能培训，以提高农村经营主体的融合度和管理水平，激发农村经济发展活力。

第六章

Chapter 6

产业融合促进乡村振兴的内涵、机制与途径

第一节　产业融合促进乡村振兴的内涵

一、产业融合是乡村振兴的主要抓手

乡村振兴战略，是针对当前乡村地区普遍遭遇的发展困境作出的积极回应。这一发展困境的核心在于乡村的全面衰退，具体表现为农业的疲软不振、乡村文化的日渐式微，以及随之而来的乡村核心资源——人才、资金与土地的严重外流。其深层次原因，在于城市地区第二、第三产业的迅速集聚与繁荣。这些产业以其更高的经济回报率和资源利用效率，构筑了相较于乡村更为强大的经济吸引力和发展优势，从而促使各类生产要素不断向城市汇聚，加剧了乡村的边缘化与空心化。在推进乡村振兴、发展乡村产业的过程中，市场的自发调节作用显得尤为重要。价值规律作为市场经济条件下的基本法则，要求资源配置必须遵循其价值导向。要促进资源有效流向农村，市场机制的灵活调节作用不可或缺。此外，深刻认识并充分挖掘农业的多重功能，对于增强农村产业的吸引力至关重要。从传统上说，农村产业往往被视为单纯从事农业生产的领域，这种观念忽视了农村土地资源的多样性、生态环境的宝贵性以及深厚的人文底蕴，从而限制了农村产业综合潜力的发挥。我们需要转变思维，全面审视并珍视农业的多功能性，并将其视为提升农村产业竞争力、吸引更多资源注入的强大驱动力。在乡村振兴的征途中，产业融合

被视为关键路径。通过促进农村产业的深度融合，不断孕育新产业、催生新业态，恢复并拓展农村产业的多功能性，提升其在市场中的独特地位和吸引力，进而促使人力、资金、技术等关键资源要素重新流向乡村，方能有力推动乡村振兴目标的实现。

产业融合在乡村振兴中的重要作用，主要体现在以下四个方面。

（一）产业融合有助于优化乡村产业结构，提高资源配置效率

传统农业产业体系的构建，主要遵循农业内部精细化分工的路径，经过多年的演变，产业链逐渐被延伸。传统农业的发展模式往往趋于封闭，与外界环境的互动有限，加之缺乏先进生产要素的注入，农业发展步伐受到明显羁绊。舒尔茨（1964）深刻指出，单纯依赖传统要素的内部重组，难以引领传统农业实现质的飞跃，唯有引入至少一种新的生产要素，方能激发其内在潜力。在此背景下，农村产业融合的理念应运而生，它打破了以往农业产业链自我循环的桎梏，鼓励农业主体跨越行业界限，积极探索与外部资源的深度融合，为农业产业体系的重构注入了新的活力。农村产业融合通过跨越不同产业的边界，采用渗透等多种方式，有效促进了第二、第三产业的技术、资源和生产要素向农业农村领域汇聚，从而显著提升了资源配置的整体效率（曾博、毛瑞男，2021）。

（二）产业融合有助于拓宽农民就业渠道、提高农民收入

随着社会进步的步伐不断加快，农民对于更高品质生活的追求与当前城乡发展不均衡不充分之间的矛盾日益凸显。农民面临就业途径相对局限、收入水平总体偏低的现实挑战，这直接制约了其生活幸福感的提升。农村产业融合策略的创新引入巧妙地将农业与制造业、服务业等多个领域紧密融合，不仅为农业注入了新的活力，也为农民开辟了更加宽广的就业途径。在这一模式下，农民不再局限于传统的耕作，而是被引导参与直播带货、网约配送、家政服务、快递外卖等多样化的就业，这些新兴业态不仅能让农民在家门口找到工作，还能显著提升他们的收入水平。与此同时，大力发展农产品深加工和农村特色旅游等产业，也进一步丰富了农村的产业形态，为农民创造了更多元化的就业机会和增收途径，使他们能够通过自身劳动获得更多收益，从而推进乡村振兴战略的实施。

（三）农村产业融合有助于提升供给效率、满足市场需求

在经济社会蓬勃发展的过程中，人们的收入水平与生活品质双双提升，这一变化深刻地影响着消费需求的结构，具体表现在以下几方面：农产品加工领域展现出强劲的增长势头；公众食品安全意识普遍提升，更加倾向于选择有品牌保障的高品质农产品；农产品市场的多样化、个性化、体验化及高端化需求日益凸显，表明消费者已不再满足于基本需求，而是追求更加独特、定制化的消费体验及高品质的产品享受。此外，农业的多功能性逐渐被大众认知与珍视，农业在文化传承、生态保护及社会福祉方面的作用被赋予了新的价值。这些变化共同驱动着社会对农业功能的多元化需求。因此，现代农业的发展必须紧跟时代步伐，实现从“以生产为中心”的传统模式向“以市场需求为导向”的现代模式转型。

农村产业融合带着新技术、新业态和新模式的活力，深刻改造着农业供给体系，有效提升了供给的质量与效率。在这一过程中，高新技术的深度融合成为关键驱动力，不仅颠覆了传统农业的耕作方式，通过降低对农药、化肥的依赖促进绿色生产，还引领了农业生产方式的智能化、精准化转型。更重要的是，农村产业融合催生了全新的商业模式与市场响应机制，能够确保农产品从田间到餐桌的每个环节都实现严格的质量控制与高效的市场对接，使农产品更加契合现代消费者的多元化、高质量需求。同时，农业功能的深度挖掘与拓展，如农业旅游业的蓬勃发展，不仅为农村经济注入了新的活力，也极大地满足了人们在休闲度假、生态保护、文化体验等方面的多样化需求，进一步丰富了农业的内涵与价值（苏毅清等，2016）。

（四）农村产业融合有助于建立现代产业组织体系，促进农业现代化发展

现代产业组织体系的鲜明特色，在于经济主体间构建起了紧密协作与和谐共进的联系网。企业与市场作为资源配置的两大基石，共同支撑着经济活动的有序进行。威廉姆森（1971）指出，这两者并不是孤立存在的，而是存在一个连续的制度体系，包括多样化的组织形态，它们巧妙融合了企业与市场的特性，展现出在特定环境下超越单一形态的高效能。交易费用是影响资源配置方式选择的关键因素。交易费用的高低，直接决定着经济主体在追求

效率与效益时，是更倾向于依赖市场的灵活调节，还是更倾向于企业内部的一体化整合，抑或是探索一种创新的组织模式。

随着农业领域分工的日益精细化，产业链条不断延伸，各环节的专业化程度提升显著，随之而来的是专业化效益的稳步增长。然而，这一趋势也会带来经济主体间交易成本的悄然攀升。当交易成本攀升至威胁到专业化收益增长的地步时，经济理性便会驱使人们寻求新的路径——倾向于通过融合重构分工格局，实现分工的内部化转型。这一现象在宏观层面上的集中体现，便是产业融合。在这一转型过程中，农业产业链上的各类主体开始自发组织起来，构建起更为紧密的合作网络，将原本分散的分工环节纳入统一的组织框架内，形成诸如“农业+合作组织+企业”的复合型发展模式。这一模式不仅能极大地增强农业各产业间的相互依存与协同效应，还能有效降低交易成本，进一步提升专业化分工带来的整体效益，巧妙地平衡交易费用与专业化分工之间的张力。由此可见，农村产业融合的发展不仅是农业产业组织形态演进的重要推手，更是农村经济结构优化升级的关键所在。它促使经济主体间的利益联结从传统的市场交换或合同契约关系，向更为紧密、复杂的利益共同体转变。通过股份合作、产销联动、全产业链整合等创新模式的广泛应用，各主体成为风险共担、利益共享的命运共同体。这一过程不仅加深了农业与其他产业的融合程度，还促进了农村经济的多元化、综合化发展。

二、乡村振兴是产业融合的目标和方向

乡村振兴是一个全方位、多维度的过程，涉及众多领域，其中产业振兴是至关重要的一环。我们可以将“产业融合”视为一种经济发展战略，其核心在于强调不同产业间的交叉渗透与融合共生，旨在推动经济的持续增长和创新的不断涌现。在乡村振兴这一宏大框架下，产业融合被赋予特殊而重要的使命，也被视为推动乡村实现全面振兴的关键手段之一。这尤其体现在促进乡村经济与其他相关产业的深度融合上，如农业与旅游业的有机结合、农业与加工业的紧密联动等。因此，我们可以明确地说，乡村振兴是产业融合所追求的重要目标与方向之一。借助产业融合的力量，我们可以进一步激活乡村经济的内在活力与潜力，推动乡村产业走上多元化、高质量的发展道路，进而提升乡村的整体经济实力和市场竞争力，最终顺利达成乡村振兴的宏伟

目标。产业融合的实施需要与乡村其他方面的振兴工作紧密结合、协同推进，具体来说，包括人才振兴、文化振兴、生态振兴和组织振兴等。

产业融合作为一股驱动经济变革的强劲力量，核心在于跨越产业边界的渗透、交叉与重组，不仅能促进产业链的垂直深化与水平扩张，还能促进产业间的无缝对接与新兴产业的孵化，旨在构建一个多维度、全方位的产业生态。然而，如果仅聚焦于经济层面的单一追求，则可能引发资源过度开采与环境负荷加剧的风险。因此，在农村产业融合的过程中，必须坚持全面、协调、可持续的发展理念，将经济、社会与生态效益纳入统一的框架进行考量，摒弃过去“重数量、轻质量”的短视思维。具体而言，就是要致力于推动农村产业的特色化、品质化与系列化发展，即在保持地方特色与优势的基础上，注重提升产品的附加值，同时构建完善的产业链条与产品体系，以满足市场的多元化需求。

鉴于农村资源的多功能开发尚处于起步阶段，农业、农村、农民群体在整体经济格局中仍显薄弱，过分追求产业融合很容易加剧生产要素向城市重新聚集，使得产业发展的红利更多地惠及城市而非农村本身。因此，当前产业融合的重心必须明确聚焦于农村产业的内生融合与强化，确保农业农村成为发展的优先领域。在此过程中，我们既要充分利用市场机制激发农村产业活力，促进资源的优化配置，又要适时、适度地引入政府调控力量，作为市场力量的有益补充。政府应通过制定与实施一系列具有前瞻性和针对性的措施，为农村产业融合提供方向指引，引导各类生产要素更加均衡、合理地流向农村地区，特别是要加大在公共资源方面对农村的倾斜力度，确保农村能够获得更多发展所需的关键要素。这样才能在确保产业兴旺有坚实支撑的基础上，推动乡村振兴战略的深入实施。

三、乡村振兴和产业融合的落脚点与出发点都是农民生活富裕

无论是乡村振兴战略的深入实施，还是农村第一、第二、第三产业的深度融合，根本宗旨都在于确保农民能够公平、充分地共享改革与发展的丰硕成果，进而提升农村居民在农村生活的获得感、自豪感和幸福感，同时提高他们的收入水平与生活品质。通过推动农村第一、第二、第三产业融合发展，可以实现城乡之间不同要素资源的优化配置，激励更多资源向农村回流，激

发农村资源的内在活力，真正使农村居民安居乐业、享受美好生活。

农村产业融合的核心目标在于提高农民收入，促进农村经济全面发展，让农民生活迈向更加富裕的新阶段。要实现这一目标，关键在于破除束缚农村产业融合的体制性壁垒与机制性障碍，确保技术革新与土地资源等核心生产要素顺畅流通并优化配置，从而构建一个内生动力强劲、相互促进的良性发展生态。通过技术革新与优化，农业生产效率将显著提升，农民劳动负担将得以减轻，从而能够促进土地资源的集约化、规模化流转。这一过程不仅能促进农业生产的现代化转型，还能激发规模经济的形成，吸引资金、尖端技术和优秀人才向农业领域汇聚。随着这些要素的深度融合，农业产业链不断延伸与拓展，农业的整体竞争力与可持续发展能力将产生质的飞跃。产业融合作为城乡一体化发展的关键驱动力，对于构建“城乡交融、互补共生”的新型发展格局具有重要意义。它不仅能促进城乡之间生产要素的自由流通与高效配置，还能深刻体现农村产业融合与城乡融合之间相辅相成、共生共荣的紧密联系。通过深化农村产业融合，我们不仅能全面提振农村经济，延长农村产业链的价值链条，挖掘并拓展农业的多元功能，还能加快城镇化步伐，逐步缩小城乡发展的鸿沟，为城乡深度融合创造有利条件。与此同时，城乡融合的深化将为农村产业融合注入新的活力，打破传统城乡界限，促进城镇产业对农村产业的辐射与引领，形成更加紧密的城乡经济联系与合作网络。这一过程不仅有助于实现资源的优化配置与高效利用，还能激发农村经济的内在潜力，推动农村经济结构的优化升级，最终实现城乡经济社会的全面协调与可持续发展。这种深度的融合互动，可以大力发展具有农村特色的休闲农业、乡村旅游等产业，助力农村经济的多元化和可持续发展。

我们应聚焦于农产品加工产业链的延伸，致力于农产品的深度加工与精细化作业，以此提升农产品的价值含量，增强其在市场竞争中的地位。这一过程不仅丰富了农产品的市场形态，满足了消费者多样化的需求，更为农民创造了更多增加收益的机会，推动了农村经济的繁荣与农民生活的改善。同时，应探索产业融合的新模式，将农业与服务业有机结合，如发展休闲农业、乡村旅游等，为农民创造更多收入来源和就业机会。这些措施的有效实施，可以显著提升农民收入水平，实现农村产业融合的核心目标，进而推动乡村经济的全面振兴。

第二节　产业融合促进乡村振兴的机制与途径

一、关于产业融合促进乡村振兴的研究综述

目前，学术界关于产业融合和乡村振兴的研究主要包括理论探讨与实证研究两个方面。

在理论探讨方面，有关学者主要研究产业融合促进乡村振兴的理论逻辑、机制分析及实施路径。

在理论逻辑方面，产业兴旺既是乡村振兴的首要任务，也是政策实施要点（周立等，2018）。目前，大多学者认为产业融合始于产业间的技术关联及革新（Sahal，1985），可通过农村经济的技术（Benner and Ranganathan，2013）、组织和市场创新（Lee，2010）以及创新过程中的利益联结，驱动生产要素突破区域和产业的界限（肖婧文、冯梦黎，2020），推动农村产业的产业链延伸、产业功能拓展和产业附加值增强，从而提高农村各类要素的回报率和全要素生产率（吴亚玲等，2022），促进农民增收，缩小农户的收入差距，进而改善农民生活状况，并更好地满足城乡居民对农村产业多样化、动态化的需求，从而促进乡村发展。

在机制分析方面，多数学者认为三产融合是壮大乡村产业的关键。可以让乡村充分发挥资源禀赋优势（费利群、张耕，2018），通过促进农村劳动力、土地、资金和产品增收等途径提高农民收入（李乾等，2018），带动乡村振兴。也可以通过拓展农业发展空间，推动农业及其关联产业发展（朱文博等，2018），尤其是通过农业多功能性（周立等，2018）的发挥以及农村经营主体的利益驱动（汪恭礼，2018）等途径促进三产融合，激发农村发展动力，进而推动乡村振兴战略的实施。制约乡村发展的根本因素是城乡投入不均衡，走城乡融合发展道路（刘彦随，2018）或者促进要素回流是乡村振兴的重要途径之一（张享溢、杨刚，2023）。杨莉（2023）认为，要实现全面乡村振兴，需要挖掘农村特色资源，提升三产融合水平，构建三产融合利益联结机制，并推进多元主体协同参与的新业态人才培养体系建设。黄丽娟等

（2023）认为，推进乡村振兴战略实施需要进行多维度资源帮扶，完善农村电商创业生态系统，优化创业企业的发展路径，践行联农带农理念。唐承财等（2023）认为，文化和旅游是实现乡村振兴战略的重要途径，对乡村地区的高质量发展和共同富裕具有重要的推动作用。郭秀慧（2023）提出，产业兴则乡村兴，产业振兴需融合发展，产业融合与乡村振兴是内在统一的关系。吴江萍和刘萍（2022）认为，构建“以体促农、以旅兴农、体旅农融合发展”的机制是实现乡村振兴的重要基础。

关于乡村振兴的途径，国内很多学者进行了研究，得出不同的结论。费利群和张耕（2018）认为，实施乡村振兴战略，应该让乡村充分发挥资源禀赋优势，激发发展活力及内生动力，提升凝聚力和吸引力。贺雪峰（2019）认为，发展集体经济可以为乡村振兴提供组织上的条件。苗国强（2019）认为，应该通过与新型工业化的有机融合来实现乡村振兴。庞爱玲（2019）认为，农村电商产业的发展是实施乡村振兴战略的重要举措。农村物流和电商与数字经济的发展也可以助推城乡融合发展（张英男等，2019）。刘钒等（2023）、朱文博等（2018）也赞成这一观点，认为加快流通业的发展更有利于乡村振兴。陈赞章（2019）强调了政府职能的作用，认为优化政府职能可以更为有效地推进乡村振兴。刘润秋和黄志兵（2018）认为，制约乡村发展的根本原因是城乡投入的不均衡，因此促进要素回流是解决问题的主要途径。郝华勇（2018）将产业融合作为一种导向，认为制定特色产业发展规划是推进乡村振兴的有力举措。在乡村振兴的途径中，部分学者也提出了产业融合的观点。陈学云和程长明（2018）认为，在农村三产融合中，工序性融合和结构性融合能够实现农村产业链上的利益再分配，成为乡村振兴的一种途径。周立和王彩虹（2019）认为，挖掘农业多功能性可以有效推进乡村振兴。赵之阳（2018）更关注要素的流动，认为城乡融合发展能够促进乡村振兴。宋俊秀和钱力（2019）认为，创新实施差异化的融合模式是促进产业融合、提高乡村振兴发展水平的重要途径。曾福生和卓乐（2018）认为，乡村振兴应走城乡融合发展的道路，推动要素在城乡间的自由流动，同时发挥城市群的辐射带动作用。刘湖北（2024）认为，应构建乡村振兴示范创建成效评价机制，走人、地、业耦合发展之路，推进数字乡村建设。刘文波（2024）认为，民营企业是推动我国经济高质量发展的重要主体，全面推进乡村振兴，离不开民营企业的参与。许宁和张贺（2023）提出，乡村振兴战略是我国抓好“三农”工作的重中之重，是实现共同富裕的强力助推剂，实现乡村振兴战略需要普惠金融的赋能。任李娜（2023）认为，培育乡村新产业新业态是推动乡村产业高质量发展的重要途径；提升农业产业发展质量、创新农业产业新业态是实现乡村振兴的必经之路。邢占军和杨永伟（2022）提出，以中国式现代化为引领全面推进乡村振兴，要突出守好两条底线、探索共富发展机制、扎实推进乡村建设、改进完善乡村治理。吴春来（2021）认为，乡村产业振兴的目标存在地区差异，其最低目标在于维持劳动力的有效就业，保持集体经济的活力，以及实现农村生产要素资源的有效利用。

在实证分析中，在产业融合及乡村振兴测度的权重设置上，有关学者采用了不同的方法，主要有层次分析法、聚类分析法、熵值 TOPSIS（贾晋等，2018）、专家调查法、主成分分析法等；在评价方法上，有关学者大多采用灰色关联度（陈林生、鲍鑫培，2019）、相关系数法、模糊综合评价法、数据包络法、耦合协调度（雷娜、郑传芳，2020；徐维祥等，2020）等。

综合上述学者的观点可知，在乡村振兴的战略布局中，产业兴旺不仅是核心要点，也是实现这一目标的关键所在。农村三次产业的深度融合，被视为推动乡村振兴进程的一条至关重要的路径。这一路径强调以农业产业为基础，通过引入和应用新技术，延长并优化农业产业链，进而拓宽农业产业的功能边界，实现农产品价值的提升。与此同时，应积极运用互联网技术，提高农产品的市场流通效率，对农产品的销售市场和流通渠道进行有效整合，促进农民收入的实质性增长，最终推动整个农业体系向现代化转型。

有关学者从不同角度出发，对产业融合有不同的见解。若从技术融合的视角来审视，产业融合被视为某一技术在农业领域的广泛渗透与应用，这一过程触发了农业内部的创新活动，进而被界定为一种融合现象。而从产业边界的维度来分析，产业融合则体现为产业间边界的模糊甚至消失。从融合的进程来看，产业融合经历了由技术融合逐步过渡到业务融合，再到最终实现市场融合的发展历程，展示了由浅入深、由局部到全面的动态演变。

二、产业融合促进乡村振兴的机制构建

综合有关学者的观点与我国实施乡村振兴战略的相关措施，可以产业融

合为核心机制推动乡村振兴的进程，如图6-1所示。首先，产业选择与发展作为乡村振兴的基石，是整个机制的核心驱动力。其次，要深入探讨农业内部结构的优化，通过提升农业价值链，为农业发展注入新活力。最后，农业外部融合这一环节旨在促进农业与其他产业的深度融合，从而延长农业产业链，增加农产品的附加值，为乡村经济带来新的增长点。在乡村产业链的延长过程中，乡村经营主体的融合显得尤为重要。这一举措有助于提升乡村经济的整体竞争力，形成更加紧密的产业链合作关系。此外，资本要素市场的双向流动为乡村产业融合发展提供了坚实的支撑与保障，促进了资源的优化配置和高效利用。进一步推进产业融合的五个具体路径为农民增收、创业与就业、完善乡村基础设施、城乡互鉴和治理有效。这些路径相互交织、相互促进，共同构成了产业融合推动乡村振兴的完整蓝图，有助于最终实现乡村振兴的四大具体目标，即产业兴旺、生态宜居、乡风文明和治理有效。这些目标相互关联、相辅相成，共同构成了乡村振兴的完整体系。通过产业融合促进乡村振兴，乡村将实现经济繁荣、环境优美、文化繁荣和社会稳定。

党的十九大报告中提出“坚持农业农村优先发展”的重大战略，而乡村振兴战略的终极愿景则是实现农民生活富裕。要实现这一宏伟目标，首要任务是增加农民收入，这必然要求我们大力发展农村经济，特别是农村产业。唯有农村产业蓬勃发展，方能更有效地吸纳并利用农村劳动力资源，为农民创造更多的创业与就业机会，从而拓宽农民增收的渠道。农村产业的繁荣与农民收入的增加，将进一步为农村基础设施与生态环境的完善提供坚实基础，促进农村治理体系的不断优化，使农村逐步迈向生态宜居、乡风文明的美好图景。唯有如此，方能逐步缩小农村与城市的差距，真正吸引并留住年轻人，有效遏制农村空心化与老龄化趋势。

在农村产业的发展进程中，产业选择的重要性不言而喻。农业是农村的基础产业，因此农村产业融合发展要以农业为基础和核心，可以通过促进农业内部结构优化和外部融合来实现。具体来说，可以通过农业产出的高效化、提高土地产出率和农业劳动生产率来实现农业产业链增值，促进农村产业内部融合，从而增加农民经营性收入。国外很多国家的实践表明，如果乡村只有农业，经济发展将很困难。这一矛盾在我国乡村也比较突出。很多产业结构相对单一的乡村，也是发展相对滞后的乡村，它们基本以农业为主，农民

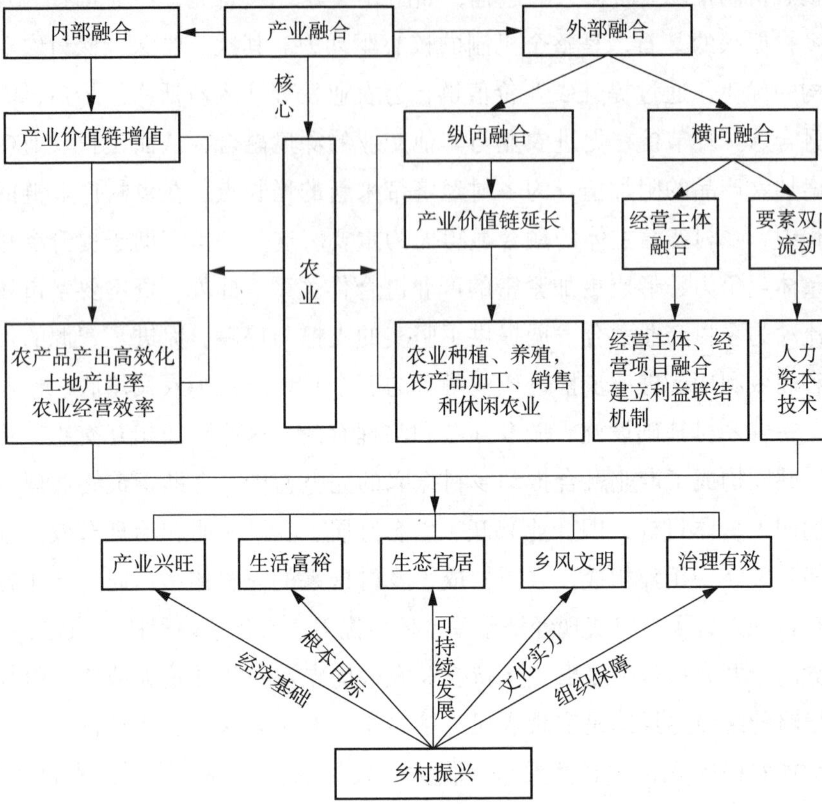

图 6-1　产业融合促进乡村振兴的机制

增收渠道单一，经济发展滞后。可以通过农业外部融合来实现乡村振兴，而外部融合又分为纵向融合和横向融合。在纵向融合中，要改变乡村发展的单一模式，打造多业态共同发展的格局，构建农村产业融合体系，促进相关产业交叉重组。具体来看，可以通过建立和完善农业种植与养殖，农产品加工、销售和休闲农业等途径延伸乡村产业链，实现农业及相关产业的纵向融合。在横向融合中，多业态的发展离不开多主体的经营。可在构建农村产业融合体系时，多培养相关经营主体，支持多经营主体项目的融合，让他们分工协作，发挥各自的优势；同时，应建立利益联结机制，构建多种经营主体合作模型，实现多方共赢。

乡村振兴战略，正是针对我国当前面临的乡村衰退现象所作出的积极回应。乡村的衰退，核心在于乡村经济支柱产业的萎缩，以及乡村文化的凋敝，这两大因素相互交织，加剧了乡村人力资源、资金资本及土地资源的外流。这一趋势的根源，在于城市地区第二、第三产业的迅速集聚与蓬勃发展。这些产业以其更高的劳动回报率、更高效的资源配置能力，构建了相较于乡村更为强大的吸引力，不断吸引着各类生产要素从乡村向城市汇聚，从而加剧了城乡发展的不平衡与乡村自身的边缘化。要实现农村产业价值链的延伸，同时促进乡村产业经营主体的融合，离不开各种要素的流动，只有多要素共同作用，才能将单一的经营模式转变为资本、技术、人力等多要素协同发力的模式。因此，资本要素市场的双向流动非常重要。只有实现资本要素市场双向流畅的流动，上述目标才能顺利达成。

三、产业融合促进乡村振兴的途径

（一）以乡村产业价值链增值提高农业发展质量

农业资源要素的多元化开发与利用构成了横向交叉融合的核心动力。面对不同类型的农业资源禀赋，横向融合策略展现出丰富的层次与灵活性。具体而言，主要包含以下三类融合方式：①资源融合方式。该方式聚焦农业农村蕴藏的自然美景、人文遗迹等独特资源，通过深度挖掘与创意转化，促进三大产业跨界融合，引领产业链的全面革新与升级。依托乡村独有的自然风光，精心打造乡村旅游项目，实现农业资源的非传统价值增值，是资源融合方式的生动实践。②产品融合方式。其核心在于深度挖掘并拓展农产品的多元功能与价值。随着消费者需求的日益多元化与个性化，农产品的价值实现路径不断变化，使得传统产业链产生了产业间横向交叉融合的强烈需求。因此，产品融合方式不仅满足了消费者对农产品多样化、高品质的需求，也为农业产业的转型升级提供了重要动力，促进了农业与其他产业的深度融合与协同发展。农业与旅游业的深度融合形成休闲农业，就是产品融合方式的一个生动例证。③市场融合方式。这种方式主要聚焦农产品流通与销售等关键环节，致力于与相关领域产业的深度融合。这一过程不仅优化了农产品的市场通路，还极大地促进了农业产业链的发展壮大。农产品销售环节与会展服务业的紧密结合，形成了具有鲜明特色的会展农业，成为市场融合方式的一个成功实践。

农村产业融合发展要以农业为基础，具体来说，可以通过农业产出的高效化实现农业产业链增值，从而增加农民的经营性收入。农业产业价值链的增值，也可以让农业参与整个产业分工体系，实现与第二、第三产业的深度融合，进一步促进农业发展和农民增收。

（二）以乡村产业价值链的延伸促进业态多样化

在乡村振兴过程中，改变单一的发展模式，可以通过农业纵向融合来实现。在农业产业链的内部协同中，一个显著特征是沿着产业链条的纵向进行延伸与融合。农业产业链的外部协同展现出更为广泛的互动与融合态势，具体表现在三个方面：一是农业与休闲旅游业等服务行业的交叉融合。这种融合利用农业资源发展休闲观光等活动，拓展了农业产业链的服务功能。二是高新技术产业对农业产业链的渗透与融合，即通过引入先进技术和智能化手段，推动农业产业链向更高层次发展。三是产业集群的融合，即农业产业链与相关联的上下游产业在特定区域内形成紧密的产业集群，实现资源共享与优势互补，共同推动区域农业产业的升级与发展。探索农业外部融合路径尤为迫切，具体可以分为纵向融合与横向融合两大维度（王丽纳、李玉山，2019）。除此之外，农村产业价值链的延伸与增值还依赖于高新技术对农业的渗透。

农业纵向融合的演进过程涵盖了从农业技术的研发与推广到化肥、农药、农机等生产资料的供应，再到农业生产本身，以及后续的农业运输、加工、储存和销售等一系列产业部门（陈维操，2021）。农业产业的运作是一个错综复杂的经济网络，各生产部门基于投入产出的紧密关联，共同编织了一条完整的价值链。从产业结构的宏观视角来看，这些部门跨越了产业的界限，展现了多元生产领域的深度融合。随着农业内部专业化分工的持续细化，产前、产中与产后各部门的经济纽带日益坚固，农业生产日益趋向社会化与协同化。现代农业的蓬勃发展离不开第二、第三产业的支持。第二、第三产业为农业提供了先进的设施装备、生产经营技术和必要的生产资料，极大地推动了农业的现代化进程。农业作为基石，也在源源不断地为加工工业输送原材料，成为技术与生产资料需求的重要源泉。这种相互依存、相互促进的关系，构成了产业间内生的增长动力，各产业的运营效率在彼此的影响下呈现出复杂的互动函数关系。当分工细化达到一定程度时，产业间的界限就会变得模糊，技术、业务与市场的交融渗透就会成为常态。这种跨界融合不仅打破了传统产业的壁垒，还促使新的产业形态与业态不断涌现，实现了从外在协作到内在融合的深刻转变。农业产业链的纵向延伸与融合，正是这种转变的生动体现。它标志着农业产前、产中、产后各环节在更深层次上的相互渗透与协同发展。资源整合与流程优化显著提升了农业产业链的整体效能，构建起一种更加高效、协同的现代农业生产经营模式。在纵向融合的语境下，如果产业间的发展链条过短，农产品的附加值将趋于下降，农民将无法充分享受生产、加工及流通环节带来的收益。这不仅会削弱产业发展的可持续性，也会制约农民收入的增长。为此，需打破乡村振兴中的单一发展模式，推动多业态共生，构建农村产业融合体系，促进相关产业交叉重组。这可以通过延伸农业产业链，建立健全包括农业种植、养殖、农产品加工、销售及休闲农业等在内的多元化产业体系来实现。

（三）以多种经营主体融合激发乡村发展活力

在横向融合中，多业态的发展依赖多元化的经营主体。多种经营主体融合既是乡村发展的第一动能，也是现代农业发展的核心力量。在构建农村产业融合体系时，应多培育相关经营主体，支持多经营主体项目的融合，让各经营主体分工协作，发挥各自优势。也可以通过利益联结机制，加强多种经营主体之间的合作。只有这样，才能更好地激活乡村经济，在产业融合中实现共赢。

（四）以加快资本要素市场流动促进城乡均衡发展

乡村的衰落，根源在于核心资源——人力、资金和土地的持续流失。这一现象背后，是城市第二、第三产业蓬勃发展的强大引力作用。随着城市经济结构的优化与升级，第二、第三产业以其更高的劳动价值回报、更高效的资源配置能力，构建了一个极具竞争力的经济生态系统。相比之下，乡村地区在经济发展动力、资源利用效率和就业机会等方面较为滞后。因此，生产要素在市场机制的驱动下，会自然而然地向城市汇聚，形成“虹吸效应”。这种效应不仅加剧了城乡经济发展的不平衡，也进一步削弱了乡村的自我发展能力，导致其陷入资源流失与经济发展乏力的恶性循环。乡村发展缓慢的根本原因在于城乡投入不均衡，应以促进要素回流为主要途径（黄璜等，2017）。另外，要实现农村产业价值链的延长和增值，同时促进乡村产业主体的融合，离不开各种要素的流动。只有多要素共同作用，才能将单一的经营模式转变为资本、技术、人力等多要素协同发力的模式。因此，资本要素市场的双向流动非常重要，只有实现资本要素市场双向流畅的流动，上述条件才能顺利达到。在市场经济条件下，价值规律是基本规律，资源的优化配置离不开价值规律这一基本经济法则的指引。要想提升农村产业的吸引力和竞争力，推动乡村振兴战略的深入实施，必须借助市场机制的强大力量，引导资源自然而然地流向农村产业领域。同时，要实现农村产业价值链的延长和增值，促进乡村产业主体的融合，也离不开各种要素的流动，只有多要素共同作用，才能将单一的经营模式转变为资本、技术、人力等多要素协同发力的模式。

（五）以高新技术对农业的渗透实现农业产业链的转型升级

以农业科技中的生物技术与信息技术为代表，现代农业科技的进步与传统技术的演进展现出一系列鲜明的特性。首先，是其广泛的开放性。现代农业科技的进步已经不再局限于农业体系内部的孤立创新，而是实现了跨领域的发展，延伸至第二、第三产业。传统农业技术进步的轨迹，往往局限于种子、化肥等核心生产要素在农业内部循环中的渐进式优化。经济学家舒尔茨揭示了这一循环的深层逻辑：在长期的历史演进中，这些生产要素的配置会逐渐达到相对稳定的均衡状态。然而，正是农业知识的持续革新，打破了固有的均衡格局。因此，现代农业科技的迅猛崛起，成为推动这一变革的重要力量。它不再局限于农业自身的边界之内，而是积极寻求与外部产业的互动与融合。劳动力、资本、信息等关键生产要素在农业与第二、第三产业之间的流动和配置，可为农业知识的创新与发展提供更加广阔的空间。据此，开放性被视为现代农业科技进步不可或缺的前提条件。其次，是其显著的系统性特征。这一进程是一场深度跨学科融合的过程，它如同一张错综复杂的知识网，将生物学、化学、物理学、计算机科学、数学、地理学乃至天文学等多学科紧密融合在一起。各领域的知识在农业生产经营领域不断融合，会推动农业技术不断进步。随着科学技术的不断渗透与融合，农业生产经营体系逐步向更加智能化、精准化、绿色化的方向发展。最后，现代农业科技的进步体现出强烈的渗透性。这种进步通常展现出鲜明的导向性，体现在其他高度发展的技术领域向农业生产经营领域的深入融合与传播，这一过程不仅深刻重塑了传统农业的面貌，还极大地增强了农业生产效能，成为推动经济快速增长的强大引擎。在高新技术产业的强劲推动下，高新技术与农业的核心要素及参与主体间构建起一种紧密相依、动态互动、和谐共进的关系网络。这一过程实现了两大产业分工体系的整合与优化，为农业产业链的转型升级注入了强大动力。在高新技术供给方、需求方及政府三方的协同努力下，高新技术在农业领域的应用范围不断拓展，应用深度持续加强。这不仅是技术层面的融合，更是高新技术产业链与农业产业链协同进化的体现。高新技术产业链的供给端生产出先进的科技产品，这些产品能够满足农业产业链的多样化需求，实现在农业生产中的实际应用。而农业产业链的供给体系，则通过运用这些高科技元素，孕育出富有科技含量的农产品，它们历经生产、精深加工到市场销售的完整链条，最终实现价值的最大化。在此过程中，由高新技术催生的新业态、新技术与新模式，以其远超传统模式的效率优势，成为行业竞相效仿的标杆，迅速在农业生产经营领域扩散。当高新技术被广大农业生产经营主体广泛采纳，各主体达到相对均衡的利润水平时，高新技术与农业生产经营活动的深度融合就进入了成熟稳定的均衡阶段。

第七章 Chapter 7

我国乡村振兴与产业融合耦合协调水平分析

第一节　耦合协调度的测度

2023年中央一号文件提出九个方面重点工作全面推进乡村振兴，其中之一就是要推动乡村产业高质量发展。该文件同时指出，全面建设社会主义现代化国家，最艰巨最繁重的任务仍然在农村。近年来，我国一直在大力推进乡村建设，积极探索以城带乡、城乡融合发展的道路，取得了一定成效，农村贫困率由2010年的17.2%降到2019年的0.6%。但是，目前我国城乡差距仍然很大。2022年，我国城乡居民人均可支配收入比为2.45∶1①。如果将一些漏项考虑进去，差距会更大。城乡发展不协调是现阶段我国最突出的结构性矛盾，也是许多问题的根源，农村仍然是我国经济高质量发展的短板。乡村要振兴，关键是产业要振兴。产业的融合发展能够为乡村振兴提供强有力的支撑，是应对农业资源约束的一个突破口。产业的融合发展还可为农村人口提供稳定的、可持续的就业岗位，是激活农村要素资源、促进农民增收、补齐我国长期城乡不均衡发展短板的重要举措。由产业的融合发展带动乡村全面振兴，也是实现农村脱贫与乡村振兴的有效衔接，让脱贫群众全力迈向共同富裕的有效路径之一。

当前，我国正处于实施乡村振兴战略的关键时期，研究乡村振兴与农村

① 资料来源：《中华人民共和国2022年国民经济和社会发展统计公报》。

三产融合发展的逻辑关系，构建以乡村产业发展为目的的乡村振兴评价指标体系，科学衡量乡村振兴的发展速度以及与乡村产业融合的耦合协调度，科学评判不同省份和不同区域的实施效果，探讨两者的协同发展路径，对促进我国乡村振兴具有重要意义。

耦合协调度模型通常用于测算两个及以上系统之间相互影响，从而实现动态协调发展的程度。乡村振兴与产业融合作为两个系统，存在一定的关联性，结合表 3-1、表 5-2 构建的乡村振兴和产业融合的指标体系，本书通过以下方式计算各省份乡村振兴和产业融合的耦合协调度。

第一，为了消除量纲影响，对数据进行标准化处理，公式如下：

当乡村振兴与产业融合呈正向关系时：

$$S_{ij}=\frac{X_{ij}-\min X_j}{\max X_j-\min X_j} \tag{7-1}$$

当乡村振兴与产业融合呈反向关系时：

$$S_{ij}=\frac{\max X_j-X_{ij}}{\max X_j-\min X_j} \tag{7-2}$$

其中，S_{ij} 为第 i 行第 j 列数据标准化后的值，X_{ij} 为第 i 行第 j 列的原始数据，$\min X_j$ 为第 j 列数据的最小值，$\max X_j$ 为第 j 列数据的最大值。

第二，运用熵值法计算各指标的权重，公式为

$$\omega_j=\frac{G_j}{\sum_{j=1}^{32} G_j}=\frac{1-e_j}{\sum_{j=1}^{32}(1-e_j)} \tag{7-3}$$

其中，$e_j=-\frac{1}{\ln(30\times 13)}\sum_{i=1}^{30} p_{ij}\ln(p_{ij})$，表示指标 j 所包含的信息熵，根据本书所构建的指标数量，$j=1$，2，…，32；$p_{ij}=\frac{S_{ij}}{\sum_{i=1}^{30} S_{ij}}$ 表示第 i 个省份第 j 项指标的贡献度，$i=1$，2，…，30；$G_j=1-e_j$ 表示第 j 个指标的差异系数，该系数值越大，对综合评价的影响越大；30 为除西藏及港澳台地区外的我国省份数量，13 为年份数量。

第三，建立乡村振兴和产业融合两大系统的综合评价函数，公式为

$$U_t = \sum_{j=n_0}^{n} \omega_j \cdot s_{ij} \tag{7-4}$$

其中，当 $n_0=1$，$n=21$ 时，计算的是乡村振兴系统的综合得分；当 $n_0=22$，$n=32$ 时，计算的是产业融合系统的综合得分。

第四，建立两个系统的耦合度模型，公式为

$$C=\sqrt{\frac{(U_1 \times U_2)}{\left(\frac{U_1+U_2}{2}\right)^2}} \tag{7-5}$$

其中，C 值为 0~1，其值越大，说明乡村振兴和产业融合的关联性越大。参照狄乾斌和周琳（2015）的分类方法，本章将耦合度划分为 4 类，见表 7-1。

表 7-1　耦合度划分标准及类型

耦合度	耦合等级	特征
$0 \leqslant C < 0.3$	低度耦合	相互关联性不强
$0.3 \leqslant C < 0.5$	拮抗（中强度）耦合	相互关联性增强，同时产生抑制
$0.5 \leqslant C < 0.8$	较高强度耦合	系统进入良性耦合
$0.8 \leqslant C < 1$	高强度耦合	良好共振，共同促进发展

第五，建立两个系统的协调度模型，公式为

$$D=\sqrt{C \times T} \tag{7-6}$$

其中，$T=\alpha U_1+\beta U_2$，是乡村振兴与产业融合的综合协调指数。考虑到两个系统同等重要，将两个待定系数均赋值为 0.5，即 $\alpha=0.5$，$\beta=0.5$。参照肖黎明和张仙鹏（2019）的分类标准，本章将协调度划分为 5 个等级，$D \in [0, 0.2)$ 为严重失调，$D \in [0.2, 0.4)$ 为濒临失调，$D \in [0.4, 0.6)$ 为初级协调，$D \in [0.6, 0.8)$ 为中级协调，$D=[0.8, 1)$ 为优质协调。

第二节　我国乡村振兴与产业融合耦合协调的测算

基于国内外有关乡村振兴和产业融合的研究，本书结合我国乡村发展实际，将乡村振兴和产业融合纳入统一框架，分两个子系统构建综合评价指标体系，以提高评价的精确度。同时，不同省份由于区位不同，产业融合和乡村振兴的耦合协调水平存在差异。本书基于面板数据，采用耦合协调模型和空间自相关模型，定量测算不同省份和区域的耦合协调水平，并从动态上分区域进行综合评价。

一、指标体系的权重测算

本章遵循层次性、科学性和可行性原则，结合已有研究文献与前文构建的乡村振兴和产业融合的理论框架及指标体系，采用本章第一节的测度方法，确定了各指标的权重，见表7-2。

表7-2 乡村振兴与产业融合评价体系及权重

目标层	准则层	指标层
乡村振兴（U_1）（0.5）	产业兴旺（0.0954）	粮食单产（公斤/公顷）X_1（0.024）
		农业劳动生产率（千克/人）X_2（0.0235）
		农产品成本利润率（%）X_3（0.0239）
		第二、第三产业收入占农民收入比重（%）X_4（0.024）
	生态宜居（0.119）	人均村庄道路面积（平方米/人）X_5（0.0239）
		生活垃圾无害化处理率（%）X_6（0.024）
		农村燃气供给率（%）X_7（0.0235）
		农村绿化覆盖率（%）X_8（0.0236）
		每万人农村医疗卫生人员数（人/万人）X_9（0.024）
	乡风文明（0.0947）	农村居民平均受教育年限（年）X_{10}（0.0238）
		农村家庭文教娱乐人均支出（元/人）X_{11}（0.0238）
		乡村人均公共文化设施面积（平方米/人）X_{12}（0.0236）
		乡镇文化站组织文艺活动次数（次）X_{13}（0.0235）
	治理有效（0.0956）	每万人村镇建设专职人员数（人/万人）X_{14}（0.0234）
		设有村镇建设管理机构占比（%）X_{15}（0.0241）
		离婚率（%）X_{16}（0.024）
		交通事故造成的直接财产损失（万元）X_{17}（0.0241）
	生活富裕（0.0953）	农村居民人均可支配收入（元/人）X_{18}（0.0237）
		农村居民恩格尔系数 X_{19}（0.024）
		农村居民家庭人均蛋类及其制品消费量（千克/人）X_{20}（0.0238）
		农村居民家庭人均拥有住房面积（平方米/人）X_{21}（0.0238）

续表

目标层	准则层	指标层
产业融合（U_2）（0.5）	产业价值链增值（0.1415）	人均粮食产量（公斤/人）X_{22}（0.0465）
		土地产出率（吨/公顷）X_{23}（0.0477）
		人均猪牛羊肉产量（公斤/人）X_{24}（0.0473）
	产业价值链延长（0.1278）	旅游与休闲产业旅游人均花费（元/年）X_{25}（0.0468）
		农产品初加工机械总动力（万千瓦）X_{26}（0.0336）
		乡村社会零售品销售占社会零售品销售比重（%）X_{27}（0.0474）
	乡村经营主体融合（0.095）	农业产业关联度（%）X_{28}（0.0477）
		农村居民家庭人均经营净收入（元/人）X_{29}（0.0473）
	资本要素市场流动（0.1357）	农业种植新品种权申请和授权合同金额数（万元）X_{30}（0.0447）
		农业综合开发项目资金投入（万元）X_{31}（0.0464）
		农业科技与农业服务人员数量（万人）X_{32}（0.0446）

注：小括号内数值为通过熵值法（式7-3）计算出的各指标权重值，本表中离婚率、交通事故造成的直接财产损失和农村居民恩格尔系数为负向指标，其余均为正向指标。

二、我国乡村振兴和产业融合耦合度测度

（一）各省份耦合度得分

根据表3-8和表5-3的综合得分，结合式（7-5），可计算出我国各省份乡村振兴与产业融合的耦合度，见表7-3。

表7-3　2010—2022年我国各省份乡村振兴与产业融合的耦合度

地区	2010年	2011年	2012年	2013年	2014年	2015年	2016年	2017年	2018年	2019年	2020年	2021年	2022年
北京	0.74	0.75	0.76	0.78	0.77	0.77	0.78	0.77	0.78	0.79	0.79	0.78	0.79
天津	0.83	0.83	0.82	0.82	0.82	0.81	0.82	0.82	0.81	0.80	0.81	0.81	0.82
河北	0.92	0.90	0.92	0.91	0.91	0.89	0.89	0.89	0.90	0.88	0.89	0.89	0.88
上海	0.74	0.75	0.74	0.73	0.74	0.75	0.74	0.77	0.76	0.76	0.77	0.75	0.77
江苏	0.84	0.83	0.81	0.86	0.85	0.85	0.84	0.85	0.86	0.85	0.85	0.87	0.88
浙江	0.87	0.88	0.88	0.87	0.86	0.86	0.85	0.85	0.85	0.85	0.85	0.86	0.86
福建	0.87	0.86	0.87	0.87	0.88	0.88	0.87	0.88	0.88	0.87	0.88	0.89	0.88

续表

地区	2010年	2011年	2012年	2013年	2014年	2015年	2016年	2017年	2018年	2019年	2020年	2021年	2022年
山东	0.89	0.88	0.90	0.90	0.90	0.89	0.88	0.90	0.90	0.89	0.90	0.90	0.89
广东	0.84	0.85	0.88	0.88	0.86	0.87	0.87	0.89	0.89	0.89	0.91	0.93	0.92
海南	0.98	0.94	0.94	0.93	0.93	0.92	0.92	0.93	0.93	0.88	0.87	0.88	0.87
山西	0.88	0.86	0.87	0.86	0.86	0.84	0.84	0.84	0.85	0.84	0.84	0.85	0.85
安徽	0.92	0.91	0.93	0.92	0.92	0.91	0.91	0.91	0.92	0.91	0.91	0.91	0.92
江西	0.94	0.94	0.95	0.94	0.94	0.93	0.93	0.92	0.93	0.92	0.87	0.91	0.91
河南	0.89	0.89	0.89	0.90	0.89	0.89	0.88	0.89	0.90	0.89	0.89	0.89	0.89
湖北	0.93	0.93	0.94	0.94	0.95	0.94	0.94	0.93	0.95	0.93	0.93	0.94	0.94
湖南	0.96	0.95	0.95	0.94	0.93	0.92	0.91	0.92	0.92	0.90	0.91	0.92	0.92
内蒙古	0.96	0.96	0.96	0.96	0.95	0.95	0.95	0.93	0.93	0.93	0.93	0.93	0.93
广西	0.93	0.92	0.93	0.92	0.92	0.91	0.91	0.91	0.92	0.92	0.91	0.92	0.92
重庆	0.87	0.85	0.87	0.86	0.86	0.86	0.86	0.86	0.86	0.85	0.84	0.85	0.86
四川	0.93	0.92	0.93	0.92	0.93	0.92	0.92	0.92	0.92	0.91	0.92	0.92	0.92
贵州	0.92	0.92	0.93	0.92	0.92	0.90	0.91	0.94	0.92	0.91	0.89	0.89	0.89
云南	0.94	0.93	0.94	0.95	0.94	0.94	0.95	0.95	0.94	0.93	0.94	0.94	0.94
陕西	0.86	0.86	0.86	0.86	0.86	0.86	0.86	0.86	0.86	0.86	0.86	0.86	0.86
甘肃	0.94	0.92	0.92	0.91	0.90	0.90	0.90	0.89	0.89	0.88	0.88	0.90	0.94
青海	0.96	0.94	0.94	0.93	0.93	0.90	0.91	0.92	0.92	0.90	0.90	0.92	0.92
宁夏	0.93	0.91	0.92	0.92	0.92	0.90	0.90	0.90	0.91	0.90	0.90	0.90	0.90
新疆	0.98	0.98	0.98	0.98	0.98	0.97	0.97	0.97	0.96	0.96	0.95	0.96	0.96
辽宁	0.92	0.93	0.93	0.93	0.92	0.91	0.90	0.90	0.91	0.91	0.91	0.92	0.92
吉林	0.95	0.95	0.96	0.96	0.95	0.95	0.95	0.95	0.94	0.93	0.94	0.94	0.94
黑龙江	0.96	0.97	0.98	0.97	0.97	0.97	0.95	0.96	0.96	0.94	0.94	0.96	0.96

（二）乡村振兴与产业融合两大系统的空间分布特征

根据式（7-4）计算出的乡村振兴（U_1）和产业融合（U_2）两个系统的得分均呈上升趋势。U_1 系统得分最高的是江苏、山东、浙江和上海，表明这些地区乡村发展水平较高；得分最低的是海南、贵州、云南、宁夏、甘肃和青海，这6个省份10年的得分均在0.3以下，表明这些地区的乡村发展较为落后。从区域分布来看，乡村发展水平呈现出“东高西低”的特点，从高到低依次是东部地区—中部地区—东北地区—西部地区，其中，东部地区高于全国平均水平3个百分点，中部地区略高于全国平均水平，西部地区低于全国平均水平4个百分点。从年均增速来看，2011—2022年，各区域乡村振兴的年均增速总体都在下降，西部地区年均增速最高，东部地区大部分年份低于全国平均水平，各区域年均增速差距处于缩小态势，如图7-1所示。

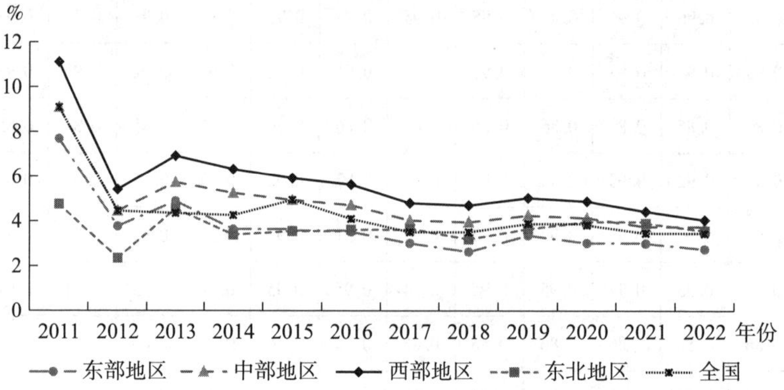

图 7-1　2011—2022 年我国乡村振兴发展年均增速

U_2 系统得分最高的地区是黑龙江和新疆，这两个省份大部分年份得分在0.14以上；得分最低的地区是北京、天津和上海，这三个城市是一线城市，以非农业为主，2010—2022年得分均在0.01以下。从区域分布来看，东北地区是我国产业融合度最高的地区，一直高于我国其他地区，高于全国3个百分点；中部地区产业融合度在2020年之前高于全国平均水平，2020年之后与全国平均水平基本持平；东部地区和西部地区产业融合度基本持平，低于全国平均水平约1个百分点，低于东北地区约4个百分点。从年均增速来看，2013年以后，西部地区年均增速始终处于高位；2015年以后，东北地区年均增速基本处于低位，并于 2021 年达到全国平均水平，如图 7-2 所示。总体来看，各区域年均增速越来越趋于一致。

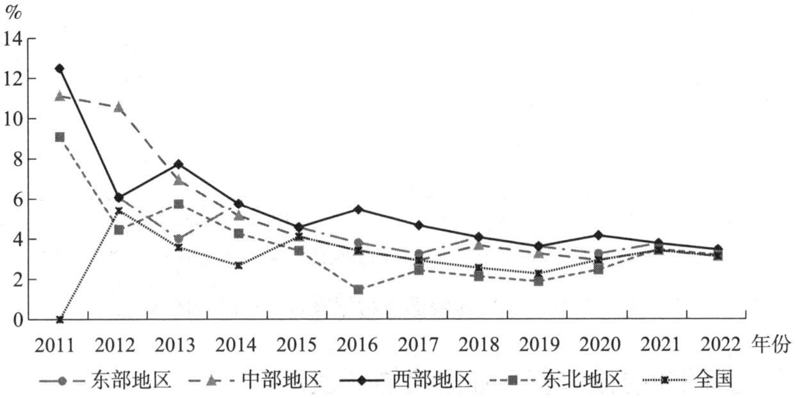

图 7-2　2011—2022 年我国产业融合发展年均增速

（三）乡村振兴与产业融合耦合度的空间分布特征

从耦合度来看，我国 30 个省份乡村振兴与产业融合耦合度 $C \in (0.7, 1)$，处于较高强度耦合与高强度耦合之间。从发展趋势来看，2010—2016 年略有下降，2016 年以后略有上升，基本保持在 0.9 的水平，处于高水平耦合阶段，如图 7-3 所示。耦合度比较高的省份为新疆、黑龙江、宁夏和青海，均保持在 0.94 以上的水平。按照肖黎明等（2019）对耦合协调度的划分标准，属于高强度耦合，表明这些地区乡村振兴和产业融合处于良好共振阶段，能够促进彼此发展。耦合度比较低的地区是北京和上海，目前处于磨合耦合阶段，但也进入了良性耦合时期。从 2022 年的情况来看，只有山东、河南、贵州、河北、江苏、福建、海南、浙江、重庆、陕西、山西、天津、北京和上海这 14 个省份低于全国平均水平，其他 16 个省份均高于全国平均水平。从地区分布来看，4 个地区的两系统耦合度大体呈现出“东北—西—中—东依次递减”的特征，东北、西部和中部地区乡村振兴与产业融合的耦合度高于我国平均水平，而东部地区乡村振兴与产业融合的耦合度低于全国平均水平，如图 7-3 所示。

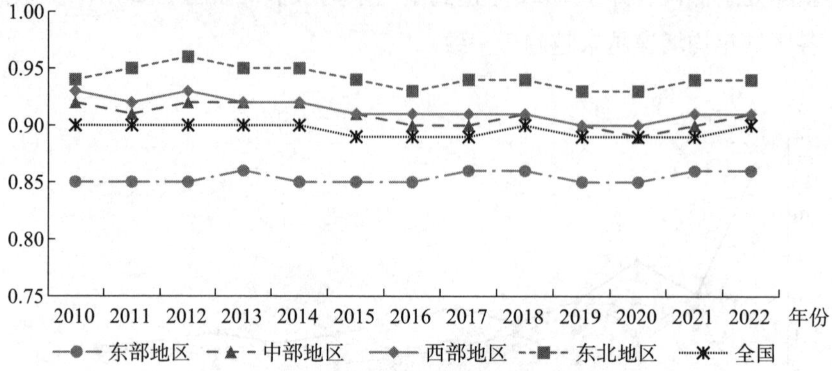

图 7-3　2010—2022 年我国乡村振兴与产业融合的耦合度

三、我国乡村振兴和产业融合协调度测度

（一）各省份协调度得分

根据表 3-8 和表 5-3 的得分，结合式（7-6），可计算出我国各省份乡村振兴与产业融合的协调度，见表 7-4。

表 7-4　2010—2022 年我国各省份乡村振兴与产业融合的协调度

省份	2010 年	2011 年	2012 年	2013 年	2014 年	2015 年	2016 年	2017 年	2018 年	2019 年	2020 年	2021 年	2022 年
北京	0.37	0.38	0.38	0.39	0.38	0.39	0.39	0.40	0.40	0.42	0.42	0.43	0.43
天津	0.37	0.37	0.38	0.38	0.39	0.39	0.40	0.40	0.40	0.40	0.41	0.41	0.41
河北	0.38	0.39	0.40	0.41	0.41	0.42	0.42	0.43	0.43	0.44	0.45	0.46	0.46
上海	0.38	0.38	0.38	0.39	0.40	0.41	0.40	0.40	0.41	0.42	0.41	0.43	0.42
江苏	0.41	0.42	0.41	0.43	0.43	0.44	0.44	0.45	0.45	0.46	0.47	0.48	0.49
浙江	0.39	0.40	0.40	0.40	0.41	0.41	0.42	0.42	0.43	0.45	0.46	0.46	0.47
福建	0.38	0.39	0.39	0.41	0.42	0.42	0.43	0.43	0.44	0.44	0.45	0.46	0.46
山东	0.41	0.43	0.44	0.45	0.46	0.46	0.46	0.47	0.47	0.48	0.49	0.49	0.5
广东	0.36	0.37	0.38	0.40	0.40	0.40	0.41	0.41	0.42	0.44	0.46	0.47	0.47
海南	0.36	0.38	0.40	0.41	0.41	0.42	0.41	0.42	0.42	0.41	0.41	0.41	0.42
山西	0.35	0.37	0.37	0.38	0.38	0.38	0.39	0.39	0.40	0.41	0.41	0.42	0.35
安徽	0.38	0.39	0.40	0.40	0.41	0.42	0.43	0.43	0.43	0.45	0.45	0.46	0.47
江西	0.40	0.41	0.41	0.42	0.43	0.44	0.44	0.44	0.45	0.46	0.44	0.47	0.47

续表

省份	2010 年	2011 年	2012 年	2013 年	2014 年	2015 年	2016 年	2017 年	2018 年	2019 年	2020 年	2021 年	2022 年
河南	0.41	0.41	0.41	0.41	0.41	0.41	0.41	0.41	0.41	0.41	0.41	0.41	0.41
湖北	0.39	0.40	0.41	0.42	0.43	0.44	0.44	0.44	0.46	0.45	0.46	0.46	0.47
湖南	0.38	0.40	0.40	0.41	0.43	0.44	0.44	0.45	0.45	0.45	0.46	0.48	0.48
内蒙古	0.39	0.40	0.41	0.42	0.43	0.44	0.45	0.44	0.44	0.46	0.47	0.47	0.48
广西	0.36	0.38	0.38	0.40	0.40	0.41	0.41	0.42	0.42	0.43	0.44	0.45	0.46
重庆	0.37	0.38	0.38	0.38	0.39	0.39	0.40	0.40	0.40	0.41	0.42	0.43	0.43
四川	0.38	0.39	0.39	0.40	0.41	0.42	0.42	0.43	0.43	0.44	0.44	0.44	0.45
贵州	0.34	0.34	0.35	0.36	0.37	0.38	0.38	0.39	0.39	0.40	0.41	0.41	0.41
云南	0.35	0.36	0.37	0.39	0.39	0.40	0.41	0.42	0.43	0.44	0.44	0.44	0.44
陕西	0.34	0.35	0.36	0.36	0.37	0.37	0.38	0.38	0.39	0.39	0.40	0.41	0.41
甘肃	0.33	0.34	0.35	0.36	0.37	0.37	0.38	0.38	0.39	0.39	0.40	0.40	0.41
青海	0.31	0.32	0.33	0.34	0.35	0.36	0.36	0.37	0.38	0.38	0.39	0.39	0.39
宁夏	0.35	0.36	0.37	0.37	0.38	0.39	0.40	0.40	0.40	0.41	0.42	0.41	0.42
新疆	0.36	0.38	0.39	0.40	0.41	0.42	0.43	0.44	0.45	0.46	0.46	0.48	0.48
辽宁	0.39	0.40	0.41	0.42	0.40	0.42	0.43	0.43	0.43	0.44	0.45	0.46	0.46
吉林	0.38	0.40	0.40	0.42	0.42	0.43	0.43	0.44	0.43	0.45	0.46	0.47	0.48
黑龙江	0.40	0.41	0.41	0.42	0.42	0.42	0.42	0.43	0.43	0.44	0.46	0.48	0.48

（二）乡村振兴与产业融合协调度的特征

乡村振兴与产业融合的协调度 $D \in (0.3, 0.5]$，介于濒临失调与初级协调之间。从发展趋势来看，两者的协调度在逐年提高，均值从 2010 年的 0.37（濒临失调）上升到 2022 年的 0.45（初级协调），年均增长率为 1.5%。

协调度比较高的地区是山东和江苏，这两个省份的协调度在 2010—2022 年一直保持在 0.4 以上的水平，很早就进入了初级协调阶段。协调度比较低的是青海和山西，这两个省份的协调度在 2010—2022 年均低于 0.4，处于濒临失调阶段。从地区分布来看，这两大系统的协调度呈现出“东高西低”的特点，东北地区高于东部地区近 2 个百分点，高于中部地区近 3 个百分点，高于西部地区近 4 个百分点，西部地区协调度最低，如图 7-4 所示。

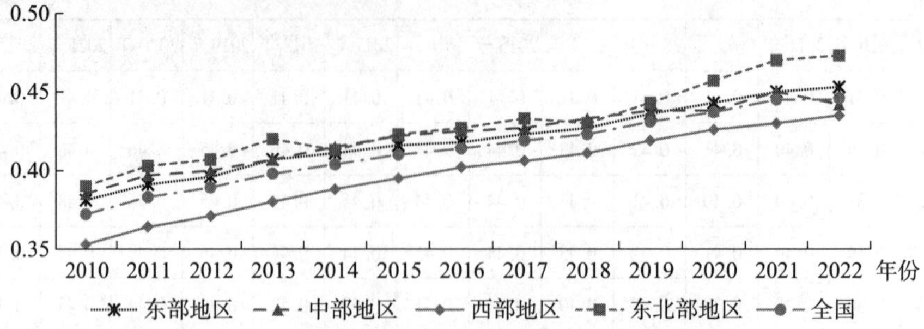

图 7-4　2010—2022 年我国乡村振兴与产业融合的协调度

四、乡村振兴与产业融合协调度的空间演进特征

为了进一步对乡村振兴与产业融合的协调度在空间分布上进行详细分析，本章采用莫兰指数（*Moran's I*）。莫兰指数一般被用来反映区域中某空间上相邻或者相近的单元间的自相关性，通常分为全局莫兰指数（*Global Moran's I*）和局部莫兰指数（*Local Moran's I*）。全局莫兰指数用于测算事物在整个研究领域的关联程度，而局部莫兰指数则用于测算某一事物在某地区同其周围区域的关联程度。据此，我们构建乡村振兴与产业融合协调度的莫兰指数，计算公式为

$$Global\ Moran's\ I = \frac{\sum_{i=1}^{n}\sum_{j=1}^{n}\omega_{ij}(x_i - \bar{x})(x_j - \bar{x})}{S^2\sum_{i=1}^{n}\sum_{j=1}^{n}\omega_{ij}} \tag{7-7}$$

$$Local\ Moran's\ I = \frac{x_i - \bar{x}}{S^2}\sum_{j=1}^{n}\omega_{ij}(x_j - \bar{x}) \tag{7-8}$$

其中，$S^2 = \frac{\sum_{i=1}^{n}(x_i - \bar{x})^2}{n}$为30个省份协调度的离散方差；$\bar{x} = \frac{\sum_{i=1}^{n}x_i}{n}$为30个省份协调度的均值；$n$为省份数量，本书取值为30；$x_i$和$x_j$为$i$省和$j$省的空间单元观察值；$\omega_{ij}$为$i$省和$j$省的相邻关系，如果两个省份在地域上相邻，则$\omega_{ij} = 1$，否则取值为0。全局莫兰指数$\in[-1, 1]$，如果大于0，说明乡村振兴与产业融合的协调度在空间上正相关，其值越大，自相关性越强；如果小

于0，则为负相关；如果等于0，则为不相关。根据局部莫兰指数把不同省份自相关性划分为高高聚集型（HH）、高低聚集型（HL）、低高聚集型（LH）和低低聚集型（LL）四个类型，分别位于坐标的四个象限。

本章利用Stata 17.0计算我国2010—2022年的全局莫兰指数（见表7-5），从z值和p值来看，除了2018年、2019年和2020年外，在10%的显著性水平下拒绝了随机分布的原假设。由此可知，我们得出的结果均显著，表明我国乡村振兴与产业融合协调度在空间分布上呈现显著的正相关关系。从值的变化趋势来看，2010—2018年集聚分布态势有所减弱，2018年以后有所增强。

表7-5　2010—2022年我国乡村振兴与产业融合协调度全局自相关值

年份	*Global Moran's I*	z值	p值
2010	0.406	3.647	0.000
2011	0.318	2.924	0.002
2012	0.308	2.871	0.002
2013	0.280	2.594	0.005
2014	0.241	2.267	0.012
2015	0.194	1.870	0.031
2016	0.127	1.323	0.093
2017	0.136	1.390	0.082
2018	0.069	0.841	0.200
2019	0.114	1.211	0.113
2020	0.099	1.083	0.139
2021	0.186	1.784	0.037
2022	0.170	1.654	0.049

从2022年的时间截面来看，有12个省份位于第一象限（如图7-6所示），属于HH型，具体为山东、江苏、黑龙江、吉林、安徽、江西、广东、浙江、湖北、河南、辽宁、福建。这12个省份不仅自身乡村振兴与产业融合协调度高，而且与相邻省份之间互相推动，共同良性发展；从地域分布来看，这12个省份位于东部、中部和东北地区。有3个省份主要位于第二象限，即上海、海南和山西，属于LH型。这些省份自身乡村振兴与产业融合协调度

低，但与邻近省份的协调度高。有 10 个省份位于第三象限，属于 LL 型，具体为青海、贵州、陕西、天津、甘肃、宁夏、北京、重庆、云南和四川。这些省份不仅自身的协调度不高，而且制约了邻近省份的发展，除了北京和天津，其他省份都位于我国西部地区。新疆、内蒙古、湖南、广西和河北位于第四象限，属于 HL 型。这些省份乡村振兴与产业融合协调度高，但阻碍了邻近省份协调度的提高。

表 7-6　2022 年我国乡村振兴与产业融合协调度区域分布

象限	省份	类型
第一象限	山东、江苏、黑龙江、吉林、安徽、江西、广东、浙江、湖北、河南、辽宁、福建	HH 型
第二象限	上海、海南、山西	LH 型
第三象限	青海、贵州、陕西、天津、甘肃、宁夏、北京、重庆、云南、四川	LL 型
第四象限	新疆、内蒙古、湖南、广西、河北	HL 型

第三节　我国乡村振兴与产业融合实证分析

参考国内外有关乡村振兴和产业融合的研究，结合本章前两节的研究，本节采用固定效应模型和 GMM 模型从定量的角度对我国乡村振兴与产业融合的关系进行动态和静态的测算，并分省份和区域进行综合分析与评价，以期为乡村振兴战略的实施提供理论参考和对策建议。

一、样本选择与数据来源

本节数据主要来源于中国宏观经济数据库、中国区域经济数据库、城乡建设数据库、各县市统计年鉴和各省统计年鉴。由于西藏及港澳台地区缺失数据较多，本书选取了除这些地区之外的我国 30 个省份 2010—2022 年的数据，对个别省份少量缺失数据采用线性插值法进行补缺，部分数据经计算得出。

二、模型构建与研究方法

本章构建了如下多元回归模型来检验假设：

$$RURALREV_{it}=\beta_0+\beta_1\times VALUEADD_{it}+\beta_2\times VALUEEXT_{it}+\beta_3\times AGRIBUS_{it}+\beta_4\times FACTORMOB_{it}+\beta_5\times RURALREV_{it-1}+u_i+\varepsilon_{it}$$

其中，$RURALREV_{it}$为 i 省第 t 年度的乡村振兴水平，$VALUEADD_{it}$为 i 省第 t 年度的产业价值链增值，$VALUEEXT_{it}$为 i 省第 t 年度的产业价值链延长，$AGRIBUS_{it}$为 i 省第 t 年度的乡村经营主体融合，$FACTORMOB_{it}$为 i 省第 t 年度的资本要素市场流动，$RURALREV_{it-1}$为 i 省第 t 年度乡村振兴的滞后项，u_i 表示个体效应，ε_{it}表示特异性误差。

三、描述性统计

本章首先采用主成分分析法，以表 3-1 和表 5-3 所构建指标的原始数据为基础，分别对被解释变量乡村振兴和 4 个解释变量产业价值链增值、产业价值链延长、乡村经营主体融合、资本要素市场流动进行主成分分析。对于被解释变量乡村振兴，我们直接采用表 3-4 计算出的结果。对于解释变量产业价值链增值，选择前 2 个主成分，特征值大于 1，累计贡献率为 86.7%，*KMO* 值为 0.5；对于解释变量产业价值链延长，选择前 2 个主成分，累计贡献率为 75.1%，*KMO* 值为 0.5；对于解释变量乡村经营主体融合，选择第 1 个主成分，特征值大于 1，累计贡献率为 61.1%，*KMO* 值为 0.5；对于解释变量资本要素市场流动，选择前 2 个主成分，累计贡献率为 80%，*KMO* 值为 0.5。由此可见，5 个变量的 *KMO* 值都在 0.5 以上，比较适合做主成分和因子分析。经过因子分析，得出 5 个指标的综合得分，其描述性统计见表 7-6。

表 7-6　主要变量的描述性统计

变量	*N*	均值	标准差	最小值	最大值
RURALREV	390	1.85×10^{-9}	1.058	−2.970	2.855
VALUEADD	390	-1.26×10^{-9}	0.740	−1.562	2.730

续表

变量	N	均值	标准差	最小值	最大值
VALUEEXT	390	2.13×10^{-9}	0.581	−1.545	1.986
AGRIBUS	390	-2.27×10^{-9}	0.675	−1.919	1.955
FACTORMOB	390	2.95×10^{-10}	0.665	−0.756	4.039

四、多元回归检验

（一）多重共线性检验

变量间如果存在多重共线性，回归系数的估计值可能会变得不稳定，因为任何一个解释变量的变化都会对其他解释变量的估计值产生影响。多重共线性会导致回归分析的结果不稳定，降低预测精度。对我们所构建的变量进行多重共线性检验，*VIF* 是判断多重共线性的一个常用指标。*VIF* 值越大，多重共线性越严重。一般认为，当 *VIF* 值大于 10 时，存在严重的多重共线性。各变量的多重共线性检验结果见表 7-7。从表 7-7 中可以看出，所有自变量的 *VIF* 值都小于 10，因此我们构建的变量之间的关系通过了多重共线性检验。

表 7-7　各变量的多重共线性检验结果

变量	*VIF*	1/*VIF*
AGRIBUS	2.25	0.445
VALUEEXT	1.85	0.540
VALUEADD	1.28	0.783
FACTORMOB	1.15	0.873
MEAN VIF	1.63	

（二）回归结果分析

将各变量代入式（7-9）并进行回归。经过 Hausman 检验，表 7-8 第（1）列为固定效应回归结果，第（2）列为随机效应回归结果。由结果可知，p 值为 0.0002，拒绝原假设，应选择固定效应模型。

表 7-8　乡村振兴与产业融合关系检验回归结果

变量	(1)	(2)
C	0.003 (0.15)	0.002 (0.01)
VALUEADD	0.214** (2.3)	0.171* (1.91)
VALUEEXT	0.737*** (8.49)	0.603*** (6.73)
AGRIBUS	0.699*** (9.00)	0.658*** (8.16)
FACTORMOB	0.435*** (8.55)	0.505*** (9.51)
R^2	0.716	0.713

注：*、**、***分别表示在 10%、5%、1%的显著性水平上结果显著，括号内为 z 值。

从表 7-8 中可以看出，模型的拟合优度为 0.716，表明我们所构建的模型对原始数据的拟合度很好。从第（1）列数据可以看出，产业价值链增值、产业价值链延长、乡村经营主体融合、资本要素市场流动 4 个变量对乡村振兴的影响都很显著，且均呈现出正相关关系，说明这 4 个变量对乡村振兴都有很强的促进作用。从影响来看，产业价值链延长影响最大，其弹性系数为 0.737，这意味着产业价值链延长每提高 1 个百分点，就会带动乡村振兴提升 0.737 个百分点。其次是乡村经营主体融合，其弹性系数为 0.699，这意味着乡村经营主体融合每提高 1 个百分点，就会带动乡村振兴提升 0.699 个百分点，这也从侧面印证了乡村经营主体融合对乡村振兴的重要性。资本要素市场流动的弹性系数为 0.435，说明资本、技术和人才等要素的流动在一定程度上促进了乡村振兴，相关要素每变动 1 个百分点，会带动乡村振兴提升 0.435 个百分点。产业价值链增值的影响较小，其弹性系数仅为 0.214。出现这种情况的主要原因在于虽然我国农产品产出总量较大，但人均产量较低，土地的产出率也较低。未来我国要加快乡村振兴的步伐，不仅要提高农产品的数量，更应该注重在提高农产品的产出效率上下功夫。

（三）稳健性检验

为了保证上述研究结果并非这一次调查样本导致的偶然结果，本章采用自变量滞后一期的做法再次进行回归分析，以验证其稳健性。从表 7-8 的结果来看，稳健性检验的结果与上述结论一致。这表明，产业价值链增值、产业价值链延长、乡村经营主体融合、资本要素市场流动对乡村振兴具有积极作用，原实证分析结果值得信任。

表 7-8　稳健性检验

变量	（1）
C	0.043 （0.34）
L. VALUEADD	0.171** （1.88）
L. VALUEEXT	0.542*** （6.02）
L. AGRIBUS	0.583*** （7.41）
L. FACTORMOB	0.499*** （9.75）
R^2	0.678

注：**、***分别表示在 5%、1%的显著性水平上结果显著，括号内为 z 值。

五、主要结论及建议

本章采用固定模型对我国 30 个省份乡村振兴与产业融合之间的关系进行了实证分析，同时运用耦合协调度模型和空间自相关模型对两者的耦合协调度进行了实证检验，得出以下主要结论并给出针对性建议。

第一，我国乡村振兴水平在逐年提高，不同地区发展水平存在差异，但总体上呈现出“东高西低”的特点。从实证结果可以看出，产业融合对乡村振兴具有较大的促进作用，而且在产业融合发展中，乡村产业价值链增值、产业价值链延长、乡村经营主体融合和资本要素市场流动 4 个解释变量对乡村振兴的促进作用也很显著。东部地区综合实力强，工业化和城市化发展步伐较快，推动了当地农业和农村的发展，因此其乡村发展水平较高。东部地区应继续保持工业化和城市化对乡村发展的推动作用，并注重通过提升农村发展质量、提高农业发展效率实现创新型发展。中西部地区应以量为先，借鉴东部地区的经验，推进农业供给侧结构性改革，提高农业综合效益和市场竞争力；同时，应构建现代农业新产业和新业态，培育新型农业经营主体，加强工业对农业的反哺。近几年，中西部地区乡村的基础设施和公共服务都有所提升，但跟城市相比，差距较大。因此，应完善和升级乡村的水电路网等公共基础设施，从而使乡村的交通和信息实现可达性；同时，应提升乡村公共服务水平，加强文化教育、法治教育，提高村民自治水平，提升农民对物质生活和精神生活的追求。

第二，我国产业融合度在逐年提升，从 2010 年的均值 0.27 增长到 2022 年的 0.38，年均增长率为 3%。从地域分布来看，我国产业融合度也呈现出“东北和中部高，东部和西部低”的特点。从年均增速来看，西部地区和东部地区增速略高于全国平均水平，中部地区增速较慢，相对来说，东北地区是增速最慢的地区。由此可见，我国中部和西部地区承接东部地区产业转移效果显著，很好地促进了当地的产业融合发展。今后东部地区应继续利用其资本和技术优势，大力发展农产品的精深加工产业，促进农业向高端化发展；同时，利用其较高的市场发育程度，拓展产业融合发展空间。中部和西部地区，尤其是西部地区，在承接东部地区产业转移过程中，应着力做好以下几项工作：①根据自身资源禀赋优势和经济基础，积极引导农村劳动力就近转移，加快农业产业向精深化发展，强化产业链的协同效应；②打通资源要素流通的渠道，充分发挥农村资源在产业融合中的引导作用；③加强跨地区合作，激发农业经营主体的活力，强化融合主体的带动作用，创新风险共担、优势互补的利益联结机制和收益分享模式，让更多的农民从产业融合中获得增值收益；④加强城乡基础设施和服务的有效衔接，建立多元化的信息化服务平台，提供农村旅游、休闲农业、农产品价格信息及销售渠道、项目融资、金融财政政策等方面的信息服务。

第三，从耦合协调度来看，我国 30 个省份乡村振兴与产业融合的耦合度处于较高强度耦合与高强度耦合之间，协调度介于濒临失调与初级协调之间。四个地区两大系统的耦合度呈现出“东北—西—中—东依次递减”的特点，两大系统协调度呈现“东高西低”的特点，而且乡村振兴与产业融合协调度在空间分布上呈现显著的正相关关系。

从地区分布来看，我国乡村振兴与产业融合协调度呈现“东高西低”的特点。从 2022 年的数据来看，协调度最高的 3 个省份为山东、江苏和湖南，其中两个位于沿海地区，除了青海和山西处于濒临失调阶段，我国其他省份都进入初级协调阶段。得分在 0.45 以上的省份大多位于我国东部地区，得分比较低的省份大多位于我国西部地区。东部和中部地区大部分省份乡村振兴与产业融合协调度具有较强的正向溢出效应，不仅自身水平较高，而且与相邻省份之间形成了互相推动的关系，这是因为东部地区有长江和沿海两大开放经济带相结合的区位优势与较成熟的市场机制，资本、技术和人才等要素在城乡与省份之间双向流动较为顺畅，不仅带动了乡村的快速发展，而且推动了农村经济的转型升级，还带动了与西部地区的过渡地带——中部省份的发展。西部地区的大部分省份具有负向溢出效应，不仅自身的协调度不高，而且制约了邻近省份的发展。这是因为，西部地区的省份大多依靠资源禀赋发展经济，缺少核心城市的带动，农业和技术发展落后。因此，东部地区应继续发挥其对周边省份的技术扩散和跨区辐射联动效应，增强区域合作；西部地区应在规避相互抑制的同时，尽力打造区域性的产业集群，通过产业集群的引领，与周边地区协调发展。

第八章

Chapter 8

我国以产业融合促进乡村振兴存在的问题及制约因素

第一节 我国以产业融合促进乡村振兴存在的问题

一、农村产业融合总体水平不高

目前，我国大部分地区还处于初级融合发展阶段，对农业多功能性的认识不足、挖掘不够，使得以农业为基础的三产融合还存在较大的发展空间。由于各地模仿程度较高，有些地方甚至没有结合当地的资源状况，融合的同质性较强，缺乏特色，创新不足。不管是从横向角度还是纵向角度来看，农村三产融合的程度都需要进一步加强。产业融合涉及不同的产业和行业，要想顺利有效地进行，离不开多个部门之间的协调。在农村产业融合方面，我国整体还处于摸索期，程序的复杂性和不熟练性导致融合效率低下，融合效益无法凸显，从而降低了农村各经营主体参与三产融合的积极性，进而影响融合的推进速度。

第一，融合链条突出的问题是它的局限性与附加值偏低。我国农村三产融合尚处于萌芽与发展初期，许多区域尚处于探索阶段。在此背景下，农户的经营活动大多聚焦于原材料的简单供应或基础层面的产品初加工，高附加值农产品的生产明显不足。同时，很多地区农产品的本地加工转化效率有待提升，市场营销策略与品牌建设也较为滞后，限制了农产品的市场扩张潜力与品牌影响力，进而影响了整体市场的竞争力。这一系列因素共同作用，导致农业产业的融合链条相对狭窄，农业自身的附加值未能得到充分提升，整体产业发展层次有待深化（王南南，2018）。近年来，我国稻渔综合种养产业规模化发展虽已见雏形，但产业化经营和品牌化营销的程度不高，河南、黑龙江等非传统稻渔综合种养省份尚有较大发展空间。2022 年，我国规模以上农产品加工企业达 9 万家，营业收入超 19 万亿元①，农产品加工业已成为乡村产业发展的重要支点，显示出该行业的庞大体量。农产品加工业产值与农业产值之比从 2003 年的 0.9∶1 显著提升至 2022 年的 2.52∶1，但仍低于发达国家的 3∶1 至 4∶1 的比值。同时，我国农产品转化率仅为 72%，与发达国家相比，低了近 13 个百分点②，这是由于我国农产品加工企业大多分布在城市，且多数集中于大中城市，而这一数值是全社会范围内所达到的水平，并非完全取决于农村三产融合的情况。

第二，农业多功能开发不足，是制约农村产业融合发展的重要因素之一。需求端对农业多功能性的要求，牵引着农村产业融合这一新供给端不断与之匹配（方江涛、白佳飞，2023）。农业不仅局限于生产功能，其背后还蕴含着丰富的文化、教育等多重价值。然而，当前我国对农业多功能性的挖掘仍然不足，未能充分展现出深层潜力，尤其是在休闲农业与旅游农业的开发中，一个显著的局限性在于项目内容的单一化，即聚焦观光旅游层面，而忽视了对乡土文化底蕴、独特风土人情和悠久历史人文资源的深度挖掘与创意性融合。这种单一的开发模式不仅限制了农业多元价值的展现，也影响了农村产业融合的深度和广度。2023 年，我国乡村休闲旅游业营业收入实现了显著增长，超过 8400 亿元，与 2010 年相比，增长了 6 倍之多。然而，这一收入仅是同年农业产值的 9.64%③。这一比例反映出我国农旅融合的形式较为单一，同质化现象较为突出。目前，大多数乡村休闲旅游项目的经营类型停留在农家乐、垂钓、采摘等传统项目上，缺乏和农业、教育、康养等产业的深度融合与创新发展。这不仅导致产业形态雷同现象严重，还难以形成独特的竞争优势和吸引力，从而进一步制约了农村产业融合发展的步伐。

第三，农村电商发展缓慢也是一个不容忽视的现象。中国互联网络信息

① 资料来源：https：//www.stats.gov.cn/sj/sjjd/202409/t20240910_1956334.html。

② 资料来源：https：//www.gov.cn/xinwen/2023-03/27/cntent_5748419.htm。

③ 资料来源：https：//www.moa.gov.cn/ztzl/ymksn/jjrbbd/202410/t20241012_6464171.htm。

中心发布的第53次《中国互联网络发展状况统计报告》显示，截至2023年底，我国农村的互联网普及率仅为66.5%，城乡互联网普及率差异为16.8%[1]。尽管各级行政单位基本实现了互联互通，但在信息传输进村入户这一关键环节，仍然存在着不小的障碍。这些障碍导致农村电商在发展过程中面临诸多挑战，其中之一就是农村物流体系的不完善。由于农村地区的物流网络尚不健全，特别是缺乏稳定的冷链运输、仓储和配送体系，生鲜农产品电商的发展受到极大的制约。这不仅增加了电商产品的交易成本，也限制了农村电商的规模和潜力。农村电商人才培养的滞后也是制约其发展的重要因素。目前，农村地区缺乏专业的电商人才，使得农村电商在运营、推广和管理等方面存在诸多困难。

第四，我国农产品的市场竞争力难以得到有效提升。这主要是受到土地流转制度不完善、土地权利分散等的影响。我国农业规模化经营面临较大难度，农产品在国际及国内市场上的竞争力提升受阻。这一现状极大地制约了农业向规模化、集约化经营模式转型，使我国农业难以形成具有竞争力的产业集群（唐伟成等，2025）。同时，劳动力成本的上升和土地资源的有限也推高了农产品的生产成本，使得农产品在价格上缺乏竞争力。更为严重的是，土地过度使用、农药残留等问题导致我国农产品安全问题频发，这不仅严重影响了消费者的信任度，也损害了农产品的市场形象。此外，国产农产品市场还面临创新匮乏、产品同质化严重，以及产供销一体化营销体系不健全等多重挑战，这些挑战加剧了农产品滞销的严峻形势，使农产品在市场上的差异化程度不足，难以满足消费者多元化的需求。

二、农村产业融合主体缺乏，各地发展不平衡

第一，新型农业经营主体的发展相对迟缓。农产品加工企业作为新型农业经营主体的重要组成部分，面临多重挑战。由于盈利周期长、资金回笼缓慢，以及资金需求具有时效性、额度大、季节性强等特点，农产品加工企业在贷款融资方面常常遭遇门槛高、利息高、手续烦琐等问题。这些问题在人地结构制约和配套改革滞后的双重影响下，进一步凸显了企业规模有限、结

---

① 资料来源：https：//www. cac. gov. cn/2024-06/20/c_1720562096346307. htm。

构单一、管理粗放、竞争力不强等弊端，从而严重制约了企业的发展，使其影响力无法得到有效提升。

第二，尽管农村三产融合发展推动了新型农业经营主体数量的增加，我国农村三产融合的主体仍以龙头企业为主。龙头企业在助推乡村振兴尤其是农村三产融合发展的过程中发挥着特殊作用，而建立健全党建引领、产业纽带、人才联培、利益联结、治理共建等机制，则是促使龙头企业发挥特殊作用的重要环节（王清荣、韦湘云，2024）。我国龙头企业数量不多，且地区间发展不平衡。在2023年公布的“2023农业产业化龙头企业500强”名单中，东部地区有281家，占总数的56.20%；西部地区有76家，占总数的15.20%；中部地区有72家，占总数的14.40%；东北地区有71家，占总数的14.20%。[①] 从省份分布来看，山东、黑龙江和安徽三省相对突出，分别以161家、43家和28家的数量位列前3，合计占总数的46.40%，甘肃、贵州、青海、宁夏等省份仅有不超过3家，河南、河北两个农业大省农业产业化龙头企业分别有12家和14家，说明不少省份尤其是一些农业大省，农村产业融合主体缺乏，发展不平衡，地区间差异显著。此外，大多数农业产业化龙头企业整体规模偏小，生产能力有限，加工技术水平和产品档次有待提升，难以紧密连接生产和消费两端，作为产业融合主体的带动力也很薄弱。这些企业与农户之间的联结较为松散，无法充分发挥在农村产业融合中的引领和示范效应。农村三大产业的融合是一种跨界的深度融合，涉及的领域广泛且多元，涵盖农业、加工业及服务业等多个方面。普通农户由于自身经营规模小、经营管理能力有限等，往往难以在这一融合过程中发挥显著作用。相比之下，新型农业经营主体凭借其规模优势、专业的管理能力和创新的经营理念，更有可能在农村三产融合中起到引领和推动作用。

近年来，我国新型农业经营主体确实得到了一定发展，涌现出一批具有活力和创新力的农业企业、家庭农场及农民专业合作社等。但总体来看，其发展速度比较缓慢，对农村三产融合发展的带动力也不够。新型农村集体经济产业融合度不高，产业基础薄弱且农业产业仍占据主导地位，难以形成完整的产业链（周笑梅等，2024）。以农民专业合作社为例，它们目前主要提供

---

① 资料来源：http：//www.farmer.com.cn/2023/12/20/99943010.html。

农业生产资料等低层次服务，规模相对较小，经营方式单一。在提供技术支持、发布供求信息、抵御市场风险、反映群众诉求等方面，它们的作用相对较弱。此外，部分农民专业合作社还存在管理体制不规范、经营机制不健全等问题，甚至最终沦为有名无实的“空壳社”。这些问题无疑将严重阻碍农村三产融合的高质量发展。截至2022年底，我国存续农民专业合作社数量达到224.36万家，比2021年底增加了1.44万家，增长了0.65%。从地区来看，2022年底，我国存续的农民专业合作社主要分布在山东、河南、湖南、安徽等传统农业大省。全国仅有山东和河南两省的农民专业合作社数量达到了20万家以上，其中，山东省的存续农民专业合作社数量排全国第一，为24.36万家①。目前，农民专业合作社仍处于初级发展阶段，合作模式以土地流转和当地主要粮食作物的集中回购为主，产业链条单一，人员配备落后，管理水平低下，产业化水平较低。在发展过程中，农民专业合作社采取的一种重要方式是“以户带户”，即通过已有成员的示范和带动，吸引更多农户加入，形成规模效应，从而有力地推动乡村振兴的发展。然而，在实际运作中，一些农民专业合作社由于规模较小、竞争能力和辐射能力相对有限，难以吸引大量农户加入。同时，各个农民专业合作社之间缺乏有效的联合和协作，导致它们的辐射作用无法得到充分发挥，从而影响合作社整体的发展。

第三，农民或农民专业合作社与农产品加工企业之间的利益联结机制相对松散。这种联结机制主要依赖订单农业，而采用股份制或股份合作制的比重相对较低。在复杂多变的市场形势下，双方往往通过违约来应对市场波动。当市场价高于合同价时，农民或农民专业合作社可能会违约出售农产品；而当市场价低于合同价时，龙头企业则可能借机对农产品进行压级压价。这种长期的违约行为导致双方无法建立平等互信的关系，难以协同推动农村三产融合发展。要促进农村三产融合的高质量发展，需要加强利益联结机制的紧密性和稳定性，确保农民与龙头企业之间的合作关系更加牢固和持久。

三、政府支持力度不够，外部政策环境亟待改善

农村产业融合要想顺利发展，离不开完善的外部环境的支撑。政府对农

① 资料来源：浙大卡特-企研中国涉农研究数据库（CCAD）。

村产业融合的支持不仅包括对农村基础设施、公共和社会服务的投入，也包括推动农村产业融合的政策和制度保障措施。

近年来，随着政府对农村的关注越来越多，农村在医疗、教育等方面的条件逐渐改善，但即便如此，由于长期存在的与城镇的较大差异，农村的基础设施建设还需进一步加大投入力度。在公共和社会服务方面，随着农村产业的不断发展，对技术创新和公共服务的需求逐渐增多，然而，当前农村基层的技术创新体系与公共服务能力已难以满足快速发展的产业需求，呈现出明显的滞后性。在资质认证等关键服务领域，同样存在效率不高、服务落后的状况，这在一定程度上制约了农村产业的进一步升级与繁荣。

我国农村在推动产业深度融合的进程中，起步相对较晚，面临的主要挑战之一便是法律法规体系的不健全与管理体制的条块分割。具体而言，虽然已初步构建起支持农村产业融合发展的法律框架，但缺乏专门的、细化的法律条文来直接指引和稳固这一进程，致使法律保障显得力不从心。此外，现有法规的诸多细节尚待完善，无法全面覆盖和有效应对产业融合中的复杂问题。同时，管理体制的分割现状严重阻碍了农村产业融合的顺畅进行。多部门各自为政，国土、环保、消防等关键领域的管理规范往往过于刚性，未能充分考虑产业融合的特殊性和灵活性需求。这种管理体制的僵化，不仅增加了用地审批、环境影响评估、证照获取等环节的难度和成本，还可能导致政策执行过程中的相互掣肘，最终制约农村产业融合发展的整体效率和效果。此外，管理体制的桎梏亦不容忽视，农村产业融合的推进横跨农业、工业、服务业三大板块，其综合性与复杂性对跨部门协作管理提出了严峻考验。当前，我国管理体制的弊端显现无遗，存在部门壁垒高筑、职责界限模糊、综合协调能力薄弱、行政效率低下等问题。具体而言，国土、农业、环保、工商、科技、旅游、工业和信息化、质检等众多部门均涉足农村产业融合领域，但各自为政的现象普遍，政策制定与执行往往仅从本部门利益出发，缺乏全局视野与协同精神。这种“孤岛式”的管理方式不仅未能形成合力，反而因政策间的冲突与不协调，加剧了农村产业融合在土地利用、资金筹措等方面的困境。由于管理部门众多且职能界限模糊，经营主体在寻求跨部门协作时遭遇了重重困难，这不仅推高了运营成本，还显著降低了行政效率。更为关键的是，缺乏统一的战略规划与部署，使农村三大产业的融合发展缺乏明确的方向和路径，难以形成协同推进的良好态势。

目前，我国在农村产业融合发展方面还缺乏总体的规划和布局，使得各地在推进产业融合发展时难以进行统筹，从而影响产业融合发展的整体效果。在政策和制度层面，尽管各级政府出台了一系列旨在促进发展的优惠政策，但这些政策在实际执行中未能充分且有效地惠及目标群体，导致政策效果大打折扣。此外，农村其他环境的亟待改善也在一定程度上延缓了产业融合的速度。此外，部分政策的生产导向过强，而消费导向不足，这也是制约产业融合发展的一个重要因素。当前，地方政策制定与执行存在一个显著倾向，即过分聚焦生产端的扶持与产品供给的增加，而相对忽视市场需求在引导农村产业融合发展中的关键作用。这种政策导向偏差具体表现为：①对生产和加工环节的政策倾斜明显，但对流通、信息服务等关键环节的支持力度不足；②对品牌建设、消费引导以及公共服务平台构建等能够增强产业融合长远竞争力和可持续性的方面重视不够。这种政策资源配置的不均衡，无疑限制了农村产业融合发展的全面深化与长效机制的建立。

四、融合方式简单，同质化严重，模式有待创新

产业融合作为推动农村经济发展的重要路径，受到广泛关注，越来越多的农村地区开始投身于这一发展潮流。尽管产业融合在提升农民收入和促进经济发展方面成效显著，但与之伴随的同质化问题日益凸显，成为农村经济发展的瓶颈。部分农村地区在推进融合过程中，因急功近利而忽视了对地方特色资源的深度挖掘与充分利用，导致主导产业定位模糊，缺乏明确的方向和特色。同时，产业融合的低门槛容易引发“羊群效应”——众多项目盲目跟风，产品形态与风格趋于一致，不仅会削弱产业的独特性和创新性，也会限制品牌建设和市场影响力的提升。例如，多地竞相打造“网红景点”，忽视地域文化独特性和差异性地简单复制他处模式，导致项目同质化严重，缺乏文化底蕴支撑，最终只能昙花一现，难以持续发展。进一步推动产业振兴，要以乡村独有的资源优势为基础，通过农牧结合、农林结合、农渔结合等方式，加速推进各类型乡村特色产业内部整合型融合；运用好“互联网+农业技术与生物技术”，对不同类型乡村特色产业的优势进行信息化处理，推动乡村特色产业技术渗透型融合（李滢建，2024）。

当前，农村产业融合展现出多样化的特点，其中，纵向融合模式尤为显著。纵向融合模式以农业为基石，通过向前拓展至农业生产资料供应、技术研发等上游环节，向后延伸至农产品加工、销售等下游领域，构建起完整的产业链。这种产业链的延伸，不仅增强了农业的内在活力，还显著提升了农产品的附加价值，为农村经济的多元化发展开辟了新路径。横向融合模式与纵向融合模式完全不同，但依然以农业为核心，并将农业与其他产业尤其是第三产业融合起来，通过教育、旅游、休闲娱乐及文化等多维度探索，不断挖掘和拓展农业的多元功能与价值。乡村旅游作为农村三大产业横向融合的典型范例，备受青睐。然而，我国多数地区所实践的横向融合模式，实质上仍停留在农业产业化的传统框架内，未能充分展现跨界融合的创新潜力与独特魅力。换言之，尽管已有一定成效，但仍有待进一步突破传统界限，深化产业间的相互渗透与融合，以更大限度地激发农村经济活力与创造力。我国农村产业融合的横向发展还处于初级阶段，如何从更深层次理解农业的更多功能，将农业与更多其他产业有效融合起来，是目前亟待研究和探讨的问题。

当前，城镇居民和农村居民的消费观念与消费结构都在不断发生变化，都在从低层次转向更高层次，对农产品的需求也更为多样化，尤其是农业、农村所带来的休闲、养生等，成为人们需求的热点。乡村旅游就是在这样的背景下产生的。随着现代生活节奏的加快，人们对休闲、养生等自然体验的需求日益增加，这一市场需求的兴起，直接催生了乡村旅游。但是，很多地方的乡村旅游大同小异，缺乏特色，农业与旅游融合的程度有待进一步提升。在乡村旅游中，应将农业的教育价值、文化价值体现得更为明显一些。同时，各地应深入挖掘自身独特的乡土文化与地方特色，构建差异化的竞争优势。此外，应积极探索符合自身实际的产业融合模式，通过创新与实践，找到最适合自身发展的道路。

第二节　我国以产业融合促进乡村振兴的制约因素

一、科技创新与应用不足影响了产业融合的动力

农村产业融合的发展离不开科技创新的引领。通过科技创新，可实现不

同要素在不同产业之间的合理化、集约化配置，探索和创新农村产业融合的模式，不断提高农产品的附加价值，从而提升农村产业横向融合的广度和纵向融合的深度。目前，国内农产品市场竞争日益激烈，要想增加农民收入，提高市场对农产品的顾客让渡价值，需要通过科技创新，提升农副产品的供给质量，抵御来自国外农产品的竞争压力。截至 2022 年 5 月，我国有农业高新技术产业示范区 9 个，分别是陕西杨凌农业高新技术产业示范区、山东黄河三角洲农业高新技术产业示范区、山西晋中国家农业高新技术产业示范区、江苏南京国家农业高新技术产业示范区、河南周口国家农业科技园区、吉林公主岭国家农业科技园区、黑龙江建三江国家农业科技园区、内蒙古巴彦淖尔国家农业科技园区、新疆昌吉国家农业科技园区。可见，我国农业高新技术产业示范区数量较少且未能覆盖多数省份，有待进一步加快科技创新的步伐，粮食加工的深度也有待进一步提高，粮食加工的附加值还有较大提升空间。

尽管农业科技研发投资稳步增长带来了丰硕的创新成果，但农业科技推广体系存在诸多问题，使得这些科技研发成果的转化率偏低，这一困境的核心在于农业科技推广体系自身存在不足，束缚了新型农业经营主体的发展步伐，制约了农业科技成果的高效转化与应用。

农业科技推广体系面临的问题主要体现在以下三个方面：

第一，农业科技推广的体制机制尚不完善，无法确保服务质量和效率的双重提升。尽管改革已迈开步伐，将经营性与公益性业务分离，使农业科技推广机构能够更加专注于公益性服务，并鼓励市场力量参与农业科技的推广，但政府主导的推广体系仍占主导地位，行政化运行模式依然明显。在这种情况下，农业科技推广很容易官僚化。许多基层农业科技人员将行政工作视为主业，其提供科技服务的专业性和针对性大大降低，导致服务内容与农户实际需求脱节。此外，激励机制的缺失使基层农业科技人员工作动力不足，待遇与环境不佳进一步加剧了人才流失，非专业人员比例上升严重影响了服务团队的专业性和稳定性。因此，完善农业科技推广体制机制，实现更加灵活、高效、贴近需求的服务模式，是当前亟待解决的问题。

第二，农业科技推广的形式与内容面临单一化困境，难以满足日益多元化、个性化的农户需求。传统的自上而下推广模式，侧重单向的知识传递，如培训、资料发放及示范活动，却忽视了与农户的双向互动和反馈，导致服务缺乏针对性和实效性。农户在这一过程中往往处于被动接受状态，难以根据自身实际情况选择所需服务。此外，农业科技推广的焦点多集中于生产环节的技术指导，而忽视了农产品加工、经营管理及市场信息等关键领域的服务支持，这在一定程度上限制了农业产业链的延伸与价值增值。因此，探索更加灵活多样、注重个性化需求的农业科技推广模式，成为提升服务效能、促进农业可持续发展的重要方向。

第三，我国农业科技创新与市场需求的融合存在显著障碍。在现行评价体系下，高校与科研院所作为农业科技创新的核心力量，其研发活动往往倾向于追求学术成就与荣誉，而非实际应用价值，这导致科技成果的实用性和市场适应性不足，转化率低下。此外，农业科技的创新、推广和应用环节之间缺乏紧密的衔接，未能构建起“产学研、农科教”深度融合的科技服务体系。这种割裂状态削弱了科技创新服务农业发展的内生动力，使科技推广的效果难以显现，无法满足市场对高效、实用农业技术的迫切需求。因此，加强农业科技创新与市场需求的对接，促进各环节之间的紧密合作与互动，是提升农业科技转化效率、推动农业高质量发展的关键所在。

二、金融支持力度不够影响了融合主体的成长

近年来，我国的农村金融服务体系经历了持续的优化与改进，涉农贷款的规模呈现出稳步增长的态势。同时，农村金融服务不仅在量上实现了扩展，更在质上得到了显著提升。然而，随着我国农业发展模式的持续转型与深化，农业企业、农民专业合作社及家庭农场等新型农业经营主体对金融服务的需求日益增强，且这种需求正变得越发多样化和复杂化，对金融服务提出了更高层次的要求。当前，农村金融供给体系在满足这些新型经营主体需求方面正面临严峻挑战，这种供需不匹配的状况在一定程度上制约了新型经营主体的健康、可持续发展。具体而言，农村金融供给不足的问题体现在以下四个层面。

第一，现代农村金融服务体系的构建面临诸多问题，尚待进一步完善。现阶段，农村金融服务体系由政策性金融、商业性金融、合作性金融及新型金融机构等多种类型构成，尽管政策性金融机构与商业性金融机构在规模和

资金实力上占据优势，但它们对农业金融服务的专注度明显不足。政策性金融机构未能将促进农业发展置于核心战略地位，导致其应有的引导作用无法充分发挥；商业性金融机构在利润导向的驱动下，更倾向于避开具有高风险、高成本及低收益特性的农业，将资金流向收益更为丰厚的领域，从而未能充分满足农业发展的资金需求。这种现状揭示了农村金融服务体系在服务农业方面存在的结构性缺陷。在经济下行压力增大的情况下，商业性金融机构的盈利空间受到严重挤压，促使它们更加坚定了“离农”的倾向，资金越发倾向于流向非农业领域，以寻求更高的回报率。与此同时，合作性金融机构与新型金融机构虽以农村和农业为服务核心，但受限于自身规模较小、市场竞争力相对薄弱的现状，它们在为农业发展提供金融支持时显得有些力不从心。截至 2023 年底，农村合作金融机构总资产规模达到 47.62 万亿元，村镇银行资产规模仅 2.22 万亿元。此外，农合机构贷款总额为 26.41 万亿元，2021—2023 年复合增长率达到 12%；村镇银行各项贷款仅为 1.45 万亿元，户均贷款余额为 28.68 万元[①]。现有的小规模农村金融机构常常难以单独满足新型农业经营主体对大额信贷资金的迫切需求。这种资金缺口限制了农村金融机构对新型农业经营主体发展的有效支持。

第二，农村金融信贷的供给状况欠佳，大额信贷资源稀缺，且信贷产品结构较为单一，缺乏多样性（唐德才等，2019）。近年来，尽管我国涉农贷款规模持续扩大，但面对迅速崛起且充满活力的新型农业经营主体，信贷供给的缺口依然很大。从整体来看，众多经营主体均面临信贷资源匮乏的困境，甚至被排除在信贷体系之外，凸显了农村金融服务的局限性。农村金融市场信贷门槛较高、授信额度有限成为束缚农业发展的一大因素。相较于传统农户的小规模经营，新型农业经营主体在扩大生产规模、提升生产效率方面展现出强劲势头，这背后是对资金前所未有的渴求。从土地流转到科技赋能，从基础设施建设到现代化设备购置，每一环节都需要投入大量资金。这种大规模的资金需求，需要更具实力的金融机构来支持，然而，当前农村金融服务仍以短期、小额信贷为主。供需之间的错位现象越发严重，成为制约农业

① 资料来源：中国银行业协会农村中小银行工作委员会《全国农村中小银行机构行业发展报告（2023）》。

转型升级的一大瓶颈。此外，地域经济发展的不均衡与新型农业经营主体成长阶段的多样性，共同塑造了金融服务需求的区域化差异和多层次特性。这就要求金融服务模式的变革，即以更加灵活多变的金融解决方案精准对接各类主体的独特需求。然而，传统的涉农贷款市场普遍存在产品同质化严重、申请门槛较高等问题，显然未能跟上新型农业经营主体日益增长的多元化需求步伐。尽管部分农村金融机构已迈出创新步伐，试图通过产品创新破局，但整体而言，金融行业的创新动力与创新能力仍显不足，难以迅速响应市场需求的快速变化。对金融机构而言，信贷产品的创新面临高昂的交易成本，这也成为创新的一大阻碍。在信息不对称的复杂环境中，为不同规模、不同类别的经营主体提供个性化的金融产品，不仅技术难度大，而且难以实现规模效益，特别是对小额信贷需求而言，单位资金成本高昂，进一步抑制了金融机构创新的积极性。因此，农村金融信贷供给的不足和信贷产品结构的单一是制约农业发展的重要瓶颈，亟须通过创新和改革来破解。

第三，农村金融的信用环境需进一步改善。目前，针对新型农业经营主体的征信体系尚未建立，这会在一定程度上制约金融机构的信贷供给。2023 年第四季度，农村商业银行不良贷款率为 3.34%，远高于商业银行（平均不良贷款率为 1.59%）①。在信息不对称的情况下，金融机构在审查经营主体的信用状况与授信决策时，不得不背负较高的信用评估成本，这无形中让许多金融机构面对潜力客户时心生顾虑，陷入“欲贷还休”的尴尬境地。同时，农村产权抵押贷款这一本应成为金融创新亮点的领域，发展较为迟缓，未能有效对接市场的庞大需求。近年来，我国在推动土地经营权、农村住房财产权等新型抵押物贷款业务方面已迈开步伐，并尝试探索林权、集体资产股份权、农业生产设施及大型农具等领域，以期通过局部试点，掀起全国范围的改革浪潮。然而，目前这些业务仍处于初期阶段，面临法律制度不健全、价值评估体系不完善、市场接受度不高等严峻挑战。具体而言，农村产权抵押贷款业务的发展面临以下三个方面的限制：一是相关法律法规的制约。在推进农村产权抵押改革之前，我们首先面临的是法律法规层面的制约。现行的《中华人民共和国民法典》《中华人民共和国土地管理法》等法律，对农

① 资料来源：https：//www.china-cba.net/index/showw/catid/169/id/43093。

村产权抵押设有诸多限制性条款，亟须进行修订与补充，以确保改革有法可依、有章可循。二是农村产权抵押物的价值评估体系尚待健全。鉴于农村资产与产权的多样性及其价值影响因素的复杂性，构建一套具有市场可比性的评估机制无疑是一项艰巨的任务。因此，我们不仅要深入研究各类资产的价值特性，还需探索建立适应农村市场的价格发现机制。三是农村农业资产与土地的违约处置问题。这些资产往往具有高度的专用性，一旦涉及违约，其变现成本高且过程复杂。加上农村产权市场的不成熟，土地产权的流通与变现更是难上加难。在农村，土地承载着农民的基本生计与未来希望，任何涉及农民资产与土地产权的违约处置，都可能触动社会的敏感神经，引发广泛的社会关注。因此，在推进改革的同时，我们必须兼顾农民利益与社会稳定，寻求更加稳妥、更加人性化的解决方案（陈维操，2021）。

第四，农业保险服务的供给明显不足，亟须改善。相较于其他国家，我国农业保险领域的发展尚处于初级阶段，近年来虽有显著进步，但与蓬勃发展的新型农业经营主体的实际需求相比，仍显现出明显的供需不匹配。这一不匹配的核心在于保险行业的整体实力与业务专业能力难以支撑农业这一高风险、高赔付需求领域。具体而言，我国农业频繁遭受自然灾害与疫情的侵袭，且影响范围广泛，使得农业保险业务天然具有极大的不确定性与巨额赔付的潜在压力。应对这样的系统性风险，技术层面的防控手段显然不够，保险机构的资本实力、风险管理能力及业务创新能力在很大程度上发挥着决定性作用。但是，市场上能够提供专业、全面农业保险服务的机构寥寥无几，从而形成供给短缺的局面。此外，农业保险领域的经验与数据相对匮乏，这加剧了保险公司在理赔过程中的挑战。由于缺乏充足的历史数据与行业经验作为参考，保险公司在评估损失、防范道德风险方面不得不投入更多的人力、物力，进行详尽的现场勘查与损失核算，这无疑会增加运营成本，也会影响服务效率与客户体验。综上所述，我国农业保险的发展面临保险机构实力不足、业务能力有限、系统性风险难以控制、经验数据匮乏等多重挑战，亟待通过政策扶持、技术创新、市场培育等多方面努力加以克服，以更好地服务于农业现代化进程中的新型经营主体。由于资金投入，尤其是国家补贴资金的覆盖范围有限，加上地方财政能力的限制，政府原本承诺的农业保险补贴在实际执行中常常难以充分落地。这一资金瓶颈不仅加剧了农业保险市场的供给不足，还对新型农业经营主体构成了显著的发展制约。具体来说，保险补贴的不到位使得农业保险的成本对经营主体而言依然较高，降低了他们参保的积极性和可能性。这种情况不仅阻碍了农业保险在更广范围内的普及，也限制了农业保险在分散经营风险、保障农民收入方面应发挥的重要作用。进一步地，缺乏充分的保险保障，新型农业经营主体在扩大生产规模、引入先进技术和创新经营模式时往往顾虑重重，不得不自行承担更大的自然风险和市场风险，这不仅会增加经营的不确定性和脆弱性，也会制约农业现代化和可持续发展的步伐。因此，解决农业保险补贴资金不足的问题，对于促进农业保险的健康发展、保障新型农业经营主体的利益、推动农业现代化进程具有重要意义。政府、社会和市场应共同努力，加大资金投入、拓宽资金来源、优化补贴政策，为农业保险的发展提供坚实的资金保障，满足新型农业经营主体的实际需求，推动农业的持续健康发展。

三、要素供给不足影响了产业融合的质量

当前，农村地区正面临生产要素短缺的问题，束缚了农村产业深度融合与协同发展的步伐。这一问题具体表现在以下两个方面。

一方面，农村土地作为基本生产资料，在流转过程中常常遭遇梗阻，这直接阻碍了现代农业集约化经营的实现，若用地供给问题无法得到有效解决，乡村各项建设事业将停滞，人口与产业将持续外流，乡村振兴这一宏伟目标也将难以实现（唐伟成等，2025）。当前，基层农户对土地制度改革的深层次认知明显不足，不能充分把握土地流转的核心意义及其增值潜力。在社会保障体系尚不完善、保障水平偏低的农村环境中，农户普遍担忧土地流转可能削弱土地作为基本生活保障的功能，这种担忧直接削弱了他们的流转意愿。同时，土地流转市场尚处于初级阶段，交易行为缺乏规范性和透明度，大量交易依赖非正式的口头协议或中间人担保，缺乏具有法律效力的合同文本和详尽的条款保障，极易产生纠纷，损害农户权益。此外，土地流转市场缺乏统一的标准和平台，导致供需双方信息闭塞，交易成本高昂，严重阻碍了土地流转的顺畅进行。在土地经营权流转过程中，专业价值评估体系的缺失也是一大痛点，定价机制的不完善使土地经营权的经济价值被低估，挫伤了交易双方的积极性。

另一方面，农村征地制度和经营性建设用地改革的历史遗留问题依然突出。过去，农村土地征收过程中存在诸多不规范操作，被征地农户和集体的权益未能得到充分保障，征地后的生活安排也面临诸多不确定性。同时，农村集体经营性建设用地无法自由进入市场流通，城乡土地市场的分割状态限制了农村集体分享土地增值收益的机会。尽管近年来国家积极推进土地制度改革试点，为全面改革积累了宝贵经验，但改革之路依然任重而道远。随着2020年1月新版《土地管理法》的正式施行，农村征地制度迎来了重大变革。补偿标准与范围的提升以及保障制度的完善，为农民权益提供了更为坚实的法律保障。该法打破了城乡土地市场的壁垒，允许农村集体建设用地直接进入市场流通，标志着农村土地资源配置的市场化进程迈出了重要一步。然而，农村土地改革的深化之路仍面临诸多挑战。当前，改革方案虽已出台，但在具体执行层面，尚缺乏详尽的实施细则作为指导，导致改革措施难以精准落地。例如，征地补偿中涉及的农用地上附着物、青苗等具体补偿标准尚需明确，农民社会保障费用的筹措与管理机制有待完善，各地区综合地价标准的制定和实施更是需要细致规划与调整。此外，农村集体经营性建设用地入市的新政策对农村集体经济组织的管理能力提出了更高要求。如何在保障农民集体利益的同时，实现土地资源的有效配置与增值，成为摆在农村集体经济组织面前的一道难题。尽管我国农村土地改革步伐不断加快，但与蓬勃发展的新型农业经营主体相比，改革进程仍显滞后。这种滞后不仅限制了新型农业经营主体在土地要素上的获取与利用，也影响了其整体发展速度与质量。因此，加快农村土地改革配套政策的制定与实施，推动改革措施精准落地，对于促进新型农业经营主体的发展、推动农业现代化进程具有重要意义。此外，产业链上的各要素不是各个主体的简单相加，而是互补、协同、共生的关系，要协同联动各类生产要素，为彼此注入新的动能，借助新基建推动契机，强化农业农村基础设施互联互通（卢京宇、郭俊华，2023）。目前，农村基础配套设施如道路、水电、网络等滞后，且部分资源供给不足，这些问题在一定程度上影响了农村产业融合的进程。农村土地流转机制的不健全与基础设施建设的滞后，成为制约农村产业深度融合发展的双重壁垒。审视当前多数农村地区的基础设施状况不难发现，部分农村区域的交通与物流网络体系尚不完善，这主要体现在农村道路宽度不够、物流技术应用不成熟等方面，这些基础设施方面的局限，导致农产品从生产地点向加工厂或市场转移的运输费用显著上升。这一状况使产业链条上的各个环节均需承受更高的运输成本，不仅增添了特色资源开发利用的难度，也在无形中加大了农村产业融合发展所面临的成本与风险方面的挑战。

"人才是第一资源"，人才的存量越大，对产业投资的吸引力越强；人才的质量越高，产业转型和可持续发展的动力越强。尽管政府采取了多样化的策略以吸引并留住人才，但是人口流动的自然趋势与规律依然难以阻挡——呈现出不可逆转的流动态势。农村地区"空心化"问题依然严重，存在以下几个主要短板：首先，当前的人才培育土壤贫瘠，致使专业精英稀缺，加上产业配套、居住条件、医疗保障、教育资源等方面的吸引力不足，未能形成产业与人才相辅相成、共同繁荣的良性循环机制。其次，对农民主体地位的忽视，限制了他们的积极参与，未能激发其内在动力。唯有深切关注农民的真实需求与愿望，将其作为产业发展的核心，方能确保项目根植于本土，吸纳农民的智慧与经验，减少推进过程中的摩擦与障碍。最后，管理型人才，特别是那些能够精准布局乡村产业，有效协调政府、市场与农民关系的"能人"的匮乏，成为制约产业融合向纵深发展的关键。加强对这类人才的培养与引进，对于推动乡村产业融合、实现可持续发展具有重要意义（申学锋等，2023）。此外，农村产业融合发展在资金筹措上遇到了一系列问题，具体表现为融资难度大、资金成本高以及融资渠道相对有限。资金的短缺无疑会进一步制约农村产业融合的推进。农村地区还面临严重的人才匮乏问题，尤为突出的是跨领域、跨学科的综合型高端人才存在巨大缺口，远远跟不上实际发展的迫切需求。这不仅限制了农村产业融合发展的深度与广度，还直接影响了农村企业的管理效能与竞争优势。因此，生产要素的缺失、资金配套的困境以及人才的匮乏，共同制约着农村产业融合的发展，亟须通过政策创新和资源投入加以破解。

当前，我国农村第一、第二、第三产业融合的形式多为纵向融合，主要表现在产业链的向前、向后延伸，且融合深度有待进一步拓展，融合的价值还需进一步提升。农村现有产业的辐射带动力较弱，加上利益联结机制的不完善，产业融合速度有待提高。在农村产业融合的生态系统中，参与主体日益多样化，农户、专业合作社、龙头企业等纷纷加入，共同构成了一张错综复杂的合作网络。然而，这张网络中的利益联结纽带尚显脆弱与不规范，导致各市场主体在利益分配时难以达成共识，进而阻碍了产业融合的顺畅推进。普通农户是农村产业融合中重要的市场主体。当前，普通农户在农村产业融合中的参与模式较为单一，大多局限于订单合作的范畴，而鲜有通过股份合作享受分红的机会。这种状况限制了农村产业融合对普通农户的影响与带动，进而在一定程度上阻碍了农村产业融合的整体发展与潜力释放。

四、利益联结机制不规范影响了产业融合的速度

农村各相关市场主体融合是产业融合发展的着力点，而良好的产业融合利益联结机制可以有效保障农民的根本利益（唐承财等，2023）。在农村产业融合的生动实践中，参与主体展现出多元化特征，包括农户、农业企业、合作社、地方政府及各类服务机构等，它们在农村产业融合的过程中扮演着不同的角色。值得注意的是，农村产业融合并非各参与主体共同或首要的发展目标，而是它们在追求利益最大化的同时，通过相互间的交织与碰撞，自然形成的一种宏观层面的发展趋势。换言之，利益最大化作为内在驱动力，引导着各主体在农村产业融合的大潮中寻求合作与共赢。为了保障农村产业融合的稳健前行与高速增长，我们必须聚焦各主体间利益纠葛的化解与协调。这要求我们设计并落实一套既科学又合理的利益平衡体系，促进各主体间优势资源的互补融合，实现利益成果的共享，并在面对挑战时携手共担风险。这样的机制设计至关重要，不仅有助于平衡和协调各主体的利益关系，还能激发它们参与农村产业融合的积极性和创造力，从而推动农村产业的繁荣与发展。

推进农村三大产业融合发展，关键在于建立一套健全的利益联结机制。这一机制是确保农民从产业深度融合中分享增值红利的关键。然而，我国当前在经营主体与农户之间尚未建立起稳固的风险共担、利益共享的合作纽带，导致农民难以触及并分享到农产品加工与流通链条上的增值部分。具体而言，利益联结机制尚显松散，合作形式缺乏多样性，订单农业作为主流模式，其固有的履约不稳定性及高违约率，限制了农民通过价格保护、利润回馈及股权分红等途径参与收益分配的能力。这不仅挫伤了农民参与产业融合的积极性，也制约了农村产业融合向更深层次发展的步伐。此外，部分工商资本在

参与过程中，因社会责任意识薄弱，往往利用自身优势地位，对农村资源进行强势配置，过分追求自身经济利益最大化，而忽视了与农户的协同发展，导致农民被边缘化，无法充分享受产业融合带来的福祉。风险防范机制尚不健全也是制约农村三大产业融合发展的重要因素。农村地区的风险防控体系较为薄弱，特别是在土地流转、订单农业等领域，缺乏有效的风险缓冲机制，如风险保障金制度。同时，农业保险与担保体系的不完善，加剧了农户在与企业合作中面临的自然和市场风险敞口。这种高风险的环境不仅会影响农户参与的积极性，也会制约农村产业融合发展的稳定性与可持续性。因此，要推进农村三大产业融合发展，我们需要进一步完善利益联结机制、增强工商资本的社会责任感、健全风险防范机制。

第九章 Chapter 9

其他国家乡村建设实践及对我国的启示

第一节　欧洲发达国家的乡村建设实践

欧洲发达国家的乡村建设实践主要体现了“以人为本”和“以生态为中心”的理念。欧洲发达国家在乡村建设实践中非常重视生态、经济和社会的协调发展。例如，法国是世界上主要的农业大国，在全球农业大国中排名第五，也是欧盟最大的农业国家，农业极为繁荣，盛产小麦、大麦、玉米等粮食作物及多样化的水果和蔬菜。尤为突出的是，法国的葡萄酒产业在全球占据领先地位，产量稳居世界榜首，也是世界主要的农副产品出口国。法国现代农业的飞速发展，深刻体现了绿色、环保与可持续的核心理念。

一、法国的乡村建设实践

法国的农业现代化能在短时间内取得显著成效，核心在于以下四点：第一，高度专业化的科学规划。法国农业的发展根植于精细而科学的规划，确保了资源的优化配置与高效利用，推动了农业向专业化、精细化方向迈进。第二，合作社的核心驱动作用。合作社作为关键节点，有效整合了农业资源，促进了农户间的合作与信息共享，提高了农业生产的组织化程度和市场竞争力。第三，“教学—科研—推广”无缝对接体系。法国构建起了从理论到实践、从科研到应用的完整链条，确保了农业科技的快速转化与应用，为农业可持续发展提供了强有力的技术支撑。第四，制度体系的完善与支撑。法国政府通过制定一系列规范和具有支撑性的政策措施，为农业现代化提供了坚实的制度保障，促进了农业生态环境的改善、生产效率的提升和市场机制的完善。

在推进乡村建设的过程中，法国将生态宜居作为内在要求，生态农业被提升至农业产业的中心地位，成为驱动经济整体发展的引擎。法国极力避免对生物多样性的不利影响，以确保农业活动与自然和谐共生，通过生态引领，激发新能源研发、生态保护、环境维护及土地改良等多元产业的协同发展，构建了一套以生态保护为核心的自给自足、良性循环的系统。法国在生态农业领域的卓越成就，使其在欧洲乃至全球范围内都成为典范，其技术标准和操作规范被广泛采纳为生态农业的基准模板。在这一发展过程中，政府、行业协会和各类专业组织展现出高度的协同与默契，织就了一张紧密的合作网络，确保了政策导向的精准性、技术创新的活跃性以及市场机制的顺畅运行，为生态农业的持续繁荣提供了坚实支撑。

生态农业相较于传统农业，实现了科技与管理现代化的深度融合，构建了一套在生态与经济双维度上均实现良性循环的体系。它不仅致力于环境资源的可持续利用，还力求经济效益的最大化，通过精准施策与科学管理，有效平衡了生态保护与经济发展的关系。因此，生态农业被视为一种高效且前瞻的农业发展模式，为农业的繁荣与振兴开辟了新路径。

政府在发展计划和实际操作中的前瞻性与主动性，向市场传递了正向的信息，将社会资源集中到生态农业上来，这一点值得那些以特色农产品和生态农业为主的县、乡镇及村庄参考。法国素有“欧洲的中国”之称，其农业经济在欧盟成员国中占比最大。平稳、快速、可持续发展是法国社会稳定的关键。在第二次世界大战前，法国农业以进口为主。在第二次世界大战后，法国仅用20多年时间就完成了农业现代化。法国农业的现代化进程主要体现在两个方面：第一，法国在工业化浪潮中，成功实现了工业与农业的相互促进和协同发展，两者相辅相成，共同推动国家经济全面进步；第二，法国政府审时度势，制定了科学合理的农业发展策略，并深入实施乡村改革，聚焦“一体化农业”的开展和“领土整治”的推进。作为一种创新的农业发展模式，“一体化农业”的核心在于通过构建稳固的契约关系，将农场主、工商业资本家等紧密联结在一起。这一模式不仅融入了现代农业科技的最新成果，还借鉴了企业管理的先进理念，实现了农业、工业和商业之间的深度融合与协同发展，构建了一套利益共享、风险共担的综合性经营体系。这一体系的建立，极大地提升了农业生产的效率与效益，为法国农业的现代化转型注入了强劲动力。此外，法国的生物科技、电子技术及化学工业等前沿产业，为农业供应了高效的机械装备、先进的育种技术及原材料，极大地推动了农业机械化与生物科技的现代化进程。这一过程不仅强化了农、工、商三者间的相互依存与协作，还促进了利益一体化机制的构建，成为法国社会生产力高度发展的鲜明标志。

回溯至第二次世界大战前夕，法国农业以小型农场为主导，国家内部存在显著的区域经济发展不均衡现象，工业发达地区与农业区域、经济繁荣地带与欠发达地区并存。为破解这一难题，领土整治策略应运而生，其核心在于政府积极介入经济领域，通过一系列强有力的干预措施，聚焦农业及经济相对滞后的地区，精心规划并实施现代化工业建设。这一战略旨在打破区域发展不均衡的现状，促使资源优化配置，缩小城乡、区域之间的经济差距，最终达到全国经济均衡、协调与可持续发展的目标。首先，政府为了激励企业在乡村及偏远山区投资设厂，并促进新兴工业区的规划与发展，特别设立了“地区发展奖金”与“农村特别救济金”两项政策工具。这些措施被视为调整国家经济布局、缓解区域发展不平衡的关键步骤。其次，政府设立了“手工业企业装备奖金”，旨在鼓励和支持在乡村、乡镇及新兴城市边缘地带发展手工艺品制造业，挖掘手工业的潜力，促进经济收入的多元化，并创造更多的就业机会，进一步推动地区经济的全面发展。最后，法国高度重视畜牧业的发展。鉴于畜牧业是农业的核心组成部分（占比超过 50%），政府致力于强化畜牧业的支柱地位，通过发挥其优势提升农民收入水平，缓解经济不均衡状况。上述针对农村地区的改革举措，为法国美丽乡村建设奠定了坚实的经济基础和物质条件（孟祥林，2017）。

二、德国的乡村建设实践

德国农业发达，机械化程度很高，是全球第四大农业最发达大国。20 世纪 50 年代之后，德国的城乡差距拉大，人口开始大量向城市迁移，城市负荷过重，乡村问题日益严重。德国作为欧洲第一大经济体，以机械制造、化工医药和汽车闻名全球。德国政府认为，乡村和城市是相互依存的，促进城市与乡村生活条件平等是政府的核心任务之一，政府应以土地整治、村庄革新的形式，推动乡村经济发展。在乡村地区，不仅有农业，还应有中小制造企业、服务型企业。产业振兴居于核心地位，而土地整治则是支撑其发展的基石。德国通过实施“村庄更新”，致力于提升乡村居住环境的品质与舒适度（黄璜等，2017）。在经历了工业化推动下的“逆城市化”后，德国乡村人口结构发生显著变化，非农业人口成为主体。为吸引并留住非农业人口，除了创造就业机会，还需着力提升乡村的绿色生态魅力与独特风貌的吸引力，以此作为增强乡村地区竞争力的另一重要维度（叶兴庆等，2021）。1976 年，德国创新性地将“村庄更新”策略纳入新修订的《土地整理法》，旨在通过维护并彰显每个村庄的地方特色与独特优势，对乡村社区环境及基础设施进行全面优化与升级。村庄的革新工作将重心聚焦于全方位的基础设施升级与完善，涵盖房屋结构的优化改造、道路网络的畅通建设、水电供应的可靠保障等多个方面，同时重视文化与环境的协调推进。在土地整理方面，利用土地规划的法规政策等，强化政府的宏观指导和干预；同时，鼓励农民进行土地租赁，带动农户合作模式和生产模式的全面升级。“村庄更新”是将其文化、休闲、生态等价值提高到与经济价值同等的层面，并以此为基础进行开发。乡村建设更多地关注在适当扩展的基础上进行局部的改善。自 2015 年起，德国农业部启动了一项名为“联邦乡村发展计划”的综合性战略，旨在汇聚多方资源与力量，多维度、全方位地推动乡村地区的繁荣发展，使其不仅在经济上焕发活力，更在环境、社会等多个层面展现出独特的吸引力与宜居性。同时，政府以教育和科技为依托，积极推进农业科研院所的建立，搭建农业创业中心网络，为农业发展和农产品销售提供便利。

步入 20 世纪 90 年代，“村庄更新”的理念得到深化与拓展，它不再仅仅局限于物质层面的改造，而是融入了更加全面、科学的生态发展观念。在这一时期，乡村的文化底蕴、休闲功能以及生态环境价值被赋予与经济价值同等重要的地位，成为乡村综合发展不可或缺的几个维度。乡村规划的策略正在发生显著变化，已聚焦局部区域的持续性优化，同时辅以适度的空间扩张，以应对人口结构与经济活动的变化。

随着产业“逆城市化”趋势的显现，乡村地区开始通过创造更多就业机会吸引并留住人口。第二次世界大战后的复兴阶段，城市迅速成为经济活动的中心，吸引了大量资源与人才。与此同时，农业机械化进程的加快，极大地提升了农业生产效率，同时也导致农村劳动力的大规模释放与转移。在此背景下，乡村地区面临人口流失的严峻挑战，原有的社会结构与活力逐渐削弱，呈现出一种相对空心化的状态。为应对第二次世界大战后乡村面临的挑战，联邦德国先后于1954年和1955年制定了《土地整理法》与《农业法》两部关键性法律。这些法律的主要目标是促进小农户之间的土地流转，实现土地的集约化经营，推动农业向规模化、现代化转型。同时，政府还致力于加强乡村地区的基础设施建设，以改善居民的生活条件，提升乡村的整体吸引力。通过精心规划产业基础设施布局与功能区，联邦德国成功地增强了小城市和镇区的产业配套与服务能力，为吸引大型企业入驻创造了有利条件。这一过程不仅促进了乡村经济的多元化发展，还加快了产业与人口的“逆城市化”进程，人们开始倾向于在乡村地区寻找理想的工作，形成了“工作在城市，生活在乡村”的新型生活模式。这一转变不仅缓解了城市的人口压力，也为乡村注入了新的活力（徐美银，2020）。

值得注意的是，德国百强企业中仅首都柏林就占据了三席，而众多行业巨头选择将总部设在风景秀丽的小镇推动了德国乡村的现代化进程，促进了城乡之间的均衡与和谐发展。以巴伐利亚州的宝马公司为例，其在20世纪70年代初的战略性决策——将主要生产基地迁移至距离慕尼黑仅120公里的Dingolfing小镇，为这一区域带来了前所未有的经济活力。宝马的入驻直接带动了周边百公里范围内乡村地区的发展，创造了超过25000个宝贵的工作岗位，成为乡村复兴与均衡发展领域一个可借鉴的典范（茅锐、林显一，2022）。在乡村振兴进程中，村庄更新项目正在逐步推进，不仅精心塑造了众多乡村独有的风景线，还构建了生态与居住和谐共融的环境，让乡村成为人们心中向往的自然美景胜地。然而，随着乡村人口老龄化的加剧和人口数量的减少，基本生活服务市场的支撑力逐渐减弱，服务供给出现明显不足。这种供需失衡不仅削弱了乡村生活的便利程度，还加剧了人口外流的趋势，给乡村的可持续发展带来了挑战。尤为显著的是，医疗资源的匮乏促使老年群体纷纷选择离开乡村，转到城市居住。

此外，乡村地区还面临现代生活服务设施不足和就业机会有限的双重困境，使得年轻人在乡村寻找扎根之地时面临诸多困难。为了提升乡村的活力与吸引力，德国适时地提出了乡村“再次振兴”的战略需求。2014 年 10 月，德国联邦食品与农业部正式启动了一项乡村发展战略规划，其核心在于通过创新驱动，将农村地区转型为充满魅力与活力、宜居的地区。该规划精心布局了四大战略支柱。第一战略支柱是聚焦引领未来的创新战略与示范项目，鼓励农村发展的多元主体针对当前挑战，探索并实施前沿解决方案。通过专家评审体系，这些项目不仅为解决基本服务供给、促进社会内部发展、强化中小企业基础设施、培育乡村新文化形态及应对外部变化等关键问题提供了参考，更为农村政策制定铺设了具有前瞻性的路径。第二战略支柱是实施乡村提升计划，特别是针对 13 个面临结构性转型挑战的地区，每区注入高达 1500 万欧元的支持资金，旨在有效应对人口结构变动，提升地区价值，并稳固乡村就业基础，确保乡村经济的可持续发展。第三战略支柱是通过设立“活力乡村”与“未来村庄”等激励竞赛，激发乡村社区的创新精神，让乡村居民成为推动乡村复兴的活跃因子，共同塑造乡村的美好未来。第四战略支柱是强化研发与知识资源的流动，确保农村地区能够紧密连接创新生态系统，不仅促进科研成果在乡村的转化应用，还鼓励乡村发展领域的研究与创新，为乡村的持续繁荣提供源源不断的智力支持。为了持续激发乡村的繁荣活力，德国联邦食品与农业部已将推动乡村可持续发展置于战略核心地位，并于 2015 年专门成立了乡村战略部门。该部门专注于乡村发展战略的深入执行与全面监督，确保各项政策措施能够精准落地，有效促进乡村的长期繁荣与可持续发展。

三、荷兰的乡村建设实践

荷兰的国土面积只有 4 万多平方千米，在土地和农村资源匮乏的情况下，2017 年，其农产品出口总额达到了 917 亿欧元，仅次于美国，成为世界第二大农业出口国，同时是世界最大的花卉生产和出口国，其粮食、蔬菜出口世界排名第 2，还是世界上奶酪产量最大的国家。荷兰发展乡村采用的主要是精简集约模式，即通过充分整合现有农村资源，发挥地区优势，促进农村社会的和谐发展（沈费伟、刘祖云，2016）。例如，20 世纪 50 年代，荷兰政府就颁布了《土地整理法》，明确了政府在乡村治理中的职责和乡村发展的基本策略。70 年代以后，政府重新审视土地整理的目标，更加科学地规划和利用土地，实现了农业经营的规模化和完整化，进而带动了乡村旅游和乡村服务的发展，改善了农民的生活质量。80 年代，荷兰通过“链战略行动计划”“创意农业产业链”等，在农业生产效率、农业设施等方面取得了较大成就，成为欧洲最先进的农业大国。荷兰农业以其高度集约化、专业化的生产模式，融合前沿科技与现代化经营策略，成功实现了乡村地区第一、第二和第三产业的紧密融合与协同发展。这一独特的农业体系，建立在高效运作的农业产业链之上，不仅铸就了荷兰农业在全球范围内的辉煌，还不断创造着令人瞩目的农业奇迹。

四、瑞士的乡村建设实践

瑞士是发展农村经济比较成功的国家之一。瑞士政府在乡村发展过程中采取了许多有力措施，具体如下：

第一，不限制农村劳动力流向城市及其他地区，同时采取一系列鼓励农村劳动力自愿留在农村的措施，主要包括农业补贴、关税及进口限额、购买剩余农产品、道路建设、农村住宅翻新等。以上措施促使瑞士的城市化长期以来始终保持在低水平上，其小型企业遍布全国，制造业绝大多数集中在小镇上，从而实现了城乡均衡发展。

第二，巧妙利用生态环境，打造出别具特色的乡村发展模式。例如，别致的小村落和农舍自然地分布在绿色的田野和山坡上。瑞士的乡村发展模式强调通过维护乡村的自然风光凸显地域特色，以及通过构建便捷的交通网络，增强乡村的整体吸引力。

第三，非常重视有机农业和特色产业的打造。瑞士 70% 的国土为山地，农业在国民经济中占比虽小，却以其高品质的产品和独特的模式，为国家赢得了“世界花园”的美誉。瑞士高度重视有机农业的发展，有机农产品的种植面积约占 12.2%，有机农产品的比重和人均消费均居世界首位。瑞士注重特色产业的打造，依托阿尔卑斯山脉高原和山地的优越生态环境，形成了以畜牧业为主导的山地生态农业结构。巧克力、咖啡、奶酪是瑞士农业工业化的“三宝”，在欧洲享有盛誉。

第四，通过一系列措施促使乡村社会经济价值提升——不仅成为自然风光的典范，更成为吸引人们居住、旅游和投资的热土，使生态环境与乡村和谐发展。首先，瑞士政府始终非常重视农村地区的发展，持续致力于乡村治理，全国各地乡村包括偏僻小村普遍整洁有序、环境优美，邮政电信服务和道路交通网等基础设施全面覆盖，堪称舒适宜居。其次，瑞士把完善基础设施作为农业农村发展的第一要务，并通过立法来保障实施，其中重点是道路交通运输、水电供应和电信服务等。此外，瑞士还制定了国家级农业农村发展规划，为各方提供政策指导框架——既有可直接实施的具体措施，也有中长期规划，包括扩大农业生态网络，协调农业发展与自然保护的关系，推动城市与乡村建立相互依存和多样性的互补关系，发展环保型和可持续型农业和食品工业等。瑞士把乡村建设和繁荣提升到战略高度，将改善农村特别是山区生活条件和经济状况作为一项长期任务。

第二节　美国的乡村建设实践

一、美国乡村建设现状

自20世纪初起，美国便步入了郊区扩张与小城市蓬勃发展的黄金时期。然而，进入80年代后，乡村经济因资源过度开采逐渐步入衰退期，急需进行转型。这一时期，美国的农业立法重心转移到基础设施建设、就业促进及科研激励三大领域。乡村建设的具体措施可细化为以下三个方面：

第一，构建了发达高效的基础设施体系。回溯至19世纪，美国已踏上交通基础设施建设的征途，驿道拓宽、运河开凿、铁路铺设及公路网建设等极大地拉近了农村与外界的距离，加快了美国农业向专业化、集约化生产的转型步伐。美国将强化基础设施体系视为首要原则，致力于构建一个坚实而完善的基础设施网络，以充分满足乡村居民的基本生活需求。为了实现这一目标，美国政府精心规划乡村整体布局，确保高速公路等关键交通设施贯穿其间，形成了便捷、高效的交通网络。同时，美国政府坚持“七通一平”（即排水、道路、电力、给水、电讯、热力和煤气等基础设施全面贯通，以及场地平整）的高标准建设要求，从而确保乡村基础设施的质量和实用性。在推动乡村基础设施建设的征程中，美国政府将政府力量与开发商资源有机融合，形成了一种共担投资、共享成果的良好合作模式。这一模式不仅有效缓解了美国政府在基础设施投资方面的财政压力，还激发了开发商的积极性与创造力，为乡村地区带来了更加完善、高效的公共服务设施。为了进一步激励农业及农村社区的发展，美国政府还推出了一系列专项税收优惠、社区设施融资支持与补贴政策，为乡村的长远规划与可持续发展注入了强大的动力。

第二，实施了严格的农地保护制度与可持续发展战略。20 世纪 60 年代，美国政府正式拉开了“生态村”建设项目的序幕，旨在促进农业与环境和谐共生。一系列生态环境保护举措的出台及实施，极大地改善了乡村的自然风貌。清新的空气、葱郁的山林、丰富的野生动植物资源以及壮阔的自然景观，不仅提升了居住品质，还成为吸引外部投资、促进经济多元化发展的重要驱动力。70 年代中期，美国政府为了更有效地管理土地资源，在农业部内成立了土地委员会，专注于监控和防止耕地被非农业侵占。进入 80 年代，美国进一步加大了资源保护的力度，启动了一系列资源保护计划，包括长达 10~15 年的轮作休耕与生态恢复项目。这些举措为美国农业的持久繁荣与可持续发展奠定了坚实的基石。在 2008 年国际金融危机的影响下，美国乡村地区遭遇了就业增长停滞、贫困率上升以及人口外流等严峻挑战。这些挑战促使政策制定者将立法重心转向支持落后地区与推动乡村可持续发展的新路径上，具体策略涵盖三大关键维度：一是深化基础设施与优化公共服务体系；二是构建多元化金融体系，激发乡村经济活力；三是定向扶持贫困与偏远乡村，促进均衡可持续发展。

第三，实施规模化农业政策。美国政府通过立法形式确立了财政对农业的扶持政策，以 1933 年《农业调整法》的颁布为标志性里程碑。该法案不仅奠定了农业政策调整的基础，还确立了此后每五年一次的重要修订惯例，持续指引着农业政策的优化方向。20 世纪 30 年代，美国农业经历了大萧条时期，城乡居民收入一度达到 2. 49 的峰值。此后，美国开始实施多项农业支持政策，使农业人口收入持续增长，农产品出口竞争力大幅提高。美国凭借卓越的农业生产能力和全球领先的农产品出口竞争力，在农产品出口市场上位居世界前列。根据世界银行的统计数据，截至 2023 年底，美国人口总数约为 3. 35 亿，其中农村人口约为 0. 56 亿，农村人口占全国总人口的 16. 72%。

2023年，美国第一产业增加值达到2517亿美元。不到17%的农业人口不仅养活了美国3亿多人，还使美国成为全球第二大农产品出口国。

二、美国农业实现现代化的路径

（一）农业机械化和规模化

美国的农业机械化普及率非常高，20世纪50年代以后，美国95%以上的小麦，几乎所有的大豆、玉米是由联合收割机收割的。美国农业已经完成机械化。60年代以后，随着农场数量的减少和农场规模的扩大，农机数量减少，农业机械化开始朝着农业机械大型化、多功能化和高科技化方向发展。机械的广泛应用使农业生产效率得到了大幅提升。美国在现代农业和乡村发展中呈现出高度机械化主要有两方面原因：一方面是人口少；另一方面是得益于现代科学技术在农业各环节的深度融合与广泛应用。美国根据自身自然环境的多样性，如气候、土壤和地形的独特性，以及农作物生长需求的差异性，巧妙地将国土划分为十大农业区域，这一战略性的布局促进了农业从传统的“多种复合”模式向现代“专业化”模式转型。与此同时，美国农业在生产与加工环节展现出高度的现代化特征。对于小麦、玉米、棉花、大豆等传统大宗作物，从播种到最终入库，整个过程均广泛采用先进的自动化机械设备。美国的可耕地面积占世界耕地面积的份额达到13%，总面积近2亿公顷，人均耕地面积高达0.66公顷，彰显了其农业资源的丰饶。在当前的农业经营格局中，美国以各类农场作为规模化农业的主体力量。合作农场与公司农场则在此基础上，通过合伙制或股份制的形式，进一步巩固了家庭农场的基石地位。尤为突出的是，以家庭农场为核心的经营模式，即家庭农场通过兼并种植与养殖农户，实现了资源的持续优化整合，逐步在市场竞争中展现出比较优势。这种规模效应不仅直接促进了农业生产效率的提升，使农场能够享受规模报酬的益处，还显著增强了大型农场对抗自然波动与市场不确定性的能力。

（二）生物和农用化学技术应用

随着农业机械化的全面实现，机械化对农业生产率提高的贡献度逐渐下降，生物和农用化学技术逐渐成为农业现代化创新的驱动因素。美国的生物和农用化学技术在第二次世界大战后就开始大规模普及与应用。1940—1970年，农场主对农作物基本肥料的购买增加了8倍，到20世纪80年代，农业中化肥、农药和除草剂的投入指数比40年代增长了13.6倍。美国超过90%的玉米、棉花和大豆是通过转基因工程生产的。在农业实现全面现代化阶段，农作物增产中的30%~40%来自农业化学技术的应用。在有关法律的保护下，美国精心构建了一套以农业部为中枢，以农学院和农业推广站为坚实两翼的科技成果转化与应用体系。其中，农业部在农业知识与技术的积淀和传播中扮演着至关重要的领航角色。19世纪后半叶以来，美国农业生产领域机械化进程加快；与此同时，生物技术与信息技术等前沿科技蓬勃发展，推动了美国农业的“绿色转型”。为深度挖掘科技潜力，美国构建了以高等教育机构为引领的技术创新与推广网络，该网络通过构建多元化的融资架构，成功汇聚了政府专项拨款、公益性质基金及市场主体的资金，为农业技术的深度研发与广泛推广提供了强劲的资金活力。

为了确保科技人员队伍的稳定与高效，美国实施了包括激励机制、绩效评价体系及成果转化收益分配机制在内的一揽子措施。这些措施不仅激发了科研人员的创新活力，还促进了科技成果从实验室向田间地头的快速转化与应用。

（三）农业信息化的实现

美国引领全球农业信息化潮流，拥有全球最大的农业信息网络系统AGNET。该系统横跨美国46州，并延伸至加拿大6省及另外7个国家。该系统对接了美国农业部，同时紧密联结了15个州的农业署、36所大学，以及众多农业企业。该系统的应用将美国的市场信息、生产参数、资金信息、劳动力信息等集中起来，经系统优化运算选定了一种最佳种植方案，大幅提升了美国农业的可持续性和效率。20世纪中叶以来，美国颁布了一系列法案，为数字乡村建设铺设了坚实的法律基石，明确了农村数字化治理的航向，并为其信息化建设构筑了强有力的支撑体系（高峰峰、王剑，2021）。21世纪初期，美国率先在农场内实现了“3S”技术、智能农机装备及计算机网络技术的深度融合与广泛应用。这些举措显著促进了农业生产效率与效益的双重飞跃。随着农业技术应用范围的不断拓展，服务化趋势日益显著。农业领域的劳动分工格局在科技的驱动下经历了深刻变革，催生了众多新型经营主体和多样化的产业服务模式。在此背景下，农业的领军企业，如孟山都、杜邦先锋、约翰迪尔等纷纷响应，构建了农业生产数据库系统。这些系统不仅能为农场提供精准的个性化定制服务，还进一步拓展至市场营销信息咨询服务领域，实现了从生产到销售的全方位支持。这些创新举措不仅极大地提升了农业运转的效率，更为农业的规模化、智能化转型打下了坚实的基础。

（四）各项政策的支持

美国农业的高速发展离不开政策的支持。早在 1862 年，美国农业部就前瞻性地确立了农业作为国家经济基石的角色，并将其视为制造业与商业繁荣的根基。随着工业革命浪潮的席卷，工业经济在美国经济版图中的比重持续攀升，工业的发展推动了农用设备的更新和在农业领域的应用，加快了农业现代化的步伐。同时，美国政府通过一系列扶持与保护措施，确保其农业维持着全球领先的竞争力。自 20 世纪 30 年代罗斯福新政后，美国的农业支持与保护政策体系日臻完善，覆盖了从土地资源与水资源保护、农业科技革新、农业价格与收入保障、农业信贷扶持、税收优惠政策到农产品国际贸易等多个维度。农业补贴作为该政策体系的核心，对促进农业持续增长、稳固乡村经济基础地位具有不可替代的作用。在农业补助方面，美国构筑了一个多层次、全方位的支持框架，涵盖直接补贴、逆周期补贴、灾害救济、交易援助贷款以及出口补贴等多元化手段，旨在保障农场主的基本收益，提升农业的抗风险能力，确保农业部门的长期安全与稳定增长。美国政府还通过提供全方位的农业保护与支持措施，涵盖农业科研创新、教育普及、森林资源管理、能源可持续发展等多个领域，切实保障了农民群体的利益。20 世纪 30 年代以来，美国出台了 20 多部农业基础法律，这些法律不仅见证了美国对农业支持力度的持续增强，也反映出政府支持规模和覆盖范围的逐步扩大。自 20 世纪 70 年代起，美国农业科技成果的普及率达 80%，这些创新成果对农业增产的显著贡献超过 75%，这两项卓越指标将美国的农业科技推广与农业生产力提升到世界前列。可以说，农业科技创新及高效推广是美国农业高生产率的坚强后盾（夏金梅，2019）。此外，美国的农业合作社制度也推动了美国农业向资本密集型转型；同时，美国出台的一系列农业保险和期货政策在一定程度上分散了农户的风险。

美国农业能屹立于国际前沿，还在于其健全的农村金融服务体系与农作物保险机制的双重支撑。当前，美国农村金融服务体系已发展至政策性、商业性及合作性金融机构三者并驾齐驱的阶段，为农业领域提供了多元化、深层次的金融服务。回顾历史，农作物保险业务起初主要依赖私营保险公司的运作，然而，农业的高风险性使这一模式难以维系，多数尝试以失败告终。历经数十载的改革与探索，美国逐步形成了风险管理局与私营保险公司协同共进的保险体系新格局，为农业生产保驾护航，有效提升了农民的抗风险能力与生活质量。这一转变不仅彰显了美国农业政策的前瞻性与灵活性，也为全球农业保险体系的发展提供了宝贵经验。

第三节　韩国和日本的乡村建设实践

一、韩国的乡村建设实践

韩国面临工业化进程加快与城市扩张带来的城乡发展失衡、乡村人口流失及收入差距显著拉大等多重挑战。20 世纪 70 年代，“新村运动”兴起。这是一场由韩国政府自上而下精心策划并广泛动员的乡村全面振兴计划，其核心在于倡导“勤勉、自助与合作”的理念，调整城乡结构，促进农村经济复苏与农民福祉提升。“新村运动”以其周密的组织架构、科学的规划布局及强有力的政策扶持，成功激发了乡村产业的内在活力，逐步构建起一套以国民自主发展为核心的新模式。在此过程中，政府角色转变为辅助者，专注于为民众的自我实现搭建平台，极大地调动了农民的积极性。韩国政府依据农民参与的成效，创新性地实施了“基础村—自主发展村—自立示范村”的递进式分级管理体系。这一体系不仅促进了村庄环境的根本改善，还确保了经济繁荣与生态保护的双赢，为乡村经济的可持续发展奠定了坚实基础。韩国的“新村运动”以开展村庄建设项目提高农民生活质量、以开展教育活动提高农民整体素质为主要内容，以改革农村、维护农民利益、实现城乡经济统筹发展为最终目的。

韩国的乡村建设实践主要分为四个阶段。

第一阶段（1971—1980 年）。韩国政府早在 1962 年就成立了农村振兴厅，地方上又设立了农村振兴院、农村指导所等机构，集农业科研、农业技术推广、农民教育培训于一体，在乡村建设中发挥重要的技术支持和引导作用。1972 年，韩国成立了专门的研修院，培养乡村本地的骨干力量，并积极推动偏远地区的免费教育，同时颁布了《农渔民后继者育成基金法》等法律，保障农民教育方面的资金支持。在乡村居住环境和基础设施建设方面，韩国也出台了相关法律，在很大程度上调动了农民的积极性，扭转了韩国乡村基础设施薄弱的状况。

第二阶段（1981—1989 年）。韩国早在 1980 年就颁布了《新村组织培育法》，形成了以政府为主、以民间力量为辅的乡村发展模式。政府鼓励并引导乡村产业发展，并积极推动乡村金融业和物流业的发展。同时，韩国在乡村创办了村民公馆等民间组织，这些组织在乡村建设中发挥着关键作用。

第三阶段（1989—2005 年）。韩国乡村振兴的重点转向城乡融合发展，主要通过增加农渔民收入，改善乡村教育、交通、通信、环境、卫生医疗基础设施和综合福利设施等基本生活条件，提高农渔民生活质量，缩小城乡差距。

第四阶段（2005 年至今）。工业化和城市化的发展导致韩国乡村空心化、老龄化问题严重，有 1/3 的劳动力在 65 岁以上。针对这些问题，韩国实施了“归农归村”政策，对城乡人口流动进行了政策性调节和干预，引导年轻人归农归乡，从而促进了乡村的人才振兴。进入 21 世纪以后，随着国际农产品市场的日益开放与融合，农产品进口量的显著增长对韩国本土农产品市场构成了直接冲击。这使韩国传统农业面临前所未有的严峻挑战，其市场地位与竞争力均受到显著影响。国际竞争压力导致韩国农产品价格大幅下滑，农业劳动力面临失业风险，农民收入减少，传统农业产业规模趋于萎缩。针对这种情况，韩国开始调整农业结构，以促进乡村产业融合发展为目的，制定了“六次产业”政策，旨在依托本土农村及农民的力量，通过产业升级与创新，创造新型就业机会，提升农业价值链韧性，激发农村经济活力，使农业突破单一生产局限，全面融合并优化利用人力资源、自然资源与文化资源，实现发展模式的根本性转变（崔鲜花、朴英爱，2019）。韩国也非常重视生态农业和农业的可持续发展，为了发展生态农渔业，制定了一系列亲环境农业政策，增强了对农渔业的环境保护。

韩国乡村产业的蓬勃发展，深受日本“六次产业化”战略理念的启迪。在政府强有力的引导下，韩国致力于打造农产品从田间到餐桌、集生产与加工于一体的现代化工业园区，构建起一套高效协同的现代农业综合运营体系。该体系无缝衔接了生产、深加工及市场销售等环节。更为重要的是，韩国将此变革的根基深深扎在本土农村社区与农民之中，通过深度挖掘并整合本土独有的自然资源、人力资源及深厚的文化底蕴，激发了产业升级与创新的内在动力，从而实现了对传统农业发展模式的根本性重塑与升级。在政策支持方面，韩国政府针对金融扶持、市场拓展、国际贸易、基础设施建设、景观美化、区域发展规划、技术创新激励及成效评估八大领域，出台了共计 86 项配套政策，旨在为六次产业化背景下的农村综合产业发展提供坚实的法律支撑与制度保障。

韩国乡村治理策略与实施路径如下：一是针对农村基础设施陈旧的痛点，政府积极介入，大力投资于公共道路铺设、地下水网构建、乡村交通网络优化及河道桥梁建设，旨在全方位优化农村生活空间，显著提升农村居民的生活福祉与居住环境质量。二是政府将重点放在农业生产模式的转型升级上，积极倡导并推广水稻新品种的种植，同时鼓励农民实现经济作物的多样化种植，还致力于构建专业化、规模化的农产品生产基地，并以此为杠杆，显著促进村民经济收入的稳步增长。此外，韩国政府注重推进“农户副业企业”的孵化、“新村工厂”的设立以及“农村工业园区”的打造，这些也成为韩国优化农业产业结构、拓宽农民增收渠道的关键举措。三是政府注重培育互助合作型农业协会，通过提供专业化的服务指导与技术支持，强化农户间的合作与交流，促进城乡资源的有效整合与共享，实现城乡共赢的发展目标。四是为丰富农村文化生活，增强农民参与感与归属感，政府在各乡镇及村落广泛建立村民活动中心，定期举办各类文化活动，有效激发了农民的参与热情与创造力。五是政府深入实施国民精神教育计划，不仅提升了农民的知识文化水平，更创造性地引导农民自主参与乡村治理与建设，使新村运动成为推动韩国农业现代化转型的重要力量。

韩国的乡村建设如此之好，一方面得益于农业农村优先发展、坚持农民主体地位、推动城乡融合发展等一系列措施的制定和实施；另一方面是因为韩国政府构建了多形式、多层次的支持体系，调动了农民自主建设的积极性，并积极发展多元主体和相关职能部门，积极服务乡村建设（崔桂莲等，2020）。

二、日本的乡村建设实践

日本的乡村发展与韩国有很多相似之处。日本的农地经营规模比较小。根据日本农林水产省公布的数据，2020 年，日本的耕地面积只有 437 万公顷，弃耕问题突出，耕地利用率为 91%左右。劳动力老龄化问题严重，年轻劳动力严重不足。2020 年，日本的农业经营户比 2015 年减少 107.6 万户，降幅达 22%，基础农业劳动者数量为 136.3 万人，平均年龄为 67.8 岁①。20 世纪 50 年代中期以后，日本经济高速发展，城乡居民收入差距逐步拉大，导致农村人口不断离村，农业发展陷入困境。在此背景下，1961 年，日本颁布了《农业基本法》，开启了乡村振兴模式，之后陆续颁布了系列法律法规，明确了各地区农业发展的政策目标与实施方法，为长期稳定保障农村振兴提供了坚实的制度保障。进入 20 世纪 90 年代中期，日本农业产业疲惫，食物自给率明显下降，农村高龄化、过疏化及凋敝现象日趋严重，农民收入持续低迷，开放农产品市场的压力日益增大，农产品国际竞争力减弱。针对以上问题，1999 年，日本政府颁布《粮食农业农村基本法》，正式将乡村振兴提升至国家战略高度，列为三大核心政策板块之一，深刻凸显了农业所承载的多元价值与功能。为持续加快农业现代化步伐，韩国政府确立了每五年一周期的农业发展规划机制，即《食品农业农村基本计划》，以此作为指导全国农业及乡村振兴的蓝图。地方政府积极响应，结合本地实际，制定并实施各自的五年乡村振兴规划。在规划配套上，日本建立了乡村振兴联席会议机制，并设立乡村振兴专门机构，有效统筹多个相关部门的政策资源，支持乡村振兴运动。

自 20 世纪 50 年代起，日本政府开始构建法律体系，包括 1961 年的《农业基本法》及针对低开发地区的工业开发优惠政策，随后出台的《建设新工业城市促进法》（1962 年）与《农村地区引进工业促进法》（1971 年）等。这些法规与政策为乡村工业的蓬勃发展奠定了坚实的法律基础。与此同时，

---

① 资料来源：林兴．日本乡村振兴政策体系的成效与问题［N］．中国社会科学报，2022-02-25。

日本采取了别具一格的园区化策略，聚焦乡村工业园区建设，不仅推动了农产品加工与生产基地的集聚，还积极引入前沿科技，以提升生产效率为核心，成功地将传统农业模式转型升级为集生产、加工、销售于一体的现代化综合经营模式，实现了农业产业链的全面升级与拓展（茹蕾、杨光，2019）。合理的乡村工业布局，作为推动乡村经济繁荣的关键力量之一，有力地促进了就业的增长与农民收入的增加。

日本乡村建设的具体举措如下：一是政府加大了对乡村工业开发区域的财政支持力度，并综合运用税收减免、贷款优惠等经济政策杠杆进行宏观调控，旨在引导城市工业有序地向乡村地区转移。这一策略促进了资源的均衡配置与高效利用。二是在农业生产中深度融入高新技术元素，根据农业生产的独特需求，量身定制技术解决方案与服务支持体系，极大地提高了农业生产的效率，优化了农产品的品质与产量。三是促进工农业部门的深度融合发展，构建具有地方特色的农业全产业链条，实现农业生产与工业加工的无缝对接与一体化服务，为乡村经济的多元化发展注入新活力（严瑾，2021）。进入 20 世纪 60 年代，面对农业农村领域的深刻变革，日本政府灵活调整政策导向，逐步放宽了对农地流转的限制，不仅取消了流转面积的上限，还赋予符合条件的农业生产法人农地租赁权。2008 年《农地法》的修订，标志着工商资本全面获准进入农业领域。这一系列举措极大地促进了日本农业的规模化经营与发展。针对小农生产与大市场对接的难题，日本政府高度重视农民自发组织的日本农业协同工会（简称“农协”）在乡村振兴战略中的核心作用。农协不仅承担着农产品销售、农资农机采购等传统职能，还拓展至金融、技术、经营指导、信用贷款、共济互助，以及老年人福利、健康管理、旅行服务等多个领域，形成了全方位、多层次的服务体系。为弥补商业金融在农村地区的覆盖不足，日本政府构建了合作金融与政策金融紧密融合的农村金融服务体系，为农村经济发展提供低成本、高效率的资金支持。日本政府深刻认识到人才对农业可持续发展的重要性，因此将农业人才培养提升到战略高度，对农民群体加强了技术、经营管理等方面的培训。农林水产省针对不同人群的需求，提供定制化的实习、培训机会，为日本农业的现代化、高效化发展奠定了坚实的人才基础。

三、韩国和日本乡村建设带来的启示

韩国和日本都很重视以产业发展带动乡村发展。

20世纪90年代，日本学者今村奈良臣就提出农业发展要走农村第一、第二、第三产业融合之路。这一策略被日本政府采纳。2009年11月，农林水产省编制了《六次产业化白皮书》。2010年，日本出台了《六次产业化·地产地销法》。韩国将六次产业的培育视为重要战略行动，并于2014年出台了《农村复合产业培育与发展支援法》，旨在为六次产业的蓬勃发展提供强有力的制度保障。所谓六次产业化，即以农业为基础，以农林水产领域的劳动者为主体，深度挖掘并高效利用农村地区的独特资源优势。六次产业化不仅促进了农产品的加工增值与流通销售的拓展，还带动了相关服务业的蓬勃发展，从而构建起涵盖生产、加工、销售、餐饮及全方位服务的完整产业链条，为农村地区创造了更多的就业机会，并增加了农民的收入。

日本和韩国的六次产业化有三个本质特点：一是利益共同体。在六次产业化框架下，农户、合作社、农协与企业等多元主体紧密交织，基于合作与入股等深度联结机制，构筑起一个利益紧密绑定、风险并肩承担的命运共同体。这一共同体强调各主体间的协同作业与资源共享，旨在推动产业链的延伸与价值的增值，实现多方共赢的可持续发展局面。这一共同体各主体间的关系超越了传统的买卖交易范畴。二是创新与增值。在六次产业蓬勃发展的过程中，确保农民在运营管理和收益分配中的话语权至关重要，这也是提升农民收益、激发其参与积极性的核心所在。要实现产业链的延伸与六次产业的繁荣，关键在于技术革新、产品创新、创意设计的深度融合，以及对农产品及服务附加值的深度挖掘。这一系列举措不仅能增强农产品的市场竞争力，还能为农民创造更多元化的收入来源。三是可持续发展。六次产业的根基在农业，只有农业发展可持续，才能不断延长产业链条（张晓颖、王小林，2023）。因此，日本、韩国在推进六次产业发展的过程中，始终没有忽视对农业的扶持，日本的农田基础设施、农村道路基本上由政府投入，并在农产品价格、农业保险、农业补贴等方面实施了一系列支持保护政策，以夯实农业基础（王乐君、赵海，2016）。

日本乡村产业发展的创新举措，具体体现在以下几个方面：第一，充分挖掘并发挥区域独特优势，构建起以特色农产品为核心的产业基地，强化品牌效应与市场竞争力。第二，通过深化本地农产品加工链条、设立直销渠道、开发观光农业体验园及农家特色餐饮等方式，不仅实现了农业产业链的纵向延伸与农业价值链的全面提升，还精准对接了市场消费趋势，有效提高了产品附加值，避免了就业岗位的流失，同时促进了区域内产业集群的逐步形成与强化，展现了强大的经济联动效应。进一步地，日本乡村产业推行“地产地销”模式，即强调农产品的本地化生产与消费循环：一方面，以本地农产品作为加工原料，减少对外部资源的依赖；另一方面，将加工后的产品直接供应本地市场，替代原料的直接输出，从而实现从生产、加工到消费的全链条内部化，增强农村经济的自我循环与可持续发展能力。相比之下，亚洲其他国家的乡村产业发展则显得较为滞后，多数仍依赖传统农业的精细耕作模式，虽在产业链延伸及小农户带动方面有所尝试，但整体而言，在产业创新、价值提升及市场对接等方面仍有待加强。在日本农业农村领域，一系列政策举措的深入实施，促使该领域发生了翻天覆地的变化，显著增强了日本农产品的国际竞争力，并大幅提升了农民的生活福祉，有效缩小了城乡间的发展鸿沟。然而，在人口出生率下降、老龄化趋势加剧的社会大背景下，尽管产业振兴与造村运动持续发力，仍难以完全逆转乡村人口外迁的现象。从全局视角审视，这些政策措施无疑取得了令人瞩目的成效。尤为值得关注的是以下三个亮点。一是“一村一品”策略的成功实施。该策略坚持从实际出发，充分发掘并利用各村独特的自然资源与文化优势，推动形成了具有鲜明地域特色的农业产业体系，促进了农村经济的多元化发展。二是农产品品牌化战略的深入推进。通过强化农产品品牌建设，不仅提升了农产品的附加值，还促进了农产品从生产、加工到出口全链条的发展，极大地增强了日本农产品在全球市场的竞争力。三是村民主体地位的彰显。在乡村发展过程中，政府积极鼓励并引导村民参与乡村规划、环境整治等关键环节的决策与实施，有效激发了村民的自主性与创造力，为乡村振兴注入了强大的内生动力。

韩国政府和日本政府除了在产业发展的支持政策方面，在乡村建设的其他方面也给我们提供了诸多启示：第一，以立法形式加强乡村振兴的制度供给。日本陆续颁布了 30 多部关于乡村振兴的法律法令，韩国先后颁布了 100 多部关于乡村发展的法律，使得乡村振兴能够做到有法可依，取得了很好的效果。第二，立足本土，强化政府顶层设计和引导。韩国采用的是“自上而下”的模式，而日本采用的是“自下而上”的模式，这两种模式都非常重视政府的调控和引导作用。韩国政府本身就是新村运动的启动者、组织者和管理者，日本则是农林水产省牵头，下面增设一些机构，协调地方政府、农民参与乡村振兴有关政策及举措的制定和实施。第三，引导和撬动多方资金参与。韩国新村运动的资金来源主要是政府提供资金与村民自筹资金相结合而设立的复合基金，对农民进行低息贷款和价格补贴，以引导农户增加农业资本的投入（谷伟、陈虹侑，2017）。日本政府多以财政补助形式引导资金流入农村，建立资金投入的长效机制，并设立专门的低息贷款基金，为农村的土地流转、农用设备的购买和改造，以及农田改造等提供中长期的低息贷款。第四，探索多种合作模式。韩国在 20 世纪 80 年代之初就开始推广“以农业为基础的农工商+政产学研”的合作模式，并提供产业培育、法律支援、专项计划等方面的政策支持，积极推进农村产业融合发展。第五，注重乡村经营主体内生力量的培养。韩国和日本都非常重视村民和村级自治组织等乡村主体的作用，并通过多种手段加强对乡村经营主体的教育培训，提升村民职业能力和竞争力，对骨干青年农民经营的家庭农场、合作社等给予大力的资金支持（冯勇等，2019）。

第十章

Chapter 10

以产业融合促进乡村振兴的策略

第一节　深入挖掘资源，谋划产业融合发展远景

一、贯彻新发展理念，长远规划，合理布局

党的二十大报告提出乡村振兴战略的总目标，即“加快建设农业强国，扎实推动乡村产业、人才、文化、生态、组织振兴”，同时提到“全面建设社会主义现代化国家，最艰巨最繁重的任务仍然在农村”，阐明了习近平总书记曾提到的“民族要复兴，乡村必振兴”的深刻道理和内在逻辑。新时代，我们要立足新发展阶段，完整、准确、全面贯彻新发展理念，推动农村第一、第二、第三产业更好地服务和融入新发展格局，以乡村产业振兴推动乡村全面振兴。党的十九大报告提出的乡村振兴战略的主体是农业、农村和农民。无论是乡村振兴还是产业融合，根本目的都是让农民充分、公平地分享改革发展的成果，提升在农村生活中的获得感、自豪感和幸福感，提升农村居民的收入水平和生活质量。但在农村产业融合的过程中，政府和市场主体不能只关注短期收益，还要进行长期规划。“三农”问题历来是我党工作的重要组成部分，习近平总书记多次重申：“小康不小康，关键看老乡。”我国始终将提升农民生活品质与经济状况置于经济建设之前，针对农业、农村现代化及农民增收等关键挑战，中央层面精心策划了乡村振兴战略、产业深度融合发展指导意见等一系列举措。我国在推进农村产业深度融合的过程中，应坚持政府主导，恪守农村产业融合发展的基本规律与原则，精心绘制详尽的农村

产业融合发展蓝图与实施方案，以确保路径清晰、目标明确。

日本农村与我国农村都存在人均耕地少的问题，这也决定了要想获得最大收益，只有通过精耕细作的方式。城市拥有的优势资源使越来越多的农村居民扎根于城市，加上老龄化现象的出现，“由谁种田”“怎么种田”“怎么种才赚钱”等成为困扰农村农业发展的关键问题。在这样的现实情况下，应借助乡村振兴战略，充分挖掘农村现有的资源，做好长期融合发展的规划，以农业为核心，采用多种方式推进城乡互动融合，并积极探索和利用“互联网+”等新兴科技手段，推进农村产业融合，提高技术渗透程度，切实从数量上和质量上提高农民的富裕程度。

农村产业融合的发展规划要注重可持续性。要结合我国各地区资源禀赋的实际，利用地区的自然资源优势开发能满足社会需求的产品和服务，同时关注所提供的产品和服务与其他地区的差异性。在挖掘地域资源时，要让多种社会主体共同参与，包括本地居民、消费者、相关专家等。对挖掘出的新资源，要进行可行性评估，并对结果进行排序；对研发出的新产品，也要到市场上进行试销，有问题的要进行改进，以确保新产品符合市场需求。如何充分挖掘和利用不同地区的要素资源是产业融合的关键，所以更需要长远规划、合理布局。

二、探索产业融合发展新模式

构建先进的现代农业产业体系，有助于提升农业的发展质量。应在现代农业稳健发展的基础上，打破传统农业的界限，积极引导资本、技术、人才等关键要素向农业农村汇聚，依托专业农户、家庭农场、农民专业合作社及农业龙头企业等多元化主体的培育，充分激发农民的参与热情与创新活力。回顾全球农业现代化的实践，无论是成功的经验还是失败的教训，都揭示了一个共识：在城市化与工业化并行推进的过程中，既要确保城市工业产业的蓬勃发展，也需通过制定一系列政策举措，引导资源向乡村及县域经济倾斜，避免“城市繁荣而农村凋敝”的失衡现象。因此，乡村振兴的重点在于，通过精准的政策导向与综合措施，汇聚各方力量，在推动城市持续繁荣的同时，将更多资源要素导入县域经济舞台，为乡村开辟出满足农民需求、吸引各类人才施展才华的广阔空间。为实现这一目标，我们应持续深化现代农业产业园区的建设，并积极促进农村三大产业的深度融合发展，构建更为科学的产业联动机制，为乡村经济繁荣注入新的活力。

激活产业融合新模式，拓宽农民增收路径。需紧跟农村生产生活变革步伐，孵化乡村新型业态与模式，强化科技驱动力。农村电子商务是推动农业现代化的关键力量，它极大地拓宽了商贸流通网络，促进了产业与科技的深度融合。通过实施“互联网+”农产品出村进城工程，我们加速了农业全产业链的数字化转型，为农民打开了多元化增收的大门。在此进程中，我们积极引导包括电商平台、物流体系、商贸企业、金融机构、供销合作社及邮政快递在内的多领域主体深入乡村，共同构建起覆盖广泛、服务高效的农村商贸服务网络。这一网络不仅优化了农产品的供应链条，还确保了农产品从田间到餐桌的高效流通，为农民带来了实实在在的利益。在此基础上，应着力培育新兴产业与业态，深化农商合作，强化生产与销售之间的无缝对接，推动农超对接、农社合作、农企联动、农校直供等产销对接的新型流通业态的发展。此外，应加速农村电子商务的普及与创新，引导智慧农业、数字农业快速发展，提升农业生产的自动化与智能化水平。同时，要探索众筹农业、会展农业、循环农业（种植、养殖、林业等不同农业领域的融合），实现农业内部的循环和良性发展。例如，将养殖业和种植业结合起来，将养殖业的废弃物作为种植业的肥料，在减少环境污染的同时，提高资源利用效率，促进农业可持续发展。

产业的融合发展，既不能简单地将第一、第二、第三产业拼凑在一起，也不能脱离农业基础仅去追求第二、第三产业的发展，要以农业为依托，形成新业态、新产业、新模式。探索产业融合新路径，应以创新为引擎，延伸产业链条，促进产业结构多元化，为三大产业的深度融合创造良好条件。政府应秉持创新发展理念，依托科技创新力量，突破传统框架束缚，探索产业融合发展新生态。此外，政府应积极倡导产业融合创新观念，提高产业融合主体的创新意识，促进相关企业与高等院校、科研机构建立战略联盟，以科技赋能产业融合，营造浓厚的创新氛围。在科技日新月异的今天，政府应有效利用电子商务、互联网、物联网等现代信息平台，以“互联网+”“物联网+”实现农业从生产到配送的无缝衔接，为农村产业链的深度融合与拓展奠定坚实基础。

政府还应激励产业融合主体通过规模化发展，进一步实现产业链的深度整合与延伸，丰富农村农业的功能。在推进农村多元化发展的过程中，相关主体应紧扣产业园区规划的核心，紧密结合市场需求尤其是游客偏好，充分挖掘并利用农村的自然生态、农耕文化等独特资源，持续打造具有鲜明地域特色的品牌，使多功能农村农业发展模式成为推动地区经济增长、农民生活质量提高的强大动力。

第二节　加快改善外部环境，为农村产业融合提供保障

一、促进农村基础设施建设，推动各类要素向乡村流动

在农村基础设施的投入和建设方面，通过对发达国家农村产业融合的分析可知，发达国家高度重视农村基础设施的投资与建设。近年来，我国城镇基础设施建设在不断完善，但农村在此方面还存在不少问题。比如，为了加快农村产业融合的进程，部分区域亟须加大对道路建设的投入，不仅需新建更多道路，还需对现有道路进行拓宽与升级，以构建更加便捷、高效的交通网络。针对公共交通不便、公共厕所设施不足、垃圾与污水处理系统不完善、停车场短缺等公共服务设施的短板，政府应加大投资力度，着力改善农民的生活环境与生活质量，打造宜居宜业的美丽乡村。只有这样，才能加快农村产业融合发展的步伐，助力乡村振兴。很多落后地区正是由于道路问题才无法与城镇一体化融合发展，产业链条无法拉长，资源优势无法充分发挥，生态农业、智慧农业、农村电子商务等根本无从谈起。为了全面构建土地、资本、人才等核心要素的政策支持框架，必须强化政策导向，确保各类资源要素能够顺畅且高效地流向农村地区。针对乡村地区日益增长的建设用地需求，应科学规划并合理分配新增建设用地指标，鼓励通过农村环境综合整治、宅基地集约利用等举措，有效释放潜在的建设用地资源。在此基础上，应积极探索股权合作、联合经营等新型合作模式，汇聚多方力量，集中优势资源，

为乡村产业的蓬勃发展提供强有力的支撑。同时，应完善乡村社会保障体系，加快乡村医疗和养老服务体系与城市标准的接轨进程，确保城乡居民在基本公共服务上享有一致水平。此外，应积极引入互联网、物联网、大数据、人工智能等前沿科技，并将其深度融入乡村建设与农业发展，构建具有中国特色的数字乡村与智慧农业体系，提升乡村治理现代化水平。在公共基础设施建设（包括供水系统优化、电力网络覆盖、通信网络升级及生态环境改善等多个领域）方面，应持续加大投入，确保乡村公共基础设施的完善程度与城镇保持相对平衡，为乡村振兴奠定坚实基础。

农村基础设施的全面建设，是乡村振兴的基础保障，对推动农村产业深度融合与转型升级具有不可替代的作用。第一，农村交通网络的优化构建，不仅在基础设施体系中居于核心地位，更是促进产业融合与发展的先决条件，需着力提升农村道路建设标准，优化仿生设计，兼顾地质地形、水文气候等自然因素，确保道路建设既经济实用又便于长期维护，且融入人性化考量。第二，保障稳定可靠的电力供应是不可或缺的环节。应拓宽农村电网覆盖范围，完善输电、变电及配电设施，确保电力服务普及每个角落。同时，要强化电力设备运维管理，实施定期检修与维护机制，以稳定的电力供应支撑农村产业多元化发展的需求。此外，应提升农村环境治理能力，特别要重视垃圾与污水的有效处理，这对改善乡村生态环境至关重要。而稳定的能源供给与高效的农业灌溉系统，则可为农产品各环节——从生产到加工再到销售奠定坚实基础。三是加快农村信息化建设。通过拓宽农村宽带网络的覆盖范围，为村民与企业铺设一条高速、稳定的信息高速公路，使信息交流更加畅通无阻，从而便捷地连接农户与市场。在此基础上，我们要积极培育农村电商生态，搭建农产品线上交易平台与高效的物流配送体系，有效缩短产品与市场的距离，为农民开辟更广阔的销售渠道，促进经济收益提升。同时，应加强仓储物流设施的建设，特别是在“最初一公里”的物流环节加大支持力度，提升冷链运输能力，确保农村地区“新、奇、特”农产品的新鲜度与品质。此外，要将电子商务服务网点下沉至农村基层，极大地方便农户收发快递，进一步促进农村物流的便捷化。在推动农村产业融合的过程中，应注重数字农业平台的构建——充分利用物联网、大数据、人工智能等前沿科技，为农情监测、农业管理及市场信息传递提供精准、智能的解决方案。这不仅能提高农业的生产效率与管理水平，还能促进农村产业融合向更高层次、更宽领域拓展。

二、加强金融保障，加大财政和税收支持力度

日本六次产业化进程中多元化的融资主体和较好的利益联结机制为其农村产业发展提供了很好的保障。我国金融体系还不完善，资金供给不足以满足农村产业融合发展所需。应借鉴国外农村产业融合发展的资金筹措经验，结合我国实际，找出适合我国农村产业融合发展的融资模式。产业发展之舵，资金是不竭动力，农村产业融合也不例外。加快农村产业融合进程，需要政府与企业携手，形成合力。一方面，政府应加大财政扶持力度，特别是要向涉农企业的科技创新领域倾斜，以前沿科技为催化剂，加快产业融合的步伐。另一方面，农村产业融合的资金血脉，主要由金融机构输送。金融机构作为资金供给的重要渠道，不仅要为农村产业融合项目提供充足的资金支持，还要在资金运用上秉持审慎原则，强化风险管理意识。这要求金融机构紧密跟踪资金流向，实施有效监督，确保资金精准投入及高效利用。同时，应积极响应国家政策，特别是在产业融合领域，为中小型农村企业提供金融支持，助力其实现产业升级。为了激活金融市场的活力与创造力，我们要在金融信贷模式创新上下功夫。可以通过引入并融合新兴金融衍生品，探索以经营者未来预期收入现金流为贷款抵押物的创新模式。这一举措将为农户及小微企业提供更加灵活多样的融资渠道。此外，还应深化农户间的联保机制以及整村担保等互助性信用担保模式，增强农村金融服务体系的抗风险能力与稳定性，促进资金在农村地区的有效循环与利用。在优化信用评估体系方面，我们构建了更加精准且具有针对性的授信管理机制，一方面可以防控风险，另一方面可以为优质经济主体提供高效便利的贷款服务。要破解农村资金短缺困境，应大力推进农村金融服务的创新实践，加大产业链金融模式推广及对农村产业融合发展的信贷扶持力度（傅琳琳等，2022）。此外，推广惠农信贷直通车服务，为新型农业经营主体量身定制无抵押信贷方案，能够有效缓解其融资难题。在具备条件的地区，可鼓励设立农业开发投资公司，整合本地

农业企业资源，提升授信能力。同时，应倡导并推动融资租赁业务在农村产业融合领域的广泛应用，为农业经营主体提供更加灵活多样的融资选择。为降低农业经营主体的融资成本与风险，应激励担保机构积极介入，提供专业的担保服务，并由政府提供担保费用补贴，激发担保机构的积极性（肖卫东、杜志雄，2019）。此外，还应促进涉农企业与资本市场的深度融合，通过开辟专属“快车道”，帮助涉农企业拓宽融资渠道，提升品牌影响力，实现更快更好发展。在条件允许的区域，可根据市场规律设立乡村产业发展基金，引导县域内的金融机构将资金有效回流至本地经济体系，实现资金的良性循环与高效利用；同时，积极营造良好的投资环境，通过政策引导与市场机制的双重作用，吸引社会资本向乡村涌动，为乡村经济注入新动能。

加大财政和税收支持力度。对于与农村产业融合有关的项目，政府要给予财政和税收方面的适度倾斜，尤其对那些社会资本参与的项目，要减免一定程度的税收，从而激励更多社会资本的进入。聚焦财政制度的深化改革。应加大各级财政资金的注入力度，并明确界定各级财政的支持比例，以确保财政资源能够高效直达基层，惠及基础设施建设，随后逐步拓展至农村其他发展领域。此外，要培育更加完善且高效的财税政策环境，优化现有框架，加大对农业产业化组织、农产品深加工、休闲农业体验及农产品流通等关键农村产业的支持力度。这一举措旨在打造一个一体化的农村产业融合发展支持体系，为农村经济的多元化与可持续发展奠定坚实基础。我们可以设立专门的财政奖补资金，专项用于推动农村三产融合的深入发展，促进农产品生产向规模化、标准化及专业化方向迈进。这不仅有助于提升农产品的生产效率与品质，还能增强其在市场上的竞争力。与此同时，我们必须加强农产品质量安全监管，确保每个环节都符合相关标准及要求。在此基础上，应加速推进品牌建设，通过打造具有地方特色与高品质保证的农产品品牌，构建一套基于品质的优质优价市场激励机制。这将进一步激发农村经济的内在活力，推动农村产业向更高层次、更宽领域发展。

第三节　培育农村专业性经营主体，建立并完善利益联结机制

一、发挥龙头企业优势，引领区域经济发展

发达国家的经验表明，各种专业性经营主体在发展现代农业的进程中发挥着重要的推进作用。例如，日本农协在六次产业化进程中发挥着重要的指导作用。我们应积极引导有关主体进行资源整合，特别是在条件成熟的地区，要鼓励创建新型农民合作社联合社。这一举措旨在通过拓展联合社的功能范畴，加强生产服务、农产品加工营销以及产业资金辅助等方面的支持，促进农业产业链的延伸与升级。同时，我们应大力培育并扶持龙头企业，发挥其在行业领域的引领作用，推动形成龙头带动、多方参与的良性格局。龙头企业的示范效应与规模效应，有助于实现农业产业的全领域覆盖，带动整个农村经济的蓬勃发展。

当前我国农村产业融合面临的深度不足与质效不佳问题，可以通过大力发展龙头企业来解决。相对于小农户来说，龙头企业可以凭借其先进的设备、充裕的资金、尖端的技术以及完善的人才体系，成为推动农村三大产业深度融合的关键引擎与核心动力源泉，促进农村经济的多元化、现代化转型。在我国农业现代化不断推进的过程中，龙头企业作为农业产业链的核心环节，已经逐渐成为产业链延伸的桥梁，一方面，它们紧密连接农产品生产基地，确保原料供应的稳定与优质，另一方面，它们积极拓展销售渠道，将农产品送到更多消费者手中。目前，我国农业龙头企业已经形成了一定的规模。根据农业农村部公布的数据，截至 2025 年 6 月，我国已有 2250 家农业产业化国家重点龙头企业，覆盖农产品加工、流通、种植和养殖、食品制造等领域，但相对于我国庞大的农村经济主体来说，龙头企业规模仍然不够，而且在农业龙头企业中，小型企业依然占较大比例，很多龙头企业在市场竞争、品牌创新和技术创新等方面仍面临不少挑战。因此，在我国推动农业现代化的过程中，首先，应加大培育龙头企业的力度，并强化龙头企业的集群效应，鼓

励和支持农副产品深加工产业的发展，推动农产品在本地实现高附加值转化，有效延伸产业链条，提高农产品的市场竞争力，并充分发挥龙头企业的示范和带动作用，引领区域经济实现全方位、高质量的发展。其次，应构建全面的农业综合服务体系，使龙头企业的资金、技术、信息等资源要素在产业链各环节间自由流动与配置，形成高效协同的农业生态系统。作为知识与经验的传播者，龙头企业也应发挥平台作用，将自身在产供销全链条中积累的宝贵经验——包括先进的生产技术、科学的经营管理理念以及创新的科技成果——广泛分享给中小微企业及农户，形成“以点带面”的辐射效应，促进整个区域经济的协调发展。最后，应加强龙头企业间的合作与交流。可以通过建立跨地域、跨行业的产业联盟，实现资源共享、优势互补。在产业联盟框架下，企业可以共享生产资料采购渠道，降低生产成本；联合开展技术研发，加速创新成果转化；相互拆借资金，增强资金流动性；组织联合培训与互动学习，提升整体经营管理水平。这种基于合作共赢的协同发展模式，将有力推动龙头企业自身实力的增强，进而引领全国农村产业融合向更高层次、更广领域迈进。

二、构建产权明晰的利益共同体，提高跨界合作效率

要促进农业产业链的全面发展，需积极引入多元化的社会资本，通过清晰的产权界定，构建一个利益紧密相连的共同体，确保农户作为产业链上的重要一环，合法权益得到充分保障。这要求我们在产业链条的各个环节，促进各利益主体深度协作，利益共享、风险共担。“基在农业、惠在农村、利在农民”，是农村三产深度融合发展的核心要义。习近平总书记深刻指出，乡村产业振兴的推进，需紧密依托现代农业的蓬勃发展，并以此为基石，促进农村第一、第二、第三产业的紧密联结与协同发展。构建健全的乡村产业生态体系，旨在激发产业活力，实现产业的繁荣兴旺，最终将产业发展的成果切实转化为农民增收。在此过程中，我们需不遗余力地消除农村贫困现象，奋力推动乡村社会迈向生活富裕的新阶段。要规避和防止风险，维护各方利益，尤其是农民利益。

农村产业融合的持续推进，需要建立有效的利益联结机制。利益联结机

制要求风险共担、利益共享，并且需要产业融合链条上各相关主体的相互配合，以有效遏制违约行为的发生，确保经营环境的公正性、透明度和稳定性。在利益分配方面，应强化农民利益，让农民合理分享全产业链增值收益。优化企农利益紧密联结机制，是推动产业深度融合发展的重要驱动力（曾定茜、阮银兰，2020）。当前，尽管农业企业与农户之间的利益联结形式丰富多样，涵盖新型订单模式、股份合作模式、服务导向的引领方式以及多层次融合策略等，这些机制旨在促进双方共赢，然而一个普遍存在的问题是这些利益联结机制往往较为松散，契约关系的稳定性和牢固性不足，这也是双方合作深化与利益共享的一大障碍。因此，需要探索更为紧密和稳固的利益联结模式，强化农业企业与农户之间的合作关系。

地方政府在推动农村产业融合的战略布局中，应牢固树立以民为本的观念，强化农民的主体地位，致力于农民增收致富。鉴于农户在与农业企业的合作中常处于劣势地位，确保农户的权益与利益最大化，实现双方共赢的局面，关键在于构建有效的组织体系、提供科学的引导策略。在深化产业融合发展的道路上，各级政府部门肩负着重要使命，需将重心放在构建稳固且高效的制度框架上，并加大对这些制度执行情况的监督力度。同时，企业也需细致入微地解读并贯彻国家层面支持产业融合的各项政策措施，以确保其精准落地，真正惠及每个农户和农业企业。此外，应增强风险防控的警觉性，构建全面稳固的风险防范体系。这一体系应涵盖设立农业风险专项基金、推广农业保险业务和风险保障金制度等，以全方位保护农户的切身利益。

构建利益共享型联结体，并提高跨界合作效率，是推动农村产业融合向更高层次迈进的关键策略。在这一过程中，首要任务是充分发挥利益联结机制的效能，使农民基础利益得到稳固保障。可通过订单、股权、产销联动等多种创新模式，将农户、合作社、企业、行业协会、政府及科研机构等多元主体紧密联结在一起，构建一个利益共享、风险共担的联结体。日本农协与法国农会的宝贵经验充分表明了尊重农民主体地位、强化农民权益保障的重要性。通过行业协会这一桥梁，不仅可以优化农业生产的技术指导与农民生活服务，还能在企业与农户之间搭建起交流与合作的平台，实现行业的自我规范与农村产业深度融合的良性循环。我国农村产业融合的深化之路应聚焦强化利益联结机制，构建从生产到销售无缝衔接、稳定可靠的产供销一体化体系。这一体系旨在推动农业与第二、第三产业的全链条深度融合，形成优势互补、协同发展的产业新格局。要激发农民的参与热情与创造力，还应建立风险保障机制，为农民在参与产业融合过程中可能遇到的市场风险、自然风险等提供有效的缓冲与应对措施。这样不仅能增强农民的安全感与信心，还能进一步促进农村经济的多元化与可持续发展。

综上所述，我国农村产业融合的深化发展，应借鉴国际先进经验，优化利益联结机制，打造稳定高效的产供销一体化体系，推动全链条融合发展，并注重农民权益保护与风险防范，让产业融合的丰硕成果真正惠及广大农民，实现农村经济的繁荣与社会的和谐进步。应加大对农业合作社等关键经营主体的扶持力度，精心打造一系列共赢模式的农业企业融合框架，如“企业+合作社+农户”的紧密协作链，以及“企业+产业基地+农户”的协同发展平台（傅琳琳等，2022）。此模式可赋能农民群体，使其深度融入产业组织结构与产业链条，从而显著提升农民的组织化水平；还可有效动员农民积极参与融合发展，获得持续稳定的收入增长。提升跨界合作效率，关键在于确保政策跨界实施的有效性与顺畅性。要实现这一目标，必须勇于打破长期以来形成的产业壁垒、行业界限以及部门间的分割状态。这需要从顶层设计出发，制定一套统一且科学的战略规划，设立跨部门协作小组，强化沟通协作机制。同时，应畅通国家扶持政策在省、市、县各级的落实渠道，明确各主体在政策执行中的职责定位。要推动订单农业合作模式的优化升级，应完善合同条款，强化合同管理的严谨性，积极鼓励新型农业经营主体与农户建立保价协议，为农户提供稳定的价格保障；同时，探索具有创新性的结算机制，如按产量进行二次返还或灵活调整结算方式，以进一步激发农户的生产积极性。此外，应大力推广股份制及股份合作制，通过股权将双方绑定在一起，共同分享融合发展的成果。这种模式不仅能提升农户在市场上的议价能力，还能显著增加其收入，确保农户在参与融合发展的过程中获得实实在在的经济与社会效益（卢京宇、郭俊华，2023）。

第四节　借助乡村振兴战略，充分挖掘地区农业潜在的多功能性

一、拓展农业功能，促进农民增收

农业潜在多功能性的挖掘是农村产业融合的重要途径和方向。各地应结合自身实际，充分挖掘当地的自然资源、社会资源、文化资源等，并将其充分融合，通过乡村旅游展示出来。这样既能推动农村发展，增加农民收入，让更多的农村居民长期扎根农村，又能满足城镇居民对乡村旅游的需求，从而加快农村和城镇一体化发展的进程。

农民收入难以提高，核心症结在于其收入结构单一，主要依赖农产品直接销售，而未能充分享受农业多功能性及乡村价值的综合回报。农业除基本的食品供给功能外，在水源保护、景观营造、休闲体验等方面也具有重要价值。乡村作为城市之外的独特存在，其生活宜居性、社会凝聚力及文化传承价值日益凸显，成为追求身心健康、颐养天年的优选之地。因此，深入挖掘与利用农业和乡村的潜在功能，为休闲、度假、教育等新兴融合产业开辟广阔的发展空间，特别是"文旅农"深度融合模式，已成为乡村居民增收的新引擎。顺应城乡居民消费观念升级，我们应紧密结合地域独特的资源禀赋，开发乡村在生态保护、休闲旅游、文化传承、健康养老等方面的多元功能与深层价值。在此基础上，促进农产品加工业的全面提质增效，推动初加工、精深加工、资源综合利用加工及主食加工等产业链各环节的协同并进，形成相互促进、共同发展的良好态势。同时，优化乡村休闲产业布局，拓宽农业功能边界，将乡村休闲产业打造为融合第一、第二、第三产业，连接生产、生活、生态，促进工农城乡互动的重要平台。在此过程中，需重点发展乡村休闲旅游，推动农业、文化和旅游的一体化发展。同时，注重保护传统村落、民族村寨等文化遗产，传承民族文化与手工艺，开发具有地方特色的生态与文化产品。要将丰富的自然生态优势转化为可持续的经济发展动能。通过深度整合与拓展产业链，不仅能实现产品与服务的多样化，还能扩大盈利空间，

让生态环境保护与经济发展有机融合。我们注重提升生态环境的经济价值，通过绿色、低碳、循环的发展模式，将“绿水青山”这一自然财富转化为“金山银山”般的经济财富，实现生态效益与经济效益的双赢。我们的最终目的是促进产业与生态的深度融合，达成经济效益、生态效益与社会效益的和谐统一。

农业多功能的深度挖掘与发展，是强化农业产业融合效能的关键路径。农业的各项功能间呈现出错综复杂的相互依存、激励与制衡关系，这要求我们在推动农村产业深度融合的过程中，深刻认识农业多元功能的宝贵价值，并重视其充分发掘与高效利用，巧妙编织农业功能间的正向互动网络，使它们能够相互支撑、协同发展，从而显著增强我国农业产业的融合深度与广度。具体来说，可从以下三个方面着手：一是积极推广循环农业的发展模式，深化农业内部的产业链条，构建一条绿色、循环、可持续的农业生态价值链，彰显农业经济高效能和生态环境维护功能之间的精妙平衡。二是积极倡导并大力支持观光农业与体验农业，通过巧妙融合自然资源与人文服务，凸显农业固有的自然禀赋优势。三是大力推动创意农业的繁荣。这涉及将农业生产与丰富多彩的文化元素融合，为农产品及其生产过程披上一层独特的文化外衣，增添无限价值。此举不仅能增强农业的经济活力，还能显著提升其文化内涵，开辟农业发展的新境界，展现传统农业向创意产业转型的无限可能。全力推动农业新型业态的发展，可从以下四个方面下功夫：一是打造休闲观光与体验农业，让游客在田园风光中享受乐趣，体验农耕文化；二是发展养生养老产业，将乡村的清新空气与宁静环境转化为健康福祉；三是发展创意农业，通过文化赋能提升农产品的附加值；四是关注特色农业领域，如优质林果、设施蔬菜、草食畜牧业及中药材种植等，这些产业不仅丰富了农产品结构，也促进了农村经济的多元化。

此外，可以大力发展农村电商，让农产品突破地域限制，直达消费者手中；推广农产品定制服务，满足个性化需求，增强市场竞争力。这些新业态的兴起，促进了“加工业+服务业”以及“农业+加工业+服务业”的深度融合，构建了第一、第二、第三产业相互支撑、协同发展的现代农业产业体系，实现了农村经济的全面升级与转型。

以上一系列举措共同构成了农业多功能性全面发展的框架，促使农业产业融合向更高层次迈进，也促进了农民收入的提高。总之，应着力推动农业内部结构的优化重组，延伸产业链条，形成农业与第二、第三产业的交叉融合，构建一套多元化、高效能、可持续的农村产业生态体系（方江涛、白佳飞，2023）。

二、精准扶贫，以乡村产业振兴推动乡村全面振兴

应调整思路，在农业现有发展的基础上，找准和利用好资源优势，以农业发展农业，并将其与工业发展、城镇化建设、旅游业发展结合起来，探索更多适合地区发展的农村产业融合创新模式，提高农村居民的富裕程度，让农村居民更多地感受到自身在产业融合过程中的重要性，推进城乡统筹发展。农业的多功能性为其与第二、第三产业的融合提供了新思路。

应深入了解并准确把握农村民众的真实需求，积极实施品牌活动、政策项目、人才资源“三对接”的社会服务策略，着力解决实际问题。高效整合各类资源，凝聚社会各界力量，采取自愿包干、定向资金支持、定点精准帮扶等多种形式，深度参与脱贫攻坚成果的巩固与乡村振兴的全面推进。在定点帮扶方面，应坚持深耕细作，聚焦招商引资、基础设施建设、特色产业培育、智力资源引入以及人才技能培训等关键环节，实施一系列精准有力的措施，以产业振兴为引擎，促进农业产业升级，拓宽农产品销售渠道，提升农业附加值，推动农村经济持续健康发展。要立足实际，结合“十四五”规划，谋划乡村产业振兴。乡村振兴与精准扶贫深度融合的基石是产业的重塑与升级。因此，我们不仅要优化现有的扶贫产业格局，还要通过创新驱动，实现产业结构的全面革新。

第五节　加强复合型、技术型人才培养，健全农业科技创新机制

一、加强人才培育，助力乡村振兴与产业融合

不管是乡村振兴，还是农村产业融合，都需要技术和人才的支撑。但目

前农村缺乏的就是技术和人才。要解决这个问题，需从三方面着手：一是改善农村环境；二是健全农村人才引入机制，吸引和鼓励更多复合型、技术型人才长期留守农村；三是引导和加大农业企业与科研院所、高校之间的合作，强化产学研深度融合，加速科技成果向现实生产力转化。

借鉴日本的产业融合经验，我国应构建高层次的产学研合作平台，打破农业科研与成果应用间的壁垒，促进企业、高校与科研机构间的紧密合作，优化资源配置，确保农业科技创新成果转化为市场所需的产品与服务，打通科技创新“最后一公里”。此外，应提升政策扶持的广度和深度，并实施科技特派员制度，促进科研机构的高端科研人才与农业企业之间的无缝对接与深度合作。同时，建立健全以知识产权为核心的入股、利润分配等激励机制，全面激发科技工作者的创新潜能与热情。

乡村振兴战略的重要保障是乡村人才的全面振兴。我们必须深刻认识复合型人才在推动农村产业深度融合中的作用，并精准施策，吸引并培育符合农村产业融合发展需求的复合型人才。首先，可以将高等教育机构作为复合型人才培养的摇篮。高校应承担起培养农村产业融合复合型人才的重任。这要求高校不仅要设立跨学科课程以融合多元知识，还要完善相关培养机制，强化对复合型人才的知识考核，并通过校企合作模式，提供丰富的实践平台，确保农村持续获得高质量的产业融合人才（申学锋等，2023）。其次，本土人才资源的挖掘不容忽视。在重视高校培养的同时，应积极探索农村本土产业融合复合型人才培养模式。这类人才对本土资源和产业有着深厚的理解与洞察，能在自我提升的同时，带动新引进人才的成长，形成“人才带动人才”的良性循环，进而有效提升农村产业融合人才的培养效率与效果。最后，政府需扮演好引导者和保障者的角色。鉴于农村在基础设施、工作环境和医疗服务等方面相对不足的现状，政府应加大对农村地区的政策与资金支持力度，加快基础设施建设步伐，改善工作环境，完善医疗、养老等社会保障体系，为农村产业融合复合型人才营造无后顾之忧的发展环境，从而增强农村地区对人才的吸引力，为乡村振兴战略的顺利实施提供人才保障（刘悦婷、王哲，2024）。

二、加大农业科技创新力度，发展高产、优质、高效的现代农业

在发达国家，科技对农业增长的贡献率已经达到 80%，而我国要远远低

于这一水平。要不断加大对农业科技创新的投入力度，形成系统、稳定、长期的法律和制度保障，提高科技创新对农业增长的贡献率。比如，美国的农业科研体系就比较完善，并形成了不同的层次，不同层次之间又相互补充，有效地促进了农业科研成果的转化。在全球范围内，无论是欧美经济发达的国家，还是亚洲的先行者（如日本、韩国），其乡村振兴都有多维度、立体化的策略体系，能加速农业科技的研发步伐、拓宽其应用场景，并深化其在农村地区的普及程度，确保科技全面融入并深刻影响农业农村发展的每个环节。总体而言，这些国家聚焦于农业科技创新体系构建与农村教育培训体系完善两大核心领域，以强化科技创新的引领与驱动作用。

以日本为例。面对农业领域“人才断层”的挑战，日本将职业农民的培养置于农业教育体系的核心位置，构建了全方位的教育培训体系，设立了农协培训中心与农业科技培训中心等机构。这些机构成为孕育农村产业领军人物与未来接班人的摇篮，不仅聚焦于提升农民的技术技能与生产实践能力，还通过精准扶持，成为引领农业发展的中坚力量。日本尤为注重农业科技研发的持续投入，力求通过技术创新引领农业生产效率的飞跃。随着信息技术、遥感监测技术及智能物联网等高科技的深度融合，日本农业逐步实现智能化、精准化转型，其综合效益与国际竞争力获得了显著提升。

韩国在新村运动的深化阶段，也将农民教育培训提升至战略层面，致力于构建高素质的农民队伍。自 20 世纪 80 年代起，韩国便前瞻性地布局农业信息化战略，依托先进的信息化网络，构建起集农业科研、教育与技术推广于一体的信息化生态系统，为农业现代化插上了翅膀，加速了传统农业向智慧农业的跨越。这一系列举措不仅增强了农业的自我发展能力，也为韩国农业的可持续发展奠定了基础（郑兴明，2019）。

提升农业科技创新能力并构建完善的农业科技创新体系，是激发农村经济活力、加快农业现代化步伐、增强我国农业竞争力的核心引擎。纵观国际先进经验，我国在这一领域与先进国家之间存在显著差距，这凸显出我国在农业科技创新和推广方面所面临的紧迫任务与深远挑战。随着我国工业化与城镇化步伐的加快，我国人均耕地面积正面临日益严峻的缩减，这一趋势直接加剧了农产品供需之间的紧张关系，使通过科技手段促进农业发展变得更加紧迫和重要。在此背景下，乡村振兴战略被赋予了更加深远的意义，它呼唤我们必须加大对农业科技创新的投入，对现有农业科技创新体系进行全面优化，确保农业科技在农业发展中的核心引领地位。通过科技的力量，驱动农业向高产、优质、高效的方向迈进，不仅能有效缓解农产品供需矛盾，还能提升农业综合生产力和效益。特别地，应加速农业智能化全面布局，以提升农业生产效率，应对中国农业步入“高成本”阶段的挑战。

我国农业劳动生产率、生产效率及基础竞争力与发达国家存在显著差距，农业智能化水平不足与科技创新短板是症结所在。借鉴德国农业 4.0 的成功实践，我国应加大农业科技与智能化领域的资金投入，重点扶持农业技术、智能装备、信息技术的研发与应用，强化农业信息统计、数据库建设及信息服务等基础设施，将农业智能化纳入国家引导基金重点支持范畴，并吸引社会资本广泛参与，激励农业企业率先实施智能化改造。加强冷链物流建设，提升农产品流通效率，减少损耗，构建全面追溯机制，也是关键举措。通过大数据、物联网等先进技术，可实现农业生产、流通、消费等环节的深度融合与升级，使传统农业产业链在金融、生产、流通、服务等多维度实现根本性变革。这将赋予农民更强的市场洞察能力，使他们能够依据市场需求进行精准的产前规划、精细的产中管理和高效的产后流通，从而实现农业生产效率质的飞跃。建立健全科技创新服务体系，特别是在生产、流通、销售等环节，确保科技创新成果有效转化为市场所需的高品质产品。为适应市场需求的变化，应当积极引导农业生产模式实现从“以生产为中心”的传统框架向“紧密围绕市场与消费者需求”的现代框架转型，优化农产品供给结构，提升供给体系的质量与效率，确保农产品有效供给更加合理。

重视农业技术推广与培训，培育新型职业农民队伍。美国充分考虑农业的可持续发展问题，重视职业农民教育经费的投入。科技投入的持续增加，标准化与个性化产品需求以及智能化生产对农业从业者的专业素养与综合能力提出了前所未有的高要求。我国农民群体整体素质尚存提升空间，当前的职业培训体系显得保障不足且内容单一，难以充分满足行业发展的需求。为改变农业职业教育所处的劣势地位，需构建高瞻远瞩的顶层规划框架，辅以强有力的财政激励措施，激发农业部门、农民专业合作社、涉农企业以及农业社会组织的内在动力，促使其积极投身新型职业农民的培养事业。与此同时，政府应灵活运用宣传、引导、补贴及表彰等多种手段，有效提升农民的智能手机普及率与信息技术应用能力，打破传统的“自上而下”的农业技术推广模式，构建政府引导、企业参与、农民受益的“三位一体”的农业技术传播平台，使新型职业农民全面拥抱现代化、信息化与智能化的农业发展趋势。地方政府应深化与农林高等教育机构的战略合作，携手构建农业科技创新与服务的强大引擎，加大对现代农业技术普及的支持力度，特别是针对新型农民群体的培育与发展，致力于打造一支具备现代农业知识、技能和视野的新型农民队伍（熊爱华、张涵，2019）。同时，紧跟数字化转型浪潮，充分利用“互联网+”、大数据、云计算等信息技术成果，革新农产品市场营销策略与体系。通过精准分析市场需求，推动“农超直连”“农企深度融合”等高效供应链模式的广泛应用，减少流通环节，提升农产品流通效率与附加值。此外，应鼓励并支持在城市社区布局鲜活农产品直销渠道，如设立社区生鲜便利店、推广线上订购线下自提服务等，让城市居民能够更便捷地享受到新鲜、安全、优质的农产品，同时拉近农业生产与消费的距离，促进农产品流通效率与农民收益的双重提升。

第六节　以特色小镇为引领，创新农村产业融合模式

一、培育特色小镇，延长产业链

特色小镇是农村产业融合发展的又一模式创新，它并非传统意义上的行政区划内的镇级单位，也非单一的产业园区或风景游览区，而是坐落于城市边缘地带，一种相对独立又特色鲜明的功能性区域。这些小镇以某一个或若干特色产业为核心驱动力，通过产业的持续创新与发展，引领小镇全面繁荣。它们不仅承载着产业发展的重任，还深度融合了丰富的文化内涵、独特的旅游资源和温馨的社区氛围，是一个集产业兴旺、文化传承、旅游体验与社区和谐于一体的综合性平台。特色小镇带动乡村、连接城市，是推动我国经济社会发展的重要引擎，也是产业与城镇共生共利的新载体和新平台。特色小镇作为一种基于特色产业、秉持绿色发展理念的新型城镇，旨在促进农业、

工业、旅游、康养、文化创意等多领域的深度融合发展，是优化产业结构、提升供给品质的有效途径。特色小镇通过整合农村产业资源、驱动农业供给侧向高端化迈进，引领传统产业的改造升级与转型。特色小镇促进创新业态的培育，聚焦核心产业的集聚与发展，依托产业链的延伸，实现主导产业繁荣与新型城镇化的和谐共生。这一过程不仅汇聚了产业发展所必需的软硬件资源，还赋予产业鲜明的创新性与地域特色，催生出新型业态，以高效能生产激发新活力，并与周边产业构建起紧密相连的有一定长度的产业链（马海寿等，2022）。通过挖掘与利用本土文化资源，特色小镇将主导产业与地域特色紧密结合，构建了富有文化底蕴的产业生态。这一过程不仅促进了现代产业与乡村传统文化的交融共生，还实现了乡村功能的多元化拓展，为社会经济发展开辟了新的增长点，最终促进了城乡间的共同繁荣。在某些城市周边，农业资源较为丰富，已形成特色产业，在这种情况下，可以“农业主导+特色小镇”的模式推进当地农村的产业融合。

特色小镇的产业融合模式在发达国家和我国相对比较发达的地区表现较为明显。政府可以通过考察，学习那些发展比较突出并与本地资源状况相近的地区，通过特色小镇建设，促使实现真正意义上的农村第一、第二、第三产业融合，增加农民收入（侯燚、蒋军成，2020）。乡村之间在历史积淀、地理环境和民族风俗等方面的差异，造就了丰富多彩、各具特色的地域风情。

在特色小镇、现代农业庄园以及休闲农业打造的过程中，应将农垦文化的深厚底蕴与民俗文化的独特风情巧妙融合，并使之成为项目不可或缺的灵魂元素，创造出融合地方文化精髓的差异化发展模式，突破发展路径单一的局限。具体来说，可以做好以下几方面工作：一是提升休闲农业与乡村旅游的体验价值，打造一系列民宿集群，规划精品乡村旅游线路，并举办丰富多彩的农事节庆与文化活动。二是围绕历史悠久的旅游古镇、独具风情的特色村落以及高品质的乡村民宿资源，精心布局一批特色鲜明的村镇休闲区域。三是构建完善的公共服务体系，强化规划设计与服务机制。政府需精准识别并锚定每个小镇的独特产业优势，确保发展路径的差异化与可持续性。四是依托科学的规划，有序推进各类建设项目，同时灵活运用财税优惠、金融扶持等多元化政策杠杆，激发市场活力与创新能力，构建覆盖广泛、高效便捷的公共服务平台，为特色产业和小镇发展提供坚实的支撑与保障。

政府应引领小镇积极拥抱数字化变革，通过线上平台汇聚产业链上下游资源，促进信息共享与协作，进一步丰富产业生态，催生更多衍生价值链；还可鼓励企业向研发设计与市场营销两端延伸，提升产业链的整体附加值。总之，在特色小镇的打造中，政府应发挥积极作用，通过优化基础设施、提升公共服务水平，为居民与游客创造宜居宜业宜游的美好环境，为乡村振兴注入源源不断的活力与动力，开启城乡融合发展的新篇章。

二、推动农村产业融合与新型城镇化联动发展

要促进农村经济的多元化与集约化发展，应积极引导农村的第二、第三产业向县城、重点乡镇及产业集中区域集聚。这种集聚不仅能显著增强对人口的吸引力，还能通过产业联动效应，构建具有鲜明优势与特色的产业集群。强化区域特色品牌的塑造，并紧密结合国家级农村产业融合发展示范园的创建与升级，精心培育一系列集生产加工、科技创新服务、文化旅游休闲于一体的综合性农村产业融合发展平台，以此驱动农业全产业链向更高层次迈进。借助现代农业产业园、农业科技示范高地、农产品精深加工集群及农村产业融合创新试验区等，加速孵化和培育农业产业化联合体这一新型产业链组织形式，形成从生产、加工到销售的全链条企业群落，强化农业产业链的韧性与活力，推动农业资源的循环利用与经济效益的最大化，为农业循环经济的蓬勃发展奠定基础。同时，应积极探索田园综合体建设试点，力求在保护生态环境、传承乡村文化的基础上，实现农村产业、生活与生态的和谐共生。聚焦特色小镇与特色村庄的培育，以产业、文化旅游、健康养生为主题，推动农村产业升级与新型城镇化进程的深度融合。

目前，我国正处于乡村振兴的战略关键期，应剖析当前农村产业融合发展中存在的问题，厘清制约农村产业融合的因素，谋划农村产业融合发展远景，充分挖掘地区农业的多功能性，加强复合型、技术型人才的培养，并不断健全农业科技创新机制，多种举措推动乡村振兴战略下的农村产业融合，提高农村居民的收入水平和生活质量，共建和谐美好家园。

参考文献

[1]曹哲．我国农村一二三产业的“四链”融合研究[J]．农业经济，2024(8)：7-9.

[2]陈林生，鲍鑫培．现代都市农业背景下农业产业融合水平测度及评价研究：以上海为例[J]．经济问题，2019(12)：89-95.

[3]陈培彬，谢源，王海平，等．福建省乡村振兴实施成效分析及其优化路径：基于2015—2019年9地市面板数据[J]．世界农业，2020(1)：98-107.

[4]陈维操．中国农村产业融合机制研究[D]．成都：四川大学，2021.

[5]陈学云，程长明．乡村振兴战略的三产融合路径：逻辑必然与实证判定[J]．农业经济问题，2018(11)：91-100.

[6]陈赞章．乡村振兴视角下农村产业融合发展政府推进模式研究[J]．理论探讨，2019(3)：119-124.

[7]崔博，刘伟伟．以高质量的三产融合高效推进乡村振兴战略[J]．农业经济，2021(9)：103-104.

[8]崔桂莲，田杨，武玉青．韩国乡村振兴路径及启示[J]．世界农业，2020(11)：81-90.

[9]崔鲜花，朴英爱．韩国农村产业融合发展模式、动力及其对中国的镜鉴[J]．当代经济研究，2019(11)：85-93.

[10]樊杰，赵浩，郭锐．我国区域发展差距变化的新趋势与应对策略[J]．经济地理，2022(1)：1-11.

[11]方江涛，白佳飞．农业多功能性开发对农业产业融合发展的影响研究[J]．农业经济，2023(12)：25-28.

[12]费利群，张耕．乡村振兴与区域政策评析[J]．河南社会科学，2018，26(6)：19-23.

[13]冯勇，刘志颐，吴瑞成．乡村振兴国际经验比较与启示：以日本、韩国、欧盟为例[J]．世界农业，2019(1)：80-85，98.

[14]伏广彬，吴秉昊，李文，等．巩固脱贫攻坚成果与乡村振兴耦合协调发展研究：以甘肃省为例[J]．统计与决策，2024(14)：63-67.

[15]傅琳琳，黄祖辉，朋文欢．农村产业融合经营主体“互利共生”的机理与推进路径[J]．南京农业大学学报(社会科学版)，2022(6)：69-77.

[16]高峰峰，王剑．数字乡村建设的国际经验及启示[J]．江苏农业科学，2021(23)：1-8.

[17]高爽，王少剑，莫惠斌．全球视角下中国城镇化进程及其碳排放效应的比较研究[J]．地理科学，2024(2)：204-215.

[18]谷建全．新趋势下产业融合发展研究：以河南为例[J]．中州学刊，2014(11)：44-48.

[19]谷伟，陈虹侑．美丽乡村建设的国内外经验与启示[J]．南方农业，2017(35)：46-48.

[20]郭宁，吴振磊．非均衡发展—均衡发展—城乡一体化—西方经济学城乡关系理论评述[J]．生产力研究，2012(10)：254-256.

[21]郭提超，刘儒．中国式现代化视域下全面推进乡村振兴的生成逻辑与实践指向[J]．西北农林科技大学学报(社会科学版)，2024(6)：1-12.

[22]郭秀慧．以产业融合推进乡村振兴的路径研究[J]．农业经济，2023(5)：47-49.

[23]国家发展改革委宏观院和农经司课题组．推进我国农村一二三产业融合发展问题研究[J]．经济研究参考，2016(4)：3-28.

[24]韩光鹤，周启超．大农业观的内涵与发展路径研究[J]．农业经济，2024(8)：33-34.

[25]郝华勇．基于特色产业的乡村产业振兴研究：以中医药产业带动一二三产业融合为例[J]．天津行政学院学报，2018(6)：74-81.

[26]郝华勇．特色产业引领农村一二三产业融合发展：以湖北恩施州硒产业为例[J]．江淮论坛，2018(4)：19-24.

[27]贺雪峰．乡村振兴与农村集体经济[J]．武汉大学学报(哲学社会科学版)，2019(7)：185-192.

[28]侯燚，蒋军成．乡村振兴战略下文旅特色小镇持续助力精准扶贫研究[J]．现代经济探讨，2020(8)：125-132.

[29]黄璜，杨贵庆，米塞尔维茨，等．“后乡村城镇化”与乡村振兴：当代德国乡村规划探索及对中国的启示[J]．城市规划，2017(11)：111-119.

[30]黄金玮，崔屹峰，邸媛媛，等．大数据时代耕地红线管控监测的机遇与挑战[J]．中国科学院院刊，2023(12)：1781-1792.

[31]黄丽娟，谢国杰，郑雁玲，等．乡村振兴背景下农村电商创业企业促进农村韧性发展的案例研究[J]．江西财经大学学报，2023(5)：78-90.

[32]贾晋，李雪峰，申云．乡村振兴战略的指标体系构建与实证分析[J]．财经科学，2018(11)：70-82.

[33]孔祥利，夏金梅．乡村振兴战略与农村三产融合发展的价值逻辑关联及协同路径选择[J]．西北大学学报(哲学社会科学版)，2019(2)：10-18.

[34]雷娜，郑传芳．乡村振兴与新型城镇化关系的实证分析[J]．统计与决策，2020，36(11)：67-72.

[35]李眉洁，王兴骥．乡村振兴背景下农旅融合发展模式及其路径优化：对农村产业融合发展的反思[J]．贵州社会科学，2022(3)：153-159.

[36]李乾，芦千文，王玉斌．农村一二三产业融合发展与农民增收的互动机制研究[J]．经济体制改革，2018(4)：96-101.

[37]李松睿，曹迎．“乡村振兴”视角下生态宜居评价及其对农村经济转型发展的启发：以川西林盘四川都江堰精华灌区为例[J]．农村经济，2019(6)：66-74.

[38]李滢建．乡村振兴背景下发展乡村特色产业的现实意义与路径探赜[J]．农业经济，2024(7)：31-32.

[39]刘钒，于子淳，邓明亮．数字经济发展影响乡村振兴质量的实证研究[J]．科技进步与对策，2023(12)：1-11.

[40]刘海洋．乡村产业振兴路径：优化升级与三产融合[J]．经济纵横，2018(11)：111-116.

[41]刘湖北．共生与推拉：乡村振兴示范创建实现路径：基于全国46个优秀案例的扎根研究[J]．地方治理研究，2024(3)：66-77，80.

[42]刘建生，亓子青，邱俊柯．共同富裕视角下农村产业融合发展研究

[J]. 中国农业资源与区划，2024(1)：106-115.

[43]刘润秋，黄志兵. 实施乡村振兴战略的现实困境、政策误区及改革路径[J]. 农村经济，2018(6)：6-10.

[44]刘文波. 民营企业参与乡村振兴：行为逻辑与践行路径[J]. 甘肃社会科学，2024(2)：206-215.

[45]刘彦随. 中国新时代城乡融合与乡村振兴[J]. 地理学报，2018，73(4)：637-650.

[46]刘悦婷，王哲. 农村一二三产业融合发展研究：基于23个省(市)的文本分析[J]. 安徽农业科学，2024(14)：242-246，256.

[47]卢京宇，郭俊华. 三产融合促进农民农村共同富裕：逻辑机理与实践路径[J]. 农业经济问题，2023(11)：105-117.

[48]马德功，王建英. 我国西部地区新型城镇化质量测算与评价：基于12个省份的面板数据分析[J]. 经济体制改革，2016(2)：54-60.

[49]马海寿，白晓荣，裴军鹏. 乡村振兴背景下特色小镇可持续发展研究：以青海"袁家村"小镇为例[J]. 青海民族大学学报(社会科学版)，2022(4)：57-63.

[50]茅锐，林显一. 在乡村振兴中促进城乡融合发展：来自主要发达国家的经验启示[J]. 国际经济评论，2022(1)：8，155-173.

[51]孟维福，张高明，赵凤扬. 数字经济赋能乡村振兴：影响机制和空间效应[J]. 财经问题研究，2023(3)：32-44.

[52]孟祥林. 美丽乡村建设：从法日韩的成功经验论我国的发展选择[J]. 中共南京市委党校学报，2017(2)：59-64.

[53]苗国强. 乡村振兴与新型城镇化、工业化融合对策研究：以河南省为例[J]. 河南社会科学，2019(6)：119-124.

[54]穆娜娜，孔祥智. 中国式现代化农业经营体系的构建逻辑、政策创新与重大意义[J]. 教学与研究，2024(6)：83-94.

[55]潘启龙，韩振，陈珏颖. 美国农村阶段发展及对中国乡村振兴的启示[J]. 世界农业，2021(9)：76-82.

[56]庞爱玲. 乡村振兴战略下农村电商产业发展困境与路径[J]. 农业经济，2019(7)：123-124.

[57]彭建仿，刘文，刘洋，等．成渝地区农业多功能评价及其障碍因子诊断研究[J]．中国农业资源与区划，2023(10)：1-15.

[58]邱洪斌，于善波，崔秀兰．乡村振兴背景下赫哲族“农文旅康”产业融合发展研究[J]．黑龙江民族丛刊，2022(5)：55-60.

[59]任李娜．以新产业新业态推动乡村产业高质量发展的动力机制与路径[J]．农业经济，2023(10)：3-6.

[60]茹蕾，杨光．日本乡村振兴战略借鉴及政策建议[J]．世界农业，2019(3)：90-93.

[61]申学锋，何妮，李政．农村产业融合发展的问题与路径选择[J]．财政科学，2023(9)：87-94.

[62]沈费伟，刘祖云．发达国家乡村治理的典型模式与经验借鉴[J]．农业经济问题，2016(9)：93-102，112.

[63]宋俊秀，钱力．农村一二三产业融合推进乡村振兴研究：以安徽省为例[J]．淮南师范大学学报(哲学社会科学版)，2019(12)：74-81.

[64]苏毅清，游玉婷，王志刚．农村一二三产业融合发展：理论探讨、现状分析与对策建议[J]．中国软科学，2016(8)：17-28.

[65]宿佳境，韩昊庆．乡村建设行动的国际经验与发展趋势研究[J]．城市设计，2023(1)：28-39.

[66]唐承财，秦珊，戴湘毅，等．文化和旅游视域下中国乡村振兴研究评述与展望[J]．地理科学进展，2023，42(8)：1437-1452.

[67]唐德才，张燕，石宇．我国农村产业融合的现状、问题及发展路径[J]．江苏农业科学，2019(19)：1-5.

[68]唐伟成，彭震伟，张京祥．面向乡村振兴需求的非农产业用地供给策略[J]．城市规划，2025(3)：61-68.

[69]汪恭礼．乡村振兴战略视角下的农村三次产业融合发展探析[J]．河北大学学报(哲学社会科学版)，2018，43(6)：118-127.

[70]王建英．乡村振兴评价体系构建及实施成效分析：基于河南省市域面板数据的验证[J]．山西农业大学学报(社会科学版)，2021(3)：16-22.

[71]王建英．新型城镇化发展中的金融支持效应研究[M]．北京：中国经济出版社，2019.

[72]王乐君，赵海．日本韩国发展六次产业的启示与借鉴[J]．农村经济管理，2016(7)：9-14.

[73]王丽纳，李玉山．农村一二三产业融合发展对农民收入的影响及其区域异质性分析[J]．农业经济，2019(12)：104-114.

[74]王南南．我国农村一二三产业融合发展问题研究[D]．长春：东北师范大学，2018.

[75]王清荣，韦湘云．旅游龙头企业助推农村三次产业融合发展机制：以桂林为例[J]．社会科学家，2024(4)：88-94.

[76]王松茂，尹延晓，徐宣国．数字经济能促进城乡融合吗：以长江经济带 11 个省份为例[J]．中国软科学，2023(5)：77-87.

[77]吴春来．产业扶贫与产业振兴有效衔接初探[J]．西南民族大学学报(人文社会科学版)，2021，42(12)：180-189.

[78]吴福象，马健，程志宏．产业融合对产业结构升级的效应研究：以上海市为例[J]．华东经济管理，2009(10)：1-5.

[79]吴江萍，刘萍．乡村振兴战略下“体旅农”融合发展研究[J]．财经理论与实践，2022(6)：148-154.

[80]吴亚玲，杨汝岱，吴比，等．中国农业全要素生产率演进与要素错配：基于 2003—2020 年农村固定观察点数据的分析[J]．中国农村经济，2022(12)：35-53.

[81]夏金梅．“三农”强富美：美国乡村振兴的实践及其经验借鉴[J]．世界农业，2019(5)：10-14.

[82]肖婧文，冯梦黎．农村产业融合嬗变：利益联结与生产要素的互动和共演[J]．财经科学，2020(9)：64-78.

[83]肖黎明，张仙鹏．强可持续理念下绿色创新效率与生态福利绩效耦合协调的时空特征[J]．自然资源学报，2019，34(2)：312-324.

[84]肖卫东，杜志雄．农村一二三产业融合：内涵要解、发展现状与未来思路[J]．西北农林科技大学学报(社会科学版)，2019(6)：120-129.

[85]邢占军，杨永伟．论中国式现代化进程中的乡村振兴[J]．中国高校社会科学，2022(5)：47-56，158.

[86]熊爱华，张涵．农村一二三产业融合：发展模式、条件分析及政策

建议[J]. 理论学刊，2019(1)：72-79.

[87]徐腊梅. 基于乡村振兴的产业兴旺实现路径实证研究[D]. 沈阳：辽宁大学，2019.

[88]徐美银. 乡村振兴的国际经验与中国道路[J]. 农业经济，2020(12)：30-32.

[89]徐维祥，李露，周建平，等. 乡村振兴与新型城镇化耦合协调的动态演进及其驱动机制[J]. 自然资源学报，2020，35(9)：2044-2062.

[90]徐雪，王永瑜. 城乡融合的逻辑机理、多维测度及区域协调发展研究：基于新型城镇化与乡村振兴协调推进视角[J]. 农业经济问题，2023(11)：49-62.

[91]许宁，张贺. 普惠金融高质量发展支持乡村振兴与共同富裕同向同行[J]. 云南民族大学学报(哲学社会科学版)，2023，40(6)：142-148.

[92]闫周府，吴方卫. 从二元分割走向融合发展：乡村振兴评价指标体系研究[J]. 经济学家，2019(6)：90-103.

[93]严瑾. 日本的六次产业发展及其对我国乡村振兴的启示[J]. 华中农业大学学报(社会科学版)，2021(5)：128-137，197-198.

[94]杨莉. 三产融合促进我国乡村振兴的路径研究[J]. 农业经济，2023(12)：119-120.

[95]叶兴庆，程郁，于晓华. 德国乡村发展经验及对乡村振兴的启示[J]. 中国乡村发现，2021(3)：140-142.

[96]曾博，毛瑞男. 农民专业合作社普通成员利益实现及保障机制研究[J]. 上海经济研究，2021(4)：43-54.

[97]曾定茜，阮银兰. 农村产业经济融合视角下农业产业联合体建设实践探索[J]. 农业经济，2020(8)：9-11.

[98]曾福生，卓乐. 实施乡村振兴战略的路径选择[J]. 农业现代化研究，2018(5)：709-716.

[99]曾卓然. 市场化进程下二元经济结构对城乡居民收入差距的影响分析[J]. 经济问题探索，2019(12)：102-111.

[100]翟昕，刘振霞. 从解放到振兴：中国式现代化道路的乡村图景与辩证路径[J]. 学术探索，2024(6)：1-9.

[101]张红宇．建设农业强国的理论逻辑：基于农业产业属性的观察与研究[J]．改革，2024(2)：121-130.

[102]张强，霍露萍，祝祎．城乡融合发展、逆城镇化趋势与乡村功能演变：来自大城市郊区城乡关系变化的观察[J]．经济纵横，2020(9)：63-69.

[103]张挺，李闽榕，徐艳梅．乡村振兴评价指标体系构建与实证研究[J]．管理世界，2018(8)：99-105.

[104]张享溢，杨刚．城乡公路建设对返乡创业增收的影响机理及其空间差异：基于中国劳动力动态调查经验数据的实证分析[J]．经济地理，2023(12)：6-10.

[105]张晓颖，王小林．六次产业视角下我国农村产业融合的路径与发展：兼论日本六次产业化的启示[J]．贵州社会科学，2023(1)：152-160.

[106]张寅，张君法．构筑新时代乡村振兴战略的"四梁八柱"[J]．安徽农业科学，2021，49(12)：261-263.

[107]张英男，龙花楼，屠爽爽，等．电子商务影响下的"淘宝村"乡村重构多维度分析：以湖北省十堰市郧西县下营村为例[J]．地理科学，2019，39(6)：947-956.

[108]张祝平．乡村振兴背景下文化旅游产业与生态农业融合发展创新建议[J]．行政管理改革，2021(5)：64-70.

[109]赵之阳．以产业融合引领乡村振兴[J]．中国农业资源与区划，2018(8)：60-64.

[110]郑兴明．基于分类推进的乡村振兴潜力评价指标体系研究：来自福建省3县市6个村庄的调查数据[J]．社会科学，2019(6)：36-47.

[111]郑兴明．乡村振兴的东亚经验及其对中国的启示：以日本韩国为例[J]．兰州学刊，2019(11)：200-208.

[112]仲德涛．实现脱贫攻坚与乡村振兴有效衔接的路径选择[J]．学习论坛，2021(2)：119-124.

[113]周立，李彦岩，罗建章．合纵连横：乡村产业振兴的价值增值路径：基于一二三产业融合的多案例分析[J]．新疆师范大学学报(哲学社会科学版)，2020(1)：2，63-72.

[114]周立，李彦岩，王彩虹，等．乡村振兴战略中的产业融合和六次产

业发展[J]．新疆师范大学学报(哲学社会科学版)，2018，39(3)：16-24.

[115]周立，王彩虹．由双重脱嵌到双重回嵌：乡村振兴中的产业融合分析[J]．行政管理改革，2019(6)：44-53.

[116]周笑梅，杨露露，陈冬生．乡村振兴战略背景下推进新型农村集体经济发展研究[J]．农业经济，2024(2)：45-46.

[117]周振华．产业融合：产业发展及经济增长的新动力[J]．中国工业经济，2003(4)：46-52.

[118]朱文博，陈永福，司伟．基于农业及其关联产业演变规律的乡村振兴与农村一二三产业融合发展路径探讨[J]．经济问题探索，2018(8)：171-181.

[119]ANNIKA D E. Socialization and innovation：insights from collaboration across industry boundaries[J]. Technological forecasting & social change，2016，109(6)：50-60.

[120]BENNER M J，RANGANATHAN R. Divergent reactions to convergent strategies：investor beliefs and analyst reactions during technological change[J]. Organization science，2013，24(2)：378-394.

[121]GEUM Y，JEON H，LEE H. Developing new smart services using integrated morpholo- gical analysis：integration of the market-pull and technology-push approach [J]. Service business，2016，10(3)：531-555.

[122]HACKLIN F，RAURICH V，MARXT C. Implications of technological convergence on innovation trajectories：the case of ICT industry[J]. International journal of innovation and technology management，2005(2)：3.

[123]HAN E J，SOHN S Y. Technological convergence in standards for information and communication technologies[J]. Technological forecasting and social change，2016，10 (6)：1-10.

[124]HEO P S，LEE D H. Evolution patters and network structural characteristics of industry convergence[J]. Structural change and economics dynamics，2019，51(40)：5-26.

[125]HOLMES J. Inpulses towards a multifunctional transition in rural Australia：gaps in the research agenda[J]. Journal of rural studies，2006(22)：

142－160.

[126]JOHANNES M PENNINGS, PHANISH PURANAM. Market convergence &firm strategy: new directions for theory and research[R]. The Netherlands: Eindhoven University of Technology, 2001: 10－12.

[127]KIM N, LEE H, SUH JH. Dynamic patterns of industry convergence: evidence from a large amount of unstructured data[J]. Research policy, 2015, 44(9): 1734－1748.

[128]LEE G K. The significance of network resources in the race to enter emerging product markets: the convergence of telephony communications and computer net－working, 1989－2001[J]. Strategic management journal, 2010, 28(1): 17－37.

[129]LU C, QIAO J, CHANG J. Herfindahl－Hirschman Index based performance analysis on the convergence development[J]. Cluster computing, 2017, 20(1): 121－129.

[130]MENDOLA M. Migration and technological change in rural households: complements or substitutes? [J]. Journal of development economics, 2008, 85(1): 150－175.

[131] NICHOLAS NEGRO, PONTE HEROT C, WEINZAPFEL G. One－ponte touch imput of vector information for computer display[J]. Acm siggraph computer graphics, 1978(3): 210－216.

[132]POWER G J, SALIN V, PARK J L. Strategic options associated with cooperative member' equity[J]. Agriculturl finance review, 2012, 72(1): 48－67.

[133] ROSENBERG, NATHAN. Technological change in the machine tool industry:1840－1910[J]. Journal of economics history, 1963(23): 414－446.

[134] SAHAL D. Technological guideposts and innovation avenues[J]. Research policy, 1985, 14(2): 61－82.

[135]SICK N, PRESCHITSCHEK N, LEKER J, et al. A new framework to access industry convergence in high technology environments[J]. Technovation, 2019(8): 48－58.

[136]WILLAMSON, O. The vertical integration of production: market failure consideration[J]. American economicsreview, 1971, 61(2): 112－123.